건곤일척

모든 것을 걸어라

건곤일척

모든 것을 걸어라

하정민 지음

레인메이커

왜 스포츠와 경영의 접목인가

드라마 〈마지막 승부〉가 세상을 주름잡던 시절을 기억하시는가. 1990
년대 초·중반, 농구는 그야말로 잘나가는 스포츠였다. 체육관을 가득
메운 소녀 팬들은 경기장이 떠나갈 듯 '오빠'를 연호했다. 기아, 삼성, 현
대가 뛰던 농구대잔치에 나타나 '형님'들의 아성에 도전한 연세대와 고려
대 농구팀 선수들은 어지간한 연예인은 명함도 못 내밀 정도의 인기를
누렸다. 나도 물론 둘째가라면 서러울 오빠 부대의 일원이었다. 단지 농
구만 좋아했던 게 아니라 배구, 야구, 축구 같은 구기종목에서 누구 못
지않은 오빠 부대 신공을 펼쳤다.

이런 전력(?)을 뒤로하고 기자가 된 뒤에는 경제 전반, 특히 국내외 금
융시장을 취재하느라 스포츠와 잠시 멀어졌다. 경제 기자에게 중요한 것
은 숫자였기 때문이다. 환율은 어떻고, 주가는 얼마이며, 올해 국내총생
산 증가율 전망치는 얼마인지 따지다 보니 스포츠가 주는 흥분과 열정
을 누릴 기회가 많지 않았다. 게다가 각 부서별 출입처를 엄격하게 구분

하는 언론계의 관행 탓에 경제부 기자인 내가 스포츠계 인사를 만날 기회는 거의 없었다. 물론 스포츠 관련 기사를 쓸 수도 없었다. 노력하는 자는 즐기는 자를 이길 수 없다는데, 좋아하는 스포츠를 글의 소재로 삼지 못한다는 점이 늘 안타까웠다.

기회는 의외의 곳에서 찾아왔다. 2008년 국내 유일의 경영전문지인 『동아비즈니스리뷰(DBR)』 제작에 참여하면서 새로운 도전에 직면했을 때였다. 국내외 유명 경영학자와 컨설턴트를 만나 기사를 써야 하는데 기사 주제를 제대로 잡기가 어려웠다. 창의성, 혁신, 자율성이란 말은 언뜻 훌륭해 보였지만 "혁신해야 살아남는다" "조직원의 창의성을 높여라" 같은 뻔한 내용을 기사로 쓸 수는 없었다. 경영 전문가가 알려주는 how-to, 즉 조직원의 창의성을 높이고 혁신을 자극하는 방법도 모호할 때가 많았다. 숫자 비교를 통해 달라진 현상의 원인을 분석하고 대안 제시를 하는 기사 작성에 익숙했던 필자로선 무척 난감했다. '1차 독자인 나조차 공감할 수 없는 기사를 과연 누가 읽겠나' 싶어 자괴감이 밀려왔다.

그러던 중 2008년 베이징 올림픽이 열렸고 한국 야구 대표팀이 드라마 같은 승리를 거두며 금메달을 땄다. 온 나라가 들썩였고 '김경문 리더십'을 칭송하는 기사가 언론을 도배했다. 대개 스포츠부 기자들이 작성한 김경문 감독 관련 기사는 물론 재미있고 유익했다. 하지만 뭔가 아쉬웠다. 여기에다 부가가치를 조금만 더하면 독자들에게 딱딱한 경영 이론을 재미있게 전달할 수도 있겠다는 생각이 들었고 바로 이를 실천에 옮겼다. 스포츠와 경영을 접목한 기사를 써보겠다고 제안하자 당시 『DBR』의 임규진 미래전략연구소장과 김남국 편집장이 흔쾌히 동의했고, 스포츠 분야에서 맹활약하는 리더들을 만나 그들의 경영 지혜를 들어보는 'Management @ sports' 코너가 탄생했다.

3년간 연재된 이 코너를 통해 김경문 감독, 전창진 감독, 신치용 감독, 김응용 감독 등 기라성 같은 스포츠 명장(名將)들을 직접 만날 수 있었다. 기사 쓰는 일이 그렇게도 재미있을 수 있는지 처음 알았다. 직접 평가하기가 조금 부끄럽긴 하지만 'Management @ sports'는 사내에서는 물론 독자들에게도 좋은 평가를 받았다. 기자 생활을 시작한 뒤 처음으로 팬레터도 받았다. 이에 고무된 나는 국내 명장뿐 아니라 해외 스포츠 감독들에 관한 기사도 써보고 싶다는 의욕에 불탔고, 이는 『신동아』의 'Leadership in Sports'라는 코너 연재로 이어졌다.

이 책은 'Leadership in Sports'의 원고에 새로운 내용을 추가하고 다듬어서 만든 것이다. 책을 읽다 보면 어떻게 스포츠 명장들에게서 경영의 원칙과 비결을 끌어낼 수 있는지 수긍이 갈 것이다. 스포츠와 경영은 의외로 닮은 점이 많다. 이 책에 등장하는 수많은 명장들은 뛰어난 지도자일 뿐만 아니라 혁신적인 경영인이기도 하다. 치밀한 전략을 짜고 탁월한 리더십을 발휘해 어려운 여건에도 불구하고 치열한 경쟁에서 승리했다는 점이 특히 그랬다. 팀 스포츠는 개인 종목과 달리 개개인의 능력보다 지도자의 역량이 중요할 때가 많다. 선수 본인의 실력만으로 승부해야 하는 개인 종목과 달리 구성원의 역할 분담, 감독의 용병술, 응집력 등 승패에 영향을 미치는 주변 요인이 훨씬 많고 리더가 이를 어떻게 요리하느냐에 따라 엄청난 이변이 발생할 수 있기 때문이다.

프로 스포츠의 천국인 미국에서는 우수 지도자들이 웬만한 연예인보다 더 높은 연봉을 받고 큰 인기를 누린다. 책을 발간하거나 인기 강연의 연사로 나서는 일도 잦다. 과거와는 많이 달라졌다고 하지만 아직도 우리나라에서는 몇몇 스타 감독이나 선수를 빼면 스포츠 관련 종사자들에 대한 인식이 낮을 때가 많다. 이 책이 그런 일부의 편견을 불식시키고, 스포츠 발전을 위해 구슬땀을 흘리는 많은 관계자들의 사기를 북돋아준다면 더할 나위가 없겠다.

　마지막으로 인터뷰에 응해주신 여러 명장들 한 분 한 분에게 진심으로 감사드린다. 아마도 그들의 뜨거운 열정이 없었다면 이 책은 세상에 나오지 못했을 것이다. 그들은 비단 스포츠계의 스승일 뿐만 아니라 내 인생의 스승이기도 했다. 독자 여러분도 이 책에서 그들의 열정을 온몸으로 느끼고 또 배울 수 있었으면 좋겠다. 책을 내면서 감사드려야 할 사람이 너무도 많다. 그러나 무엇보다 못난 자식에게 무한한 애정과 전폭적인 지원을 아끼지 않는 사랑하는 부모님께 가장 큰 감사를 드리며 이 책을 바친다.

광화문에서
하정민

3부 상생의 길을 찾는 혜안

1부

승리를 약속하는 결단

"연습이 완벽함을 만들지는 않는다.
오직 완벽한 연습만이 완벽함을 만든다."

빈스 롬바르디 그린베이 패커스 전 감독

1913년 미국 뉴욕 브루클린 출생. 1970년 사망.
만년 하위 팀 그린베이 패커스를 2년 만에 미국 최고의 미식축구팀으로 만들었다.
감독 재임 기간 동안 74%의 놀라운 승률.
다섯 번에 걸친 슈퍼볼 우승을 기록하며 미식축구의 역사를 새로 썼다.

준비하지 않는 것은
실패를 준비하는 것이다

프로 스포츠의 천국인 미국에서 가장 인기 있는 스포츠 종목은 무엇일까. 바로 미식축구(NFL)다. 야구(MLB), 농구(NBA), 아이스하키(NHL)와 함께 미국의 4대 프로 스포츠로 꼽히는 미식축구는 이 중에서도 단연 발군의 인기를 누리고 있다.

흥행이나 경제적 파급 효과라는 측면에서 보면 미식축구의 인기가 더욱 두드러진다. 야구의 월드시리즈 7차전, 월드컵 축구 결승전 등 사람들의 이목을 집중시키는 스포츠 경기가 무수히 많지만 여러 이벤트 중 중계권료가 가장 비싼 경기가 바로 미식축구의 왕중왕을 가리는 '슈퍼볼(Super Bowl)'이기 때문이다.

매년 2월 첫째 주에 열리는 슈퍼볼 기간에는 미국 전체가 들썩인다. 대통령을 비롯한 유명 정치인, 유명 가수 등이 경기장을 찾으며 끊임없이 슈퍼볼과 관련된 이야기를 쏟아낸다. 평균 시청자도 1억 명에 달한다. 그러다 보니 광고 한 편당 평균 단가가 300~400만 달러에 이른다. 1초당 광고 단가가 1억 원이 넘는 셈이다.

입장권이라고 다를 리 없다. 가장 싼 좌석이 약 600달러(약 70만 원), 프리미엄석은 약 9,000달러(약 1,000만 원)다. 그런데도 표를 구하지 못해 사람들이 발을 동동 구른다. 암표는 적게는 서너 배, 많게는 수십 배 가격에 거래된다.

시청자가 소비하는 돈도 만만치 않다. 이날 하루에만 추수감사절을 제외하고 가장 많은 음식이 미국인의 입으로 들어간다. 전미소매협회(NRF)에 따르면 2011년 2월 슈퍼볼 경기가 열린 기간에 미국인이 소비한 금액은 총 101억 달러(약 11조 원)였다.

이처럼 대단한 슈퍼볼 우승팀에 주어지는 트로피의 이름은 무엇일까. 바로 '빈스 롬바르디 트로피'다. 고(故) 빈스 롬바르디는 슈퍼볼이 처음 열린 1967년부터 2년 연속 우승을 차지한 그린베이 패커스 팀의 감독이다. 그는 총 5차례 슈퍼볼 컵을 차지하고, 감독 재임기간 74퍼센트라는 놀라운 승률을 기록하며 팬들에게 강한 인상을 남겼다.

스포츠 천국인 미국에서 명망 있는 지도자가 무수히 많이 배출됐지만, 롬바르디처럼 우승 트로피에 자신의 이름이 달린 감독은 없다. 그는 아직도 미국 스포츠 사상 가장 우수한 지도자를 묻는 여론조사에서 대부분 1위를 차지하고 있다. 롬바르디가 프로팀 감독으로 활동한 기간이 총 10년여에 불과하다는 점, 그가 죽은 지 벌써 40년이 지났다는 점을 감안할 때 흥미로운 결과가 아닐 수 없다. 과연 미국인들이 이토록 열렬히 롬바르디를 추앙하는 이유가 뭘까.

슈퍼볼이 미국을 상징하는 이유

롬바르디 감독에 대한 추모 열기를 이해하려면 우선 미식축구와 슈퍼볼이 왜 미국에서 인기가 있는지부터 이해할 필요가 있다. 미국은 광범위한 면적과 3억 명의 거대한 인구를 지닌 나라다. 각 주는 완전히 다른 나라라고 해도 과언이 아닐 정도로 자연환경, 풍습, 법규와 제도에서 많은 차이를 보인다. 3억 명의 국민 또한 다양한 인종적, 문화적 배경을 가지고 있다.

이런 상황에서 각 개인에게 공동체 의식을 부여하고, 한 나라의 국민이라는 소속감을 심어주는 일은 매우 어렵고 중요한 과제다. 미국에서 바로 이 사회 통합의 중요한 부분을 담당하는 요소가 스포츠다.

미식축구는 미국 내에서 이미 1970년대부터 야구를 제치고 가장 대중적인 스포츠로 자리 잡았다. 2010년 해리스 인터랙티브가 실시한 여론조사에 따르면, 가장 선호하는 스포츠로 미식축구를 꼽은 사람은 전체 응답자의 31퍼센트였다. 야구는 17퍼센트에 불과했다. 25년 전인 1985년에는 이 비율이 각각 24퍼센트와 23퍼센트로 별 차이가 없었다. 야구의 인기가 떨어지고 미식축구의 인기가 급상승한 이유는 다음과 같다.

첫째, TV 보급과 여가 문화의 변화다. 1960년대를 지나면서 미국 가정의 텔레비전 보급률이 급격히 높아졌다. 야구는 정해진 경기 시간이 없고 진행 속도가 느리며, 텔레비전 화면으로 극적인 장면을 연출하기 어려운 경기인 데다 야구 시즌인 여름은 가족들이 집보다는 밖에서 보내는 시간이 많아 시청자를 확보하기 어려웠다. 반면 미식축구는 짧은 시간에 '화끈한' 모습을 빠른 전개로 보여줄 수 있어 텔레비전 중계에 적합했다. 게다가 미식축구 기간은 사람들이 집에서 보내는 시간이 많은 가을과 겨울이어서 더욱 안성맞춤이었다. 미식축구가 벌어지는 매년 9월부터 다음해 1월 동안 일요일 낮에 집에서 미식축구 경기만 시청하는 사람들이 있는데, 이들을 카우치(Couch)족이라 한다. 카우치는 몸을 비스듬히 기댈 수 있는 소파를 말한다. 주말에 카우치에 드러누워 감자칩을 먹으며 뒹굴뒹굴한다는 의미에서 붙여진 이름이다.

둘째, 강력한 남성성의 구현이다. 야구는 비가 오거나 날씨가 나쁘면 경기를 미루기도 하고 중단하기도 하지만, 미식축구는 그런 '나약한 모습'을 보이지 않았다. 선수들은 빗속에서도, 눈 속에서도, 진흙탕에서도 뒹군다. 서부 개척의 역사를 지닌 미국은 육체노동에 큰 의미를 부여해왔다. 그러나 산업화와 더불어 남성의 정체성과 독립성은 위기에 직면했다. 즉 미식축구는 움츠러드는 남성성의 회복을 확인시키는 수단이다.

이런 연유로 미식축구의 인기는 날로 높아졌고, 슈퍼볼이 열리는 날은 사실상 미국의 공식적인 명절로 자리 잡았다. 보통 슈퍼볼은 미국 남부, 즉 겨울에도 따뜻한 플로리다나 텍사스 주에서 주로 열린다. 미국인들은 단 하루 열리는 슈퍼볼 경기를 보기 위해 아예 며칠간 휴가를 내고 가족끼리 놀러가는 일을 즐긴다. 자신이 응원하는 팀이 슈퍼볼에 진출했건 안 했건 상관없이 따뜻한 휴양지에서 슈퍼볼 결승전을 열심히 시청한다.

16

롬바르디 리더십의 근원

미식축구에서 전설적 지도자로 이름을 남긴 롬바르디 감독은 1913년 뉴욕 브루클린의 이탈리아 이민자 가정에서 5남매의 맏이로 태어났다. 당시 그의 가정을 지배했던 건 엄격한 가톨릭 문화였다. 일요일에는 반드시 미사에 참석해야 했고, 성당에 다녀온 후에는 대가족이 모두 모여 식사를 했다. 롬바르디는 어릴 때 성 마크 성당에서 복사(服事 : 미사를 집전하는 사제의 시중을 드는 소년)로도 활동했다. 이는 그가 훗날 구도자에 가까운 스포츠 리더가 되어 선수들에게도 영적인 힘과 믿음을 강조한 것과 무관치 않다.

1933년 그는 뉴욕 브롱스에 있는 포드햄 대학교에 축구 장학금을 받고 입학한다. 청소년기에 다녔던 다른 학교들과 마찬가지로 포드햄 대학교 역시 로마 가톨릭 교단의 예수회 소속 학교였다. 당시 수비수였던 롬바르디의 체격은 신장 5피트 8인치(176.8㎝), 몸무게는 180파운드(약 81㎏)로 미식축구 선수치고는 작은 편이었다. 게다가 3학년 때는 경기를 하다 치아 몇 개가 부러질 정도로 큰 부상을 입어 선수로서는 큰 두각을 나타내지 못했다.

1937년 대학을 졸업한 롬바르디 앞에 닥친 건 대공황의 후폭풍이었다. 미국 경제 전체가 휘청거리고 있던 시절이라 스타 선수도 아닌 그가 일자리를 얻는 건 쉽지 않았다. 미국 사회의 지배 계급인 앵글로색슨 혈통이 아니라는 점도 걸림돌이었다. 결국 그는 대학 졸업 후 2년을 쉬어야 했다.

1939년 그는 마침내 일자리를 구했다. 뉴욕 맨해튼의 허드슨 강 건너

편에 있는 뉴저지 주 잉글우드의 성 세실리아 고등학교의 보조 코치 자리였다. 롬바르디는 미식축구 외에 학생들에게 라틴어, 화학, 물리학 등도 가르쳤다. 1947년에는 모교인 포드햄 대학교에서 잠시 미식축구 및 농구 코치로 활동했다.

1948년에는 미국 육군사관학교인 웨스트포인트에 공격 담당 코치로 부임했다. 웨스트포인트에서의 경험은 성장기에 접한 가톨릭 문화 못지않게 지도자 롬바르디의 리더십 구축에 엄청난 영향을 끼쳤다. 롬바르디는 엄격한 훈련과 규율, 질서, 명예를 중시하는 군인들의 지도 방침에 완전히 매료됐다.

1954년 롬바르디는 프로팀의 지도자로 부임한다. 뉴욕 자이언츠의 공격 담당 코치였다. 하지만 여전히 감독(head coach)은 아니었다.

그린베이 패커스에서의 기적

몇 년을 더 기다린 끝에 드디어 기회가 찾아왔다. 1959년 2월 롬바르디는 무려 48세의 나이에 처음 감독이 됐다. 팀은 위스콘신 주에 위치한 그린베이 패커스. 태어나서 뉴욕, 뉴저지 인근을 벗어난 적이 거의 없는 롬바르디였지만 눈보라가 휘몰아치는 중서부의 한적한 시골로 가는 것을 마다할 상황이 아니었다.

1919년 창단한 그린베이 패커스는 창단 후 위스콘신의 소도시인 그린베이에서 한 번도 연고지를 바꾼 적이 없는 자부심 강한 팀이다. 게다가 시민이 주주여서 성적에 관계없이 항상 열성적인 팬을 보유하고 있었다. 영하 20도의 추위에도 아랑곳하지 않고 활기차게 경기하는 팀으로도 유명했다. 당시 미식축구는 아메리칸리그와 내셔널리그로 나누어 있던 시절이었고 그린베이는 내셔널리그에 소속돼 있었다.

1959년 초 그린베이 패커스의 상황은 그야말로 암담했다. 그린베이는 1958년 시즌을 1승 10패라는 초라한 성적으로 마쳤다. 승률 10퍼센트의 팀에 소속되어 있으니 팀 분위기는 엉망이었다. 당시 팀원들은 실력도, 자신감도 부족했다. 그러나 빈스 롬바르디는 부임하자마자 이 3류 팀을 챔피언 팀으로 만들겠다고 호언장담했다.

패커스 선수들은 그의 호언장담에 시큰둥한 반응을 보였다. 선수로도 지도자로도 경력이 시원찮은 이가 감독으로 와서 도저히 이룰 수 없는 망상을 떠벌린다고 생각했다. 그러나 그들의 생각은 곧 달라졌다. 롬바르디는 1959년 시즌에 7승 5패를 기록하며 그린베이 패커스의 승률을 60퍼센트로 끌어올렸다. 꼴찌 팀을 승률 60퍼센트의 팀으로 바꿔놓자 미식축구계의 시선도 확 달라졌다. 초보 감독은 그해의 감독상에 이름을 올렸다.

만년 꼴찌 팀을 바꾼 건 피나는 훈련과 끊임없는 연습이었다. 그는 아침부터 밤늦게까지 선수들을 강하게 채찍질했으며 쉬지 않고 몰아붙였다. 항상 선수들보다 먼저 연습장에 도착했고 선수들보다 늦게 귀가했다. 선수들이 자그마한 실수라도 하면 롬바르디는 "다시 뛰어!"라고 불호령을 내렸다. 그 명령에 따라 선수들은 수십 번씩 같은 동작을 되풀이해야만 했다. 연습이 끝난 후에도, 경기가 끝난 후에도 언제나 선수단 전체가 모여 그날의 일과를 세심히 복기했다.

당시 공격형 가드로 활동했던 게일 길링햄은 "아무리 열심히 해도 잘

못된 점은 있게 마련이고, 녹화 필름을 보면서 감독에게 혼나는 일도 많았다. 어떨 때는 말 그대로 비난 일색이었다. 때로는 감독의 지적이 정말 가혹하게 느껴졌다"고 술회했다. 당시 그가 선수들에게 가장 자주 했던 말이 "우리는 쉬지 않고 완벽을 추구해야 한다. 어쩌면 완벽을 달성할 수 없을지도 모르지만 계속 완벽을 추구하다 보면 다른 사람보다 적어도 월등해질 수는 있다"였다.

무서운 노력과 연습을 통해 꼴찌 팀 선수들은 점차 자신감을 쌓기 시작했고 팀은 승승장구를 거듭했다. 1961년과 1962년 그린베이 패커스는 연속으로 내셔널리그 챔피언에 올랐다. 롬바르디의 명성은 더욱 높아졌다. 1962년 챔피언 타이틀을 차지한 뒤에는 존 F. 케네디 대통령이 그를 불러 다시 육군으로 돌아와달라고 요청했다. 하지만 롬바르디는 이 요청을 정중히 거절했다.

1967년 통합 미식축구가 출범했다. 그린베이 패커스는 댈러스 카우보이와 첫 슈퍼볼 패권을 다투게 됐다. 그해 12월 31일 그린베이의 홈구장에서 열린 경기는 영하 20도를 넘나드는 강추위 속에서 진행됐다. 게임 종료를 16초 남기고 그린베이는 17대 14로 3점을 뒤지고 있었다. 그린베이는 엔드라인을 2야드 남긴 상태에서 마지막 공격을 감행하고 있었다. 그린베이 선수들은 동점을 가능하게 하는 필드골을 넣어 연장 승부를 노리는 대신 터치다운을 성공시킴으로써 21대 14로 승리했다. 마지막의 극적인 역전승은 그린베이 패커스와 롬바르디의 명성을 한껏 드높였다.

예상치 못한 죽음

롬바르디는 1968년 그린베이 패커스의 단장으로 승진했다. 감독직은 오랫동안 그의 밑에서 코치로 활동했던 필 벵슨에게 물려줬다. 하지만 벵슨이 감독이 된 후 그린베이 패커스의 성적은 급락했다. 슈퍼볼은커녕 양대 지구 우승 팀과 나머지 성적 좋은 2개 팀이 진출하는 플레이오프 진출에도 실패했다.

실망한 그는 1969년 워싱턴 레드스킨스 팀의 감독으로 부임했다. 그린베이 패커스에 처음 부임했을 때와 마찬가지로 이 팀 역시 별다른 두각을 나타내지 못하고 있었다. 하지만 롬바르디의 지도력은 여기에서도 유감없이 발휘됐다. 그는 한쪽 귀가 먼 젊은 선수 래리 브라운을 러닝백으로 기용했다. 그는 브라운에게 청력을 높여주는 보조 장치 기구를 착용할 것을 권유했고, 그에게 자신감과 동기를 불어넣기 위해 최선을 다했다. 브라운의 기량은 쑥쑥 성장했고 그는 곧 팀을 좌우하는 스타 선수가 됐다.

그가 워싱턴 레드스킨스의 부활을 이끌려는 찰나 불행이 찾아왔다. 1970년 6월 그는 결장암을 선고받고 워싱턴 조지타운 대학병원에 입원했다. 사실 그는 1967년 초부터 소화불량 등으로 고생했다. 하지만 검진을 받으라는 의사의 권유를 계속 무시하다 탈이 났다. 입원했을 때는 이미 암이 온몸으로 퍼진 상태였고 회생이 불가능한 말기라는 판정이 내려졌다.

미국인들은 큰 충격을 받았다. 닉슨 대통령은 직접 전화를 걸어 "미국 전체가 당신의 뒤에 있다. 반드시 포기하지 말고 병과 싸워라"고 격려했다. 하지만 그의 병세는 급속도로 나빠졌다. 결국 입원 3개월 만인 1970년 9월 3일 57세의 나이로 눈을 감았다.

그가 숨을 거두기 전 사제가 그의 가족들과 함께 자리했다. 롬바르디는 신부에게 다음과 같은 말을 남겼다. "죽는 것은 두렵지 않습니다. 다만 인생에서 더 많은 것을 이룰 수 있었는데 그렇지 못해 후회가 남습니다."

나흘 뒤 뉴욕 맨해튼의 성 패트릭 대성당에서 장례식이 열렸다. 그린베이 패커스, 워싱턴 레드스킨스, 뉴욕 자이언츠 팀의 선수와 관계자 외에도 1,500명의 시민이 그의 장례 행렬을 따르는 바람에 5번가의 교통이 마비될 정도였다. 그는 부모가 묻힌 뉴저지 주 미들타운 타운십 공동묘지에 영원히 잠들었다.

롬바르디 리더십의 키워드

리더는 구도자다

롬바르디는 팀의 승리와 관련 없는 일체의 것을 거부한 채 그 자신부터 청교도적인 생활을 했다. 스포츠 리더라기보다는 구도자(求道者)에 가까운 삶이었다. 새벽같이 출근해 가장 늦게 퇴근했고 휴일에도 쉬는 법을 몰랐다. 다른 운동이나 취미 활동도 없었다. 그가 뉴욕 자이언츠에서 코치로 활동할 때 감독이었던 짐 리 하웰은 롬바르디를 이렇게 평가했다. "모든 선수와 코치들이 집으로 귀가한 뒤에도 방 하나에는 항상 불이 켜져 있었다. 바로 롬바르디의 방이었다."

〈7월 4일생〉〈플래툰〉 등 선 굵은 정치 영화를 만든 올리버 스톤 감독은 1990년대 중반 미식축구를 소재로 한 〈애니 기븐 선데이〉라는 영화를 만들었다. 여기서 명배우 알 파치노가 분한 디마토 감독의 롤 모델이 바로 롬바르디다.

알 파치노는 마지막 시합을 앞둔 선수들을 모아놓고 이렇게 말한다. "인생과 풋볼이란 게임에선 겉으로는 작게만 보이는 1인치가 모든 것을 결정한다. 어떤 종류의 싸움이건 죽을 각오를 한 자만이 그 1인치를 찾아낸다. 내 소원은 그 1인치를 찾다 죽는 것이다. 그게 바로 삶이다." 롬바르디가 직접 말한 듯한 대사가 아닐 수 없다.

롬바르디에게 성공이란 돈과 명예, 화려한 스포트라이트, 쇼맨십과 같은 개념이 아니었다. 희생, 극기, 겸손, 완벽하게 절제된 의지 등의 다른 말이었다. 가난한 이민자 가정에서 태어나 변변한 선수 및 지도자 경험도 없이 만 50세가 다 돼서야 감독직을 맡은 그가 승리와 성공을 남에게 과시하기 위한 수단으로 생각했을 리 만무했다. 롬바르디가 "리더십의 기초는 영적인 소양이다. 남에게 영감을 불러일으키는 능력이 바로 리더십"이라고 강조한 이유다.

준비하지 않는 것은 실패를 준비하는 것이다

롬바르디는 "연습은 실전처럼, 실전은 연습처럼"을 실천한 지도자였다. 그는 연습한다고 반드시 완벽하게 되는 것이 아니라 완벽한 연습을 했을 때만이 완벽하게 된다고 강하게 믿었다.

롬바르디가 연습을 얼마나 강조했는지, 그의 선수들은 오히려 경기하는 날을 더 편하게 느꼈다. 그린베이 패커스 선수들은 종종 "경기가 있는 일요일이 일주일 중 가장 편한 날"이라고 했다. 매일 18시간의 연습을 하고, 라커룸에서 잠을 자는 날도 많으니 차라리 경기장에 나가는 날이 덜 피곤했던 것이다.

롬바르디는 코치를 선발할 때도 철저히 준비 자세가 된 사람을 선호했다. 코치 면접 때 그는 코치들을 갓 미식축구를 배우려는 어린 학생처럼 다뤘다. 선수가 달리면서 상대의 패스를 가로채는 방법 등에 관한 것까지 시시콜콜 물었다. 그의 밑에서 코치 생활을 했던 레드 코크런은 면접 당시 일화를 다음과 같이 표현했다. "그가 어찌나 세세한 것까지 묻던지 미식축구교실 입단 시험을 치르는 기분이었다."

리더는 뛰어난 커뮤니케이터가 되어야 한다

롬바르디는 뛰어난 커뮤니케이터이기도 했다. 선수들을 혹독하게 몰아붙였지만 결코 선수들에게 "이건 내 방식이니까 무조건 따라 해라"고 강요하지 않았다. 대신 상세한 설명과 따뜻한 격려를 잊지 않았다.

그린베이 패커스의 공격수였던 제리 크레이머와의 일화다. 한여름에 떠난 전지훈련에서 선수들은 무더위와 싸우느라 녹초가 됐다. 90분간의 강도 높은 훈련을 치른 후 크레이머가 오프사이드 점프에서 약간의 실수를 범했다. 롬바르디는 불같이 화를 냈다. "대학 선수의 한계는 5분,

고등학생은 3분, 유치원생은 30초다. 그런데 너는 그들보다도 훨씬 못한다. 프로 선수가 어떻게 그토록 어이없는 실수를 범할 수 있나."

연습 후 라커룸에서 크레이머는 혼자 고민에 빠졌다. 이때 롬바르디가 다가와 말했다. "낙담하지 말게. 언젠가 자네는 미국 최고의 선수가 될 거야. 점프 실수를 만회할 방법을 찾아봐"라고. 크레이머는 "롬바르디에게 그 말을 들은 이후 내 목표는 최고의 선수가 됐다. 그 방법에 매진하기 시작했고 실제로 삶이 달라졌다"고 말한다.

또 롬바르디는 모든 선수가 다 이해할 수 있도록 천천히, 반복적으로 지도했다. 특히 그의 노트에는 다른 감독의 노트보다 훨씬 단순하고 짧은 글들만 적혀 있었다. 경기장에서도 결코 선수들에게 여러 가지를 주문하지 않았다. 대신 아주 작은 사항을 철저히 익힐 것만을 요구했다. 만약 한 선수라도 제대로 이해하지 못한다면 경기 중 실수를 저지를 수 있다는 이유에서였다.

롬바르디는 미식축구에서 승리하기 위해 결코 어렵고 복잡한 전술이 필요하지 않다고 여겼다. 그는 상대방보다 블로킹과 태클만 잘하면 누구든 이길 수 있다고 늘 강조했다. "단순 명료한 메시지를 반복적으로 말해 누구나 확실하게 이해하게끔 만들어라"는 것이 롬바르디 식 커뮤니케이션의 요체다.

리더십은 곧 인격이다

롬바르디는 리더십은 곧 인격이라고 생각했다. 그는 "지도자가 어느 정도의 영향력을 행사하느냐는 그 자신의 품성에 달려 있다"고 강조했다. 리더십에 관한 롬바르디의 이런 철학은 그에게 큰 영향을 미친 엄격한 종교 교육과 웨스트포인트의 문화와 무관하지 않다.

능력은 빌려오거나 흉내 낼 수 있지만, 다른 사람의 인격을 빌려오거나 흉내 낼 수 없다. 리더가 성과를 내기 위해서는 뛰어난 능력과 전략적 의사결정도 필요하지만 가장 중요한 것은 그 사람 자체의 됨됨이, 즉 인격이다.

롬바르디는 선수들에게 지식을 전달해주는 지도자가 되기보다는 인생 자체의 교본이 되는 지도자가 되길 원했다. 본보기(Modeling)의 효과가 극대화되어 나타날 수 있는 조직이 바로 스포츠 팀과 군대다. 코치나 장교가 없을 때도 노장 선수와 하사관이 리더의 역할을 대신해 그 팀과 그 부대는 일사불란하게 움직일 수 있어야 한다. 그래야 그 조직이 훌륭한 조직이다. 수직적 위계질서가 엄격한 조직에서 상급자의 말이 위력을 발휘하려면 능력보다 인격이 우선해야 한다고 롬바르디는 굳게 믿었다.

스포츠에서뿐만이 아니라 많은 사람이 인생의 승리를 위해 거짓을 추구하고, 거짓을 좇는다. 50년 전 활동했던 롬바르디가 아직도 미국인의 우상으로 굳건히 살아남아 있는 이유는 그가 단순히 승리만을 좇는 지도자가 아니었기 때문이다. 오로지 정도(正道)만을 걸었던 그의 행보, 강력한 윤리의식, 절제와 헌신을 강조하는 성품이 이 부박(浮薄)한 세상에서 여전히 유효한 가치이기 때문에 그를 추앙하는 것이다. 너무 케케묵고 도덕책 같다 해도 어쩔 수 없다. 진실이란 원래 고루하기 때문이다.

〈참고문헌〉
스포츠 리더와 성공, 윌리엄 J. 오닐 지음, 이서규 옮김, 2005, 지식의날개
나도 성공하고 싶다, 빈스 롬바르디 2세 지음, 백낙승 옮김, 2006, 원북스
나는 스타벅스에서 불온한 상상을 한다, 강인규 지음, 2008, 인물과사상

"사람은 버리기는 쉬우나 갖고 있기는 어렵다."

김성근 고양 원더스 감독

1942년 일본 교토 출생. 재일교포 2세. 한국시리즈 세 번 우승, 두 번 준우승.
압도적인 성적을 거뒀음에도 열두 차례나 해고를 당했다. '한 발만 물러나면 절벽으로 추락한다'는
비장함과 절박감으로 인한 다른 이들과의 불화가 원인.
상대의 허를 찌르는 작전능력과 뛰어난 용병술로 유명하다. 현재 고양 원더스 감독.

리더는 아버지다

"한 번 던진 공은 다시 불러들일 수 없다. 타자가 치는 공 하나에도, 수비수가 잡는 공 하나에도 '다시'란 없다. 투수의 손에서 공이 떠나는 순간 '작은 세상' 하나가 창조되기 때문이다."

직경 7센티미터 가량에 불과한 조그마한 야구공을 두고 이렇게 비장하고 엄숙한 말을 내뱉는 사람이 있다. 칠십 평생을 '야구가 곧 내 인생이자 삶 그 자체'라는 태도로 살아온 김성근 고양 원더스 감독이다.

SK 와이번스에서만 한국시리즈 3회 우승, 1회 준우승을 일궈내 SK 와이번스를 2000년대 후반 한국 야구 최강팀으로 만든 김 감독이지만 그는 언제나 격렬한 찬반논란을 몰고 다니는 논쟁적인 지도자다. 한화와 롯데를 제외한 거의 모든 구단과 인연을 맺고 수많은 제자를 길러내며 '빈약한 투자에도 불구하고 언제나 기대 이상의 성과'를 냈다. 하지만 언제나 야구만을 생각하고 타협을 모르는 그의 강인한 성격은 많은 불협화음도 낳았다. 2007년 SK 와이번스에서 첫 한국시리즈 우승을 하기 전까지 그는 한국 야구계에서 철저히 비주류였다.

일부 비판론자들은 김 감독이 승리만을 목표로 삼는 데다, '감독의, 감독에 의한, 감독을 위한 야구'를 시행해 야구의 재미를 반감시켰다고 주장한다. 직설적인 화법으로도 유명한 김 감독이 입을 한 번 열 때마다 야구계가 들썩이고 일부 야구팬은 얼굴을 찡그린다. 이처럼 그의 야구는 아직도 베일에 싸여 있고 사람들은 저마다 자신만의 관점과 선입관에 따라 편의적으로 그를 해석한다.

2011년 한국 프로야구계의 최대 사건은 김 감독이 2011년 8월 SK 와이번스 감독직을 전격적으로 사퇴한 일이었다. 1984년 OB(현 두산) 감독을 시작으로 태평양, 삼성, 쌍방울, LG, SK의 감독을 거친 그는 프로시장에서만 6번째 해고를 당했다. 아마추어 감독직까지 합하면 무려 12번째다. 하지만 그는 불과 석 달을 쉰 후 같은 해 12월 한국 최초의 독립야구단 고양 원더스의 감독으로 변신해 또 한 번 세상을 놀라게 했다.

고양 원더스는 한국 프로야구 신인 지명(드래프트)에서 선택받지 못한 무명 선수들이 프로야구 선수가 될 수 있도록 재도전의 기회를 부여하는 구단이다. 1942년생인 김 감독은 80세를 바라보기 시작했다는 '망팔(望八)'의 나이가 됐음에도 전혀 은퇴 의사를 내비치지 않고 있다. 프로 감독으로서 온갖 영욕을 누린 그가 독립 구단을 택해 아직도 현역 생활을 하는 이유가 무엇일까. 이 노(老)감독이 한국 야구의 최고 지도자가 된 비결은 어디에 있을까.

낭떠러지에 늘 발끝을 걸치다

경남 진양이 본관인 김 감독은 1942년 일본 교토에서 5남매의 막내로 태어났다. 일본 이름은 가네바야시 세이콘(金林星根). 부친은 그가 어릴 때 사망했고 집안 형편은 찢어지게 가난했다. 모든 가족이 일을 했고 그 역시 스스로 학비를 벌어 고등학교를 다녔다. 교토 가쓰라 고등학교에서 투수로 야구인의 길을 걷기 시작한 그는 1960년 야구를 하려고 혼자 한국으로 건너와 동아대학교 선수가 됐다. 고교 졸업반 때 일본 프로야구 팀으로부터 지명을 받지 못해 '일본 제일의 투수가 되겠다'는 꿈을 접어야 했기 때문이다.

한국의 불안한 정국과 가난을 염려한 가족의 반대는 그의 귀에 들어오지 않았다. 한국행을 완강히 반대한 어머니를 뒤로하고 김포공항으로 향하는 비행기에 탄 그는 대한해협을 건너며 펑펑 울었다. 혼자 남았다는 짙은 외로움이 엄습했기 때문이다. 누구에게도 의존하지 않은 채 혼자 야구를 하고, 언제나 낭떠러지에 한쪽 발끝을 걸친 채 인생을 살아가는 그의 자세가 어디에서 왔는지 엿볼 수 있는 대목이다.

김 감독은 뛰어난 왼손 투수였지만 어깨 부상이 찾아온 탓에 1969년 중소기업은행 선수를 끝으로 현역 선수 생활을 접었다. 당시 실업야구 선수가 은퇴하면 대부분 은행원이 됐다. 하지만 그는 한국말이 어눌해 은행 창구에 앉을 수 없었다. 그는 지도자로 야구 인생의 승부를 새롭게 걸기로 마음먹었다.

1969년 마산상고 감독을 시작으로 기업은행 감독, 국가대표 코치, 충암고 및 신일고 감독을 지낸 그는 1982년 OB 베어스(현 두산 베어스) 코치로 프로야구와 인연을 맺는다. 1984년 OB 베어스의 감독이 된 그는 이후 태평양 돌핀스, 삼성 라이온즈, 쌍방울 레이더스, LG 트윈스, SK 와이번스 등 총 6개 프로 구단에서 감독을 맡았다. 태평양 돌핀스와 쌍방울 레이더스에서는 열악한 구단 재정, 다른 구단보다 훨씬 처지는 선수 구성에도 우수한 성적을 내 '꼴찌 구단을 4강 구단으로 변모시키는 조련사'의 이미지를 굳혔다.

LG 트윈스에서 야신이라는 이름을 얻다

김 감독에게 오늘날의 '야신(野神)' 이미지를 만들어준 곳은 LG 트윈스다. 2002년 LG를 맡은 그는 압도적인 전력 열세에도 불구하고 그해 한국시리즈에 진출했다. 비록 한국시리즈에서는 호화 멤버를 앞세운 삼성 라이온즈와 6차전까지 가는 접전을 벌인 끝에 석패(惜敗)했지만 이때의 일은 아직도 많은 야구팬들에게 깊이 회자되고 있다.

2001년 5월 당시 이광은 LG 트윈스 감독이 전격 경질됐다. 시즌 개막 후 9승 1무 25패의 최악의 성적을 냈기 때문이다. 이광은 감독 대신 감독대행을 맡은 사람이 바로 당시 LG 트윈스 2군 감독이던 김 감독이다.

어수선한 한 해를 보낸 김 감독은 2002년 정식 감독으로 승격됐다. 2002년 초 일본 오키나와에서 전지훈련을 마친 그는 LG 트윈스가 올해 반드시 4강에 갈 수 있다고 자신했다. 하지만 시즌 개막 후 6월 초까지 두 달 넘게 LG 트윈스는 8개 구단 중 7위라는 초라한 성적을 기록했다. 에이스 이상훈의 컨디션이 좋지 않았고 이승호, 만자니오, 안병원, 신윤호 등 투수진도 잇따라 무너졌다.

하지만 이상훈이 복귀해 에이스 몫을 해주자 사정이 달라졌다. 이승호, 최향남, 이동현, 최원호 등이 마운드에서, 부상에서 돌아온 유지현과 김재현 등이 타석에서 투혼을 발휘하면서 LG 트윈스의 성적은 서서히 상승했다. 8월 들어 4위를 굳혔고 무난히 포스트시즌에 진출했다.

LG 트윈스의 상승세는 가을 야구에서도 계속됐다. 전문가들은 4강에 오른 팀 중 LG 트윈스의 전력이 가장 처진다며 준플레이오프 탈락을 점쳤지만 김성근 감독은 이를 비웃듯 승승장구했다. 준플레이오프에서는 2001년 한국시리즈 우승팀 현대 유니콘스를 2연승으로 가볍게 눌렀고, 플레이오프에서도 KIA 타이거즈에 이겼다.

상위팀은 푹 쉬면서 컨디션 조절을 할 수 있기 때문에 절대적으로 불리했던 LG 트윈스의 돌풍은 한국시리즈에서도 이어졌다. LG는 한국시리즈에서 맞붙은 삼성 라이온즈에 1승 3패로 몰렸지만 5차전에서 8대 7로 아슬아슬하게 이겨 다음을 기약했다. 6차전에서는 8회까지 9대 6으로 앞서 최종 7차전을 눈앞에 두는 듯했다.

하지만 이승엽, 마해영, 양준혁 등 거포 군단을 둔 덕에 LG 트윈스에 비해 월등한 화력을 보유한 삼성 라이온즈는 9회말 1사 후 대반격에 나섰다. 이승엽이 에이스 이상훈을 상대로 동점 스리런 홈런을 날렸고, 바로 뒤 마해영이 구원투수 최원호로부터 끝내기 솔로 홈런포를 쏘아 올렸다. 이를 통해 삼성은 창단 후 처음으로 한국시리즈 우승이란 축포를 터뜨렸지만 패자 LG 트윈스에도 기적 같은 드라마를 연출했다는 찬사가 쏟아졌다.

LG 트윈스의 선전이 워낙 대단했기에 우승자인 김응용 당시 삼성 라이온즈 감독이 김 감독의 허를 찌르는 작전 능력과 용병술에 감탄해 "마치 야구의 신과 싸우는 것 같았다"고 혀를 내두르기도 했다. '야신'이라는 그의 닉네임이 바로 이때 생겼다.

하지만 LG 트윈스 구단은 한국시리즈 후 김 감독을 전격 경질했다. "LG 트윈스가 지향하는 신바람 야구와 김 감독의 스타일이 맞지 않는다"는 다소 어이없는 이유였다. 빈약한 자원으로 한국시리즈에 진출한 감독에게 상을 줘도 모자랄 일이었기에 야구계 전체가 깜짝 놀랐다. 이는 김 감독에게도 아픔이었지만 역설적으로는 지도자로서 그의 명성이 더 높아지는 계기가 됐다. LG 트윈스가 이후 10년 넘게 단 한 번도 포스트시즌에 진출하지 못했기 때문이다.

LG 트윈스는 한국 프로야구 30년 역사상 최장 기간 포스트시즌에 진출하지 못한 구단이란 불명예를 안고 있다. 야구팬들은 LG가 이유 없이 명장을 내친 것 때문에 생긴 결과라며 이를 '김성근의 저주'라는 징크스로 부른다.

LG 트윈스에서 물러난 김 감독은 일본으로 갔다. 이후 2006년까지 일본 프로야구 지바 롯데 마린스에서 코치로 활동하며 당시 일본으로 막 건너온 이승엽을 지도했다. 2005년 이승엽이 일본 프로야구에 데뷔한 후 첫 30홈런을 터뜨린 데는 김 감독의 공도 적지 않다. 이승엽 역시 이에 관해 여러 차례 김 감독의 공이 컸다고 고마움을 표한 바 있다.

SK 와이번스 '왕조'를 이룩하다

2006년 SK 와이번스의 러브콜을 받고 국내 무대로 복귀한 김 감독은

2006년 10월 SK 와이번스의 감독으로 공식 취임했다. 2000년 3월 창단된 SK 와이번스는 김 감독이 취임하기 전까지 단 한 번도 우승을 해보지 못한 약체 팀이었다. 신생 구단이라 변변한 스타 선수 하나 제대로 없었고 선수들도 풀이 죽어 있었다. 2006년 성적 역시 6위에 불과했다.

하지만 김 감독은 이런 팀을 맡아 첫해인 2007년 곧바로 팀을 우승시켰다. 특히 한국시리즈에서 두산 베어스에 내리 2패를 한 후 4연승하며 우승해 야구계를 깜짝 놀라게 했다. 한국 야구 역사상 한국시리즈에서 2연패 후 우승한 팀이 없었기 때문이다. 2008년에도 SK는 최강의 팀으로 군림했다. 83승 43패로 페넌트레이스 1위에 올랐다. 한국시리즈에서 다시 두산 베어스를 맞아 역시 1패 뒤 4연승하며 2연패에 성공했다.

2009년 SK는 정규시즌에서 불과 1경기 차이로 KIA 타이거즈에 1위 자리를 내줬다. 그러나 부상 선수들이 줄줄이 속출하는 상황에서도 시즌 막판 19연승을 내달리며 KIA 타이거즈를 위협하는 저력을 선보였다. 한국시리즈에서는 KIA와 7차전까지 가는 명승부를 펼친 끝에 아쉽게 고개를 숙였다. 특히 7차전에서는 초반 5대 1로 이기다가 투수진의 부족으로 연장전까지 몰렸고 결국 접전 끝에 나지완의 끝내기 홈런에 무너졌다. 당시 SK 와이번스에도 '화려한 조연' '승자 못지않은 패자'라는 찬사가 이어졌다.

2010년 SK 와이번스는 한 해 전의 아픔을 되풀이하지 않았다. 84승 47패 2무를 기록하며 가볍게 정규시즌 정상을 탈환했다. 삼성 라이온즈와 맞붙은 2010년 한국시리즈에서 SK는 단 한 번도 지지 않고 4연승을 내달려 3번째 패권을 차지했다. 한국시리즈에서 한 경기도 이기지 못한 삼성 라이온즈는 한국시리즈 직후 계약 기간이 4년이나 남은 선동열 당시 삼성 라이온즈 감독을 경질했다. 그만큼 패배의 충격이 컸다는 뜻이다.

김 감독은 '일구이무(一球二無)'의 철학을 가지고 약팀 SK 와이번스를 2000년대 후반 한국 프로야구 최강팀으로 변모시켰다.

일구이무는 일시이무(一矢二無)란 고사성어를 변형시킨 단어다. 중국 한나라 때 한 장군이 해 질 무렵 호랑이를 발견했다. 그는 목숨의 위협을 느낀 나머지 활시위를 당겨 호랑이를 명중시켰다. 그런데 살펴보니 화살이 꿰뚫은 것은 호랑이가 아닌 바위였다. 정신을 집중하면 화살로 호랑이는 물론 바위까지 뚫을 수 있다는 교훈이 담긴 말이다.

김 감독은 일본에서 현역 선수로 뛰던 20대 시절 이 고사성어에서 '화살 시(矢)' 자를 야구공을 의미하는 '공 구(球)' 자로 바꿔 '일구이무(一球二無)'라는 좌우명을 직접 만들었다. 공 하나에 온 정신을 다 쏟아 바위를 뚫고야 말겠다는, 야구에 대한 그의 집념을 엿볼 수 있는 좌우명이다.

SK 와이번스가 최강 팀이 되기까지 김 전 감독의 손길이 닿지 않은 곳이 없다. 김 감독은 혹독한 훈련을 바탕으로 선수들을 키워나갔다. 그가 오기 전 김광현, 정근우, 최정, 박정권, 박재상, 조동화 등 현재 SK 와이번스의 핵심 선수들은 대부분 무명 선수에 불과했다. 하지만 김 감독은 자신의 몸을 아끼지 않고 지도해 이들을 SK 와이번스를 넘어 대한민국을 대표하는 야구선수로 만들었다.

신장암 수술을 받은 노령 감독인 데다 수술을 받아야 할 정도로 허리 디스크를 앓고, 어깨 인대를 다치는 상황이 생겨도 그는 언제나 마운드에서 선수들과 함께했다. 타자들에게 직접 야구공을 던져주는 일을 마다하지 않았고, 억수같이 쏟아지는 비를 맞으며 투수들의 투구 자세를 봐줬다. 끊임없는 특강 및 정신 교육을 통해 선수들의 안일한 마음가짐과 태도도 조금씩 변화시켜나갔다.

이를 통해 SK 와이번스는 스타 선수가 없어도 누구나 스타 몫을 하는 야구, 끈끈한 조직력으로 선수단 중 누구 하나가 빠져도 절대 티가 나지 않는 야구를 하는 팀으로 거듭났다. SK 와이번스 팬들이 'SK 구단 전력의 반은 김 감독'이라고 칭송하며 '인천 예수'라는 극존칭 별명을 붙여준 이유다.

일흔 살 감독, 독립구단에서 새로운 실험을 시작하다

김 감독은 SK 와이번스의 성공을 토대로 한국 야구계의 완연한 주류로 부상했다. 하지만 이는 오래가지 않았다. 2011년 8월 18일 SK 와이번스 구단은 김 감독을 퇴진시키고 이만수 2군 감독을 감독대행으로 선임했다. 김 감독이 "올해 시즌이 끝나고 SK 와이번스를 떠나겠다. 재계약은 하지 않겠다"고 말한 지 하루 만이었다.

양측이 가장 크게 대립한 부분은 당시 이만수 SK 2군 감독의 거취였다. 우수한 성적을 거뒀음에도 재계약에 뜨뜻미지근한 반응을 보이던 SK 구단에 김 감독이 섭섭함을 표시하자 "재계약을 하려면 이만수 2군 감독의 양해를 구해야 한다"는 뜻을 비친 것. 이는 자존심 강한 김 감독에게 큰 충격을 줬고 결국 그는 스스로 옷을 벗겠다고 선언했다.

2006년 말 SK가 김 감독과 이만수 현 SK 와이번스 감독을 같은 팀에 영입했을 때 많은 야구인은 두 사람이 한 팀에서 뛴다는 사실에 부정적인 반응을 보였다. 두 사람의 인생 역정과 야구관이 달라도 너무 다르다는 이유에서다.

앞서 말한 대로 한국과 일본 모두에서 이방인으로 살아야만 했던 김 감독은 '프로는 승리로 증명한다'는 야구관을 절감하며 살아왔다. 하지만 한국 야구를 대표하는 스타플레이어였던 이만수 감독은 달랐다. 늘 국가대표로 뽑혔고 올스타 투표 때마다 최다 득표를 기록한 그는 "팬이 즐거워하는 야구를 하겠다"라고 공언해왔다. 승리를 삶의 존재 이유로 삼는 감독과 성적만큼 흥행과 쇼맨십을 중시하는 코치의 동거는 늘 불안할 수밖에 없었다.

이만수 감독의 거취 문제 외에도 선수단 훈련 문제 등으로 종종 구단과 갈등을 빚어온 김 감독이 시즌 도중 옷을 벗는 사태가 벌어지자 인천 팬들은 분노했다. 이들은 문학구장에다 '김성근 감독님 사랑합니다' '김 감독님 폄하한 구단 관계자 사퇴하라' '감독님을 내몰아? 우린 프런트를 자른다' '프런트! 퇴진!' 등의 현수막을 곳곳에 걸고 김성근을 연호했다.

많은 사람이 SK 와이번스에서 물러난 김 감독이 당분간 쉴 것이라고 예상했다. 하지만 그는 야구장을 벗어날 수 없는 사람이었다. "갑갑한 감독직을 떨쳐버리니 더 쉴 틈이 없다"며 의욕을 불살랐다. 자신이 가르친 후배와 제자들이 지도자로 있는 아마추어 팀 선수들을 가르치기 위해 전국 곳곳을 누비고 다녔다. 그의 그라운드 밖 인생 역시 야구뿐이었다. 최근까지 일본 진출을 타진했던 그는 장고(長考) 끝에 2011년 말 한국 야구 최초 독립구단 고양 원더스의 초대 감독을 맡아 야구계에 복귀했다.

고양 원더스는 모기업의 지원을 받는 대기업 산하 계열사라는 기존 프로 구단의 운영 형태를 완전히 벗어난 팀이다. 구단주인 허민 나무인터넷 위메이크프라이스 이사회 의장이 출연한 사재(私財)로만 운영되기에 재정도 빈약하고 성공 여부도 불투명하다. 하지만 김 감독은 거기서 가능성을 읽었다고 주장한다. 기존 구단이 하지 못하는 일을 해볼 수 있다는 이유에서다. 고양 원더스는 현재 40여 명의 선수를 선발했고 올해 프로야구 2군팀과 약 40경기를 치러 이 중 유망주들을 프로야구 1군 선수로 성장시킬 계획이다.

그만큼 프로야구 1군 무대의 문호가 좁다. 2011시즌에 프로야구단 신인지명에 도전한 고교 야구 선수는 708명이다. 이 중 10퍼센트인 78명이 지명됐지만 첫해 1군에서 주전이 된 선수는 LG 트윈스의 임찬규 1명뿐이다. 즉 고교 선수가 프로야구 1군 선수로 살아남는 확률이 1퍼센트도 안 된다는 뜻이다. 이를 감안하면 프로구단의 지명도 받지 못한, 즉 78명에도 들지 못한 선수들로 꾸려진 고양 원더스가 언제까지 존속할 수 있을지 의문이 드는 것도 사실이다.

김 감독은 왜 이런 어려운 실험을 자청했을까. 그는 "1982년 프로야구 출범 때도 과연 이 땅에 프로야구가 생존할 수 있을까 생각했는데 30년간 성공적으로 뿌리내렸다. 이제 한국 야구의 발전을 생각할 두 번째 시기가 왔다. 독립야구단이 좋은 성적을 거두고 한 명의 선수라도 1군 무대에 올려야 또 다른 독립야구난이 생기지 않겠느냐"고 말했다. 독립야구단이 한 팀이라도 더 생겨야 많은 선수가 야구를 하며 잊었던 자신들

꿈과 희망을 찾는다는 뜻이다.

리더는 아버지다

김 감독은 평소 선수들을 '우리 아이들'이라고 칭한다. 마흔이 넘은 선수도 예외 없이 '아이들'이다. 한 TV프로그램에 출연한 그는 '지도자는 아버지'라는 지론을 강조해 깊은 인상을 남겼다. 또한 김 감독은 늘 "우리 아이들이 잘살게 해줘야 한다"고 말한다. 그가 이 약속을 지킨 덕에 SK 와이번스에서 최저 연봉 2,000만 원을 받던 수많은 선수가 억대 연봉자로 발돋움했다.

지도자는 곧 아버지라는 그의 신념은 윤길현 사건에서도 잘 드러난다. 2008년 6월 19일은 김성근 감독의 야구인생 중 가장 아픈 날로 꼽힌다. 이날 SK 와이번스의 홈구장인 문학에서 벌어진 KIA 타이거즈와의 경기에서 투수 윤길현이 욕설 파문으로 큰 논란을 일으켰기 때문이다.

20대 초반의 젊은 투수 윤길현은 10대 1로 크게 앞선 8회 초 자신보다 훨씬 나이가 많은 30대 중반의 최경환에게 머리로 날아가는 빈 볼(Bean Ball)성 공을 던졌다. 불쾌해하는 최경환에게 침을 뱉는 등 불량한 태도를 보인 윤길현은 최경환을 삼진으로 잡아낸 후에도 상스러운 욕설을 내뱉으며 마운드를 내려갔다. 이러한 일련의 과정이 TV 중계에 고스란히 잡히면서 연공서열을 중시하는 한국 야구계가 발칵 뒤집혔다.

김 감독은 파문이 확산되자 윤길현을 2군으로 내려보냈다. 신영철 SK 와이번스 사장과 같이 공개 사과도 했다. 특히 자신이 사태를 책임지겠다며 며칠 뒤 두산 베어스와의 경기에서는 스스로 결장했다. 한평생 야구밖에 모르던 현장 책임자가 스스로 '그라운드 출입금지'라는 중징계를 내렸으니 그 마음이 편할 리 없다. 김 감독은 당시 "선수의 잘못은 내 잘못이다. 논란의 여지를 남기는 것이 싫고 내가 할 수 있는 가장 아픈 징계로 진심으로 사과하고 싶었다. 실제로 출장정지는 뼈를 깎는 고통이었다"고 말했다. 김 감독이 출장하지 않은 경기에서 SK 와이번스는 두산 베어스에 대패했다.

당시 김 감독의 결장을 두고 그가 아니라 다른 사람이 SK 와이번스 감독이었다면 감독 결장 사태까지 일어나지 않았을 것이라는 의견이 많았다. 윤길현의 욕설에 KIA가 아닌 나머지 구단 팬들까지 분노한 것은 윤길현에 대한 반감이 아니라 김성근 야구에 대한 반감이었다는 분석이다. 어쨌든 이 사건은 "지도자는 아버지이며 아버지는 자식을 위해 자신을 희생해야 한다"는 그의 아버지론(論)을 재조명하는 계기가 됐다.

조직원의 마음부터 얻어라

김 감독은 지독한 훈련광이다. 해 뜨기 무섭게 훈련을 시작해 선수들이 스스로 눈치껏 챙겨 먹지 않으면 식사할 시간도 없을 정도로 선수들을 몰아세운다. 재미있는 짐은 그를 거쳐 간 수많은 제자 중 그 누구도 그 혹독한 훈련을 소화하지 않은 사람이 없다는 사실이다.

김 감독을 처음 만났을 때는 "어떻게 이 정도로 훈련을 혹독하게 시키느냐"며 불만을 늘어놓던 선수들이 어느 순간부터 자발적으로 움직인다. 김 감독은 "선수들이 처음에는 왜 훈련을 해야 하는지 모르다가 이를 깨닫기 시작하면 스스로 움직인다. 그때부터 발전하는 모습이 확연히 눈에 띤다"고 설명했다. 실제로 자신의 기량이 발전하는 것을 느끼면서 시키지 않아도 더 열심히 훈련에 매진하는 선순환 구조가 정착된다는 의미다.

이미 머리가 굵을 대로 굵은 프로야구 선수들을 움직이려면 단순히 "훈련을 해야 돈을 많이 벌 수 있다"라는 식으로 종용해선 안 된다. 진심으로 선수들에게 다가가고, 이를 통해 선수들의 마음을 움직여야만 가능한 일이다. 그 후 조직원에게 분명한 목적의식과 목표를 심어줘야 성과 창출이 가능하다.

SK 와이번스의 간판 투수인 송은범은 프로 초기 끼가 많고 노는 걸 좋아한다는 이유로 '풍류은범'이라는 별명이 붙은 선수였다. 고된 훈련을 지겨워했던 그는 김성근 감독 앞에서 '깨달음'을 얻고 자신의 선수 인생이 달라졌다고 말한다.

김 감독이 갓 부임했던 2006년 말 제주에서 열린 마무리 훈련 때 그는 김 감독의 강의에 너무 놀랐다. 야구 기술 등을 언급할 줄 알았던 김 감독이 일본과 한국 정착 초기에 자신이 경험했던 일들을 들려주며 야구 선수에게 가장 중요한 것은 바로 마음가짐이라고 강조했기 때문이다. 이때 김 감독은 그 유명한 "생각이 바뀌면 행동이 바뀌고, 행동이 바뀌면 생각이 바뀐다"는 말을 거듭 했다. 이날의 교훈은 놀기 좋아하던 '풍류은범'의 마음을 꽁꽁 붙들어 SK 최고 선발에 마무리까지 소화하는 명투수 송은범을 만들었다.

이처럼 김 감독은 종종 '정신교육'을 통해 선수들에게 야구가 아닌 인생 이야기를 들려준다. 한번은 고된 마무리 훈련으로 힘들어하는 선수들에게 김 감독이 1,000층쯤 되는 계단을 오르라고 지시했다. 훈련으로 녹초가 된 선수들은 억지로 계단을 올랐다가 깜짝 놀랐다. 김 감독이 미리 그곳에 올라와서 선수들에게 '지치고 힘들지만 견디고 노력하면 이렇게 시원한 바람을 느낄 수 있다. 더 열심히 하자'는 편지를 써놓았기 때문이다.

이처럼 김 감독은 강 훈련 이전에 먼저 선수들의 마음을 붙잡는다. 옆에서 지켜보는 사람들은 "저렇게 운동만 시키는데 어떻게 감독에 대한 불만이 없을까" 싶지만 그를 거친 선수들이 입을 모아 그를 최고의 지도자로 칭송하는 이유다.

2011년을 끝으로 SK와이번스를 떠나 롯데자이언츠에 둥지를 튼 투수 정대현은 김 감독의 자상한 면을 다음과 같이 소개했다. 그는 과거 어떤 경기에서 그는 "오늘 등판하지 않아도 되니 쉬어라"는 코칭스태프의 얘기를 듣고 아무 준비를 하지 않았다. 하지만 경기가 박빙으로 진행되자 출격 명령이 떨어졌고 부랴부랴 등판한 그는 결승타를 맞고 패전투수가 됐다.

억울한 마음에 숙소에 돌아와 화를 삭이고 있는데 문자 메시지 한 통이 날아왔다. "대현아. 미안하다"는 김 감독의 메시지였다. 정대현은 "뭉클했다. 더 열심히 해야겠다는 마음이 절로 들었다. 진심을 담아 전하는 감독님의 말 한마디에 선수들의 없던 의욕도 살아난다"고 말했다.

리더는 외로움을 두려워하지 말아야 한다

김 감독의 밑에서 야구를 한 코치나 선수들이 좀처럼 볼 수 없는 광경이 있다. 바로 김 감독이 다른 사람과 같이 식사하는 장면이다. 한 코치가 "감독님께서 워낙 혼자 식사하시는 통에 무슨 음식을 드시는지, 어떤 음식을 좋아하는지 아무도 모른다"고 말한 적도 있다.

그의 자서전 '야신(野神)김성근, 꼴찌를 일등으로'를 보면 그 이유가 자세히 나와 있다. '감독이 특정 선수나 코치와 밥을 먹기 시작하면 선수단 내 파벌이 생긴다'는 이유에서다. 밥 한 끼 같이 먹는 일이 뭐 대수라고 그렇게까지 하나 싶은 생각도 들지만 김 감독은 단호하다. 식사뿐 아니라 이동할 때도 김 감독은 철저하게 혼자 움직인다. 구단 프런트는 물론 코칭스태프도 그가 어디에 있는지 모르는 사태가 생기기도 한다.

김 감독은 특히 원정경기 때 혼자 식사하는 일을 즐긴다. 이는 일종의 경기 준비 과정이다. 시간이 절약되고 집중할 수 있기 때문이다. 김 감독은 한 인터뷰에서 "나는 머리 회전이 빠른 사람이 아니다. 생각이 산만해지면 아무것도 할 수 없다. 사람들과 어울리다 보면 떠오르는 생각을 까먹을 때가 많다. 혼자 고민하다 보면 떠오르는 생각이 많다. 그래서 나는 혼자 다니는 걸 즐긴다"고 말한 바 있다. 혼자는 외롭지만, 자기 자신을 채찍질하는 과정이므로 일부러 그렇게 한다는 뜻이다. 자신을 극한 상황에 몰아넣고 이를 극복하려 할 때만 성과를 창출할 수 있다는 그다운 논리다.

 당연히 그에게는 친구도 별로 없고 친구가 필요하지도 않다. 심지어 그는 자신의 멘토조차 야구라고 발언한 바 있다. "나를 이끌어준 것은 야구 아닌가. 인생 상담이라는 거 해본 적 없다. 전부 내가 생각하고 판단하고 해결했지."

. . . .
〈참고문헌〉
야신(野神) 김성근, 꼴찌를 일등으로, 김성근 지음, 2009, 자음과모음

"절대 해서는 안 될 첫 번째 행동은
뉴욕 양키스를 따라 하는 일이다."

빌리 빈 오클랜드 애슬레틱스 단장

1962년 미국 플로리다 주 올랜드 출생. 아무도 거들떠보지 않던
오클랜드 애슬레틱스를 4년 연속 포스트시즌에 진출시키는 기적을 일으켰다.
타율과 홈런보다는 출루율을 중시하는 새로운 선수 평가 방식을 통해 140년의 오랜 역사를 지닌
메이저리그에 새바람을 불러왔다. 상식을 깬 발상, 자신의 조직에 적합한 인재 등용,
철저한 데이터 분석만 있다면 다윗도 골리앗을 이길 수 있음을 보여주었다.

저평가된 인재를
적극 기용하라

　프로야구단은 매우 복잡하고 방대한 조직이다. 매일 경기에 뛰는 1군 선수만 수십 명이고 이들을 가르치는 감독 및 코치진의 숫자도 적지 않다. 2군에는 더 많은 선수와 코치들이 있다. 경기장의 선수 및 코치들이 하는 일을 제외한 나머지 모든 업무, 즉 구단 운영, 마케팅, 판촉, 구장 운영, 홍보, 선수단 수급, 트레이닝 등을 담당하는 사람들을 총칭해 프런트라고 한다. 이 프런트를 이끄는 총책임자가 바로 단장(General Manager)이다.

　한국 및 일본 야구와 미국 메이저리그의 가장 큰 차이점은 야구단 내에서 차지하는 단장의 위상이라 해도 과언이 아니다. 메이저리그는 전형적인 '단장의 야구'다. 미국 야구단의 단장은 감독, 코치진, 선수단, 프런트 등 야구단 전체 조직 구성에 관한 전면적인 인사권을 쥐고 있다. 신인 지명 및 방출, 트레이드 역시 난장의 몫이다. 감독은 단장이 이미 짜놓은 선수단의 틀에서 벗어날 수 없으며, 경기에 누구를 기용할지 말지만을 결정할 뿐이다.

즉 식당을 야구단에 비교하자면 감독은 요리사, 단장은 음식 재료 수급, 직원 채용, 식당 운영, 재정관리 등을 모두 담당하는 사람이라고 할 수 있다. 때문에 미국 야구계에서는 요리사의 손맛, 즉 감독의 경기 운영 능력보다는 단장이 트레이드나 신인 지명 등을 통해 좋은 선수를 얼마나 많이 확보하느냐가 그 야구단의 성적을 좌우한다고 본다. 좋은 선수들을 확보할 때 다른 구단보다 돈을 적게 쓴다면 금상첨화다.

반면 한국 및 일본 야구는 '감독의 야구'다. 단장이 감독의 거취에 미치는 영향력이 메이저리그보다 훨씬 작다. 대부분의 감독은 상당한 카리스마를 지니고 있으며, 프런트에 크게 휘둘리지도 않는 편이다. 선수 트레이드, 신인 지명 등에도 감독의 입김이 상당히 발휘된다. 김성근 고양 원더스 감독, 오 사다하루(王貞治) 전 소프트뱅크 호크스 감독 등이 감독의 야구를 시현하는 대표적 인물이다.

이처럼 단장의 위상이 높은 메이저리그에서도 독보적인 입지를 다진 단장이 있다. 바로 샌프란시스코 근교 도시인 오클랜드를 연고지로 둔 오클랜드 애슬레틱스의 빌리 빈 단장이다. 1998년부터 현재까지 오클랜드 애슬레틱스 단장으로 재직하고 있는 그는 통계를 이용한 과학적 야구 분석 기법인 세이버 메트릭스(Saber metrics)를 적극 활용해 1990년대 이후 만년 하위 팀에 불과했던 오클랜드를 메이저리그에서 손꼽히는 명문 팀으로 만들었다.

꼴찌 팀의 기적

1901년 창단한 오클랜드 애슬레틱스는 아메리칸리그 서부 지구에 속한 팀이다. 메이저리그 30개 구단 중에도 손꼽히는 오랜 역사와 훌륭한 성적을 지녔다. 오클랜드 애슬레틱스는 1972년부터 1974년까지 3회 연속 월드시리즈 우승을 포함해 총 9회의 월드시리즈 우승을 차지했다. 뉴욕 양키스, 세인트루이스 카디널스에 이어 단일 팀의 월드시리즈 우승 횟수로는 세 번째다. 그럼에도 1990년대 이후 구단주의 긴축 재정으로 좋은 선수를 영입하지 못해 약체 팀으로 전락하고 말았다.

하지만 빈이 단장이 된 이후 오클랜드 애슬레틱스는 메이저리그에서 가장 싼 선수단 전체 연봉을 가지고도 5번이나 포스트시즌(2000~2003년, 2006년)에 진출하는 돌풍을 일으켰다. 2000년부터 2003년까지 오클랜드 애슬레틱스의 연봉 순위는 30개 구단 중 25위, 29위, 28위, 23위에 불과했다.

빈은 누구나 타율이 높고, 홈런을 잘 치는 타자만 선호할 때 득점을 높이는 데 가장 중요한 지표는 타율이 아닌 출루율이라는 점에 착안했다. 다소 뚱뚱하고 발이 느리더라도 선구안이 좋아 볼넷(사사구)을 고를 수 있는 선수를 대거 발굴했다. 이 공식을 투수에도 대입, 모두가 구속(球速)이 빠르고 방어율이 낮은 투수를 선호할 때 볼넷 허용 비율이 낮고 땅볼 비율이 높은 선수를 발굴해 재미를 봤다. 발굴한 저평가 유망주가 스타가 되면 부자 구단에 비싸게 팔아 막대한 이적료도 챙겼다.

리그 꼴찌를 면치 못하던 오클랜드 애슬레틱스는 이를 통해 2000~2003년 4년 연속 포스트시즌에 진출했다. 더 놀라운 사실은 이런 성과를 메이저리그 최고 부자 구단인 뉴욕 양키스 팀 연봉의 3분의 1도 안 되는 연봉을 받는 선수들이 이뤄냈다는 점이다. 특히 메이저리그 최고 부자 구단 뉴욕 양키스가 오클랜드의 최고 강타자 제이슨 지암비를 천문학적인 돈을 주고 데려간 직후인 2002년에 거둔 성적은 더 놀랍다.

누구나 지암비가 없는 오클랜드의 2002년 시즌 성적이 곤두박질칠 거라고 생각했지만 오클랜드는 양키스와 똑같은 103승(승률 0.636)을 올리며 메이저리그 최고 승률을 기록했다. 가장 돈 많은 구단과 가장 돈 없는 구단의 성적이 나란했다는 사실만으로도 야구계에 던진 충격은 엄청났다.

오클랜드 애슬레틱스의 독특한 선수 선발 방식, 최저의 비용으로 최고의 효율을 거둔 투자는 140년 메이저리그 역사의 최대 이변이자 혁신으로 평가받고 있다. 빈은 140년 동안 불문율처럼 이어져오던 우수 야구선수의 평가 기준을 재정립하고, 숨어 있는 저평가 인재를 발굴했으며, 이들을 적극 기용함으로써 독보적인 성공 신화를 이룩했다. 엄청난 돈을 투자하면서도 하위권을 벗어나지 못하는 메이저리그 구단이 수두룩한 상황에서 빈의 놀라운 성공은 야구계는 물론 금융계, 비즈니스계의 이목을 끌기에 충분했다.

2004년 미국 금융 월간지 '스마트머니' 12월호는 미국 경제에 가장 큰 영향력을 미치는 파워 엘리트 30인을 선정했다. 1위는 최고의 투자자로 손꼽히는 세계적 거부 워런 버핏 버크셔 해서웨이 회장, 2위는 세계의 경제 대통령이라 불리던 앨런 그린스펀 전 미국 연방제도이사회(FRB) 의

장이 차지했다. 30명 중 유일하게 경제 금융과 관련 없는 사람이 바로 빌리 빈이었다. 당시 미국 대통령인 조지 W. 부시도 30명에 들지 못한 상태에서 빌리 빈이 포함됐다는 건 월스트리트가 얼마나 그의 능력을 높이 평가했는지를 잘 보여준다.

돈이 모든 것을 결정하는 월스트리트의 이면을 잘 그려낸 베스트셀러 '라이어스 포커(Liar's Poker)'의 저자 마이클 루이스는 빌리 빈의 이야기를 '머니볼(Money Ball)'이라는 책으로 엮어냈다. 이 책은 2003년 미국 최고의 베스트셀러가 됐고 브래드 피트 주연의 영화 '머니볼'로도 만들어져 큰 반향을 일으켰다.

돈 때문에 내린 잘못된 결정

빈은 1962년 미국 플로리다 주 올랜도에서 태어났다. 태어난 직후 캘리포니아 주 샌디에이고로 거주지를 옮겨 성인이 될 때까지 이곳에서 자랐다. 그에게 야구를 처음 가르친 사람은 해군 장교였던 아버지다. 빈의 아버지는 복무를 위해 종종 집을 비웠다. 이 때문에 집에 돌아올 때는 반드시 아들에게 무언가를 가르치겠다는 의욕에 불탔다. 빈의 아버지는 신병 훈련을 하듯 아들에게 야구를 가르쳤다. 아버지와 함께 캐치볼을 하고 리틀 야구장을 누비는 건 어린 빈의 주요 일과였다.

빈은 어릴 때부터 여러 가지 운동에 재능을 보였다. 고등학생 때는 야구, 풋볼, 농구 등 주요 구기 종목에서 모두 두각을 나타냈다. 하지만 빈의 마음을 사로잡은 건 야구였다. 당시 명문 스탠퍼드 대학교기 그에게 야구-축구 합동 장학금을 제시했지만 많은 이의 예상을 깨고 이마저 거절했다. 스탠퍼드 대학교는 1980년대 미식축구 최고의 쿼터백으로 꼽혔던 존 엘웨이의 프로 데뷔가 임박함에 따라 그를 대신할 고교 선수를 뽑으려 했다. 대학 측이 내건 조건은 나쁘지 않았고 그의 어머니 또한 대학 진학을 원했다. 그러나 빈이 선택한 곳은 메이저리그 무대였다.

고교 마지막 해에 빈은 뉴욕 메츠 선수들과 조우했다. 샌디에이고 파드리스와의 원정 경기를 위해 샌디에이고에 도착한 메츠 팀의 스카우터가 빈을 원정 팀 클럽하우스로 데려갔기 때문이다. 그는 이곳에서 리 마질리, 무키 윌슨, 윌리 백맨 같은 메츠의 스타 선수들에게 환대를 받았다. 그들은 빈에게 "메츠는 네가 필요하다. 당장 빅 리그로 오라"고 부추겼다. 당시 메츠 감독으로 재직하고 있던 명장 조 토레 전 뉴욕 양키스 감독도 빈에게 관심을 표했다. 어린 선수가 흔들리지 않을 수 없는 상황이었다.

결국 빈은 1980년 뉴욕 메츠에 12만 5,000달러의 계약금을 받고 외야수로 입단했다. 하지만 프로의 벽은 높았다. 그는 오랫동안 마이너리그에서만 머물러야 했다. 기껏 메이저리그에 올라와도 타석에서 제대로 된 스윙 한 번 보여주지 못한 채 다시 마이너리그로 내려가는 생활이 반복됐다.

선수 빈은 자제력과 평정심이 매우 부족했다. 그는 삼진의 공포 속에서 어설프게 배트를 휘둘렀고, 번번이 투수에게 농락당했다. 1군 경기에 자주 출전하지 못하니 가끔 출전할 때 반드시 뭔가 보여줘야겠다는 욕심이 앞서 항상 일을 그르쳤다. 결국 뉴욕 메츠는 그를 미네소타 트윈스로 트레이드했다. 여기서도 오래 머무르지 못한 그는 디트로이트 타이거즈를 거쳐 오클랜드 애슬레틱스까지 왔다.

1990년 시즌을 준비하는 스프링캠프에서 빈은 은퇴를 결정했다. 그는 스카우터로 새 인생을 살기로 결심했다. 나이도 서른 줄을 향해 가는데 언제까지 무명 선수로만 지낼 수는 없었다. 이미 결혼도 했고 곧 첫아이도 태어날 예정이었다. 만 5년 동안 148경기를 소화한 빈의 메이저리그 성적은 타율 2할 1푼 9리(홈런 3개)에 불과했다.

훗날 빈은 스탠퍼드 대학교 대신 뉴욕 메츠를 선택한 일을 이렇게 회고했다. "내 인생에서 유일하게 돈 때문에 내린 결정이었다." 하지만 아이러니하게도 빈의 부모는 아들의 돈을 잘못된 부동산 투자로 모두 날려버렸다. 1980년의 12만 5,000달러는 꽤 큰돈이었음에도 불구하고.

'멘토' 앨더슨 단장과의 조우

빈은 오클랜드 애슬레틱스의 샌디 앨더슨 단장에게 어드밴스 스카우트(advance scout) 업무를 담당하겠다는 의향을 내비쳤다. 어드밴스 스카우트란 시즌이 시작되기 전 각 구단을 탐방하면서 향후 적수가 될 만한 팀들의 강점과 약점을 분석하는 사전 시장조사를 뜻한다. 1군 주전은 아니었지만 한때 상당한 잠재력을 지녔다고 평가받았던 주요 백업 선수가 갑자기 행정 업무를 맡겠다고 선언하자 구단은 당황했다.

앨더슨의 당혹감은 더 컸다. 빈 이전에는 선수 생활을 그만두고 스카우터가 되겠다고 한 사람이 아무도 없었기 때문이다. 하지만 앨더슨은 빈을 고용했다. 어차피 어드밴스 스카우트라는 업무 자체기 그다지 중요하지 않고, 빈이 없다고 해서 팀 성적에 이상이 있는 것도 아닌 데다, 아예 야구를 모르는 사람보다는 낫겠다는 생각이 들어서였다.

1970년대부터 오클랜드 애슬레틱스를 보유해온 구단주 월터 하스 주니어는 돈 쓰는 일에 인색하지 않은 인심 후한 구단주였다. 1991년 당시 오클랜드는 메이저리그 30개 구단 중 연봉이 가장 높은 편에 속했다. 그 덕분인지 1988년부터 1990년까지 3년 연속 월드시리즈에 진출했고 1989년에는 월드시리즈 우승까지 차지했다.

하지만 1995년 월터 하스 주니어가 사망하면서 상황이 완전히 달라졌다. 새로운 구단주가 된 스티브 스캇과 켄 호프먼은 부동산 개발업자였다. 그들은 오클랜드 애슬레틱스의 선수단 연봉이 지나치게 많다며 이를 줄이라고 앨더슨을 달달 볶았다. 구단주는 돈을 주지 않고, 팀은 어떻게든 꾸려가야 하는 상황에 처한 앨더슨은 상대적으로 저평가된 선수들을 싼 연봉에 데려올 방법 찾기에 골몰했다. 이때 그가 주목한 도구가 바로 세이버 메트릭스였다.

세이버 메트릭스는 미국의 야구 저술가이자 통계학자인 빌 제임스가 1970년대에 창시한 방법론이다. '기록의 스포츠'인 야구를 통계학적, 수학적으로 분석하는 게 핵심이다.

야구는 투수가 던지는 하나의 공도 스트라이크, 볼, 아웃, 인플레이, 파울 등 각각 다른 결과를 낳는 종목이다. 타자도 마찬가지여서 삼진을 당할 수도 있고, 안타를 칠 수도 있으며, 사사구로 걸어 나갈 수도 있다. 한 타석, 한 투구, 한 경기 정도의 기록이 한 시즌 전체에 미치는 영향은 크지 않지만 한 시즌처럼 오랫동안 누적된 기록은 '통계적으로 신뢰할 수 있는' 영향력을 행사한다.

빌 제임스는 엄청난 양의 데이터를 분석해 일정한 수의 단타, 2루타, 도루, 사사구, 아웃 등이 주어졌을 때 각 팀이 이를 통해 몇 점을 얻을 수 있는지 예측하는 공식을 만들었다. 그가 '팀이 창출한 점수(Created Runs)'라 명명한 방정식은 다음과 같다.

팀 창출 점수=(안타+사사구)×총 잔루 수/(타석+사사구)

이 공식에 따르면 한 팀의 득점력을 최대화하려면 OPS(출루율+장타율)가 높아야 했다. 빌 제임스 이전의 야구계는 타율과 도루의 중요성을 지나치게 강조하는 편이었다. 사사구로 걸어 나가는 선수보다는 안타를 치는 선수를 선호했고, 발이 빨라 도루를 많이 할 수 있는 선수를 선호했다는 의미다. 하지만 제임스는 안타를 치건 사사구를 얻어내건 일단 1루 베이스에 도착하는 것, 즉 타자가 아웃을 당하지 않는 게 가장 중요하다고 생각했다.

앨더슨은 오클랜드 애슬레틱스 구단의 조직 문화 전체를 출루율을 가장 중시하도록 서서히 바꿨다. 이를 통해 모든 타자는 선두 타자처럼 행동해야 하고, 모든 타자의 최종 목표는 베이스에 도달하는 것이며, 가장 용서받을 수 없는 잘못은 나쁜 공에 배트를 휘두르는 것, 가장 칭찬받아야 할 덕목은 사사구를 얻어 진루하는 것이라는 식의 암묵적 기준이 마련됐다.

앨더슨은 선수들에게 사사구의 중요성을 강조하는 게 인성 훈련에도 긍정적인 영향을 미친다고 믿었다. 프로야구 선수들은 약물, 도박 등의 위험에 노출된다. 고등학교 때 한가락 했던 선수일수록 타석에서 인내심과 자제력이 필요하다는 교육을 받아본 적이 거의 없다. 그들은 '내가 사사구 따위나 얻어내자고 프로에 온 줄 알아. 난 안타를 쳐서 스포트라이트를 받을 거야'라는 생각에만 사로잡혀 있다. 그러다 보면 과거 빈이 그랬듯, 무조건 안타를 치려고 배트를 휘두르다 삼진만 당할 뿐이다.

1993년 앨더슨은 빈의 업무 능력을 인정해 그를 자신의 보좌관으로 임명했다. 그는 제대로 평가받지 못하고 있는 유망 마이너리그 선수들을 찾아오라는 임무를 빈에게 부여했다. 동시에 빌 제임스, 에릭 워커 등 유명 세이버 메트리션의 책을 소개했다. 빈은 이 새로운 세계에 완전히 빠져들었다. 그는 앨더슨의 노선을 누구보다 더 열렬하게 지지하는 사람이 됐다.

'미다스의 손'으로 거듭나다

빈은 1998년 드디어 오클랜드 애슬레틱스의 단장이 됐다. 멘토 샌디 앨더슨이 미국 프로야구 부총재에 해당하는 중책을 맡아 팀을 떠났기 때문이다. 앨더슨은 1998년부터 2005년까지 버드 셀릭 메이저리그 커미셔너(Commissioner of Baseball : 메이저리그의 최고 책임자, 한국 프로야구의 총재에 해당)를 보좌하는 부총재를 역임했다.

단장이 된 빈은 본격적으로 자신의 야구를 펼쳐나가기 시작했다. 그는 OPS를 중시하는 앨더슨 전 단장의 교훈을 계승하는 동시에 장래가 밝으나 다른 구단이 크게 주목하지 않는 유망주들을 스카우트하거나 트레이드하는 일련의 선수 영입에 박차를 가했다. 또 싼값에 데려온 유망주들이 메이저리그 정상급 선수로 성장하면 그들을 부자 구단에 비싸게 팔거나, 신인 드래프트의 앞 순위를 넘겨받아 여러 명의 유망주를 대거 발굴하는 선순환 구조를 구축했다.

대표적 예가 빌리 테일러와 제이슨 이스링하우젠의 트레이드다. 빈은 1999년 시즌이 종반에 다다를 무렵 당시 37세의 노장 마무리 투수 빌리 테일러를 뉴욕 메츠에 팔았다. 9회 마지막 1이닝만 확실히 책임지면 되는 마무리 투수의 특성상 경험이 많은 노장 선수가 유리하다고 보는 게 일반적 통념이지만 빈의 생각은 달랐다. 빈은 빌리 테일러의 가치가 이미 한계에 도달했으며 그의 몸값이 최고로 비싼 지금 그를 다른 팀에 보내 유망한 젊은 선수를 여러 명 데려오는 게 낫다고 믿었다.

자사 조직에 적합한 인재상부터 정립하라

야구에서는 '5툴 플레이어(five-tool player)' 선수가 각광받는다. 5툴 플레이어란 공을 정확히 맞히는 콘택트 능력, 장타력, 수비력, 송구 능력, 주루 능력의 5가지 장점을 모두 갖춘 선수를 뜻한다. 하지만 빌리 빈은 5툴 플레이어를 거들떠보지 않았다. 그만큼 연봉도 비싸기 때문이다.

빈이라고 해서 5툴 플레이어를 싫어할 리 만무하다. 모든 포지션에서 최고의 선수들로 팀을 꾸리는 건 모든 단장의 꿈이다. 하지만 메이저리그에서 가장 가난한 구단인 오클랜드 애슬레틱스를 운영하려면 팀의 예산이 허락하는 선에서만 선수를 영입해야 한다. 그는 5툴 중 꼭 필요한 2~3개의 툴만 있다면 그런 선수들로도 최고의 팀을 만들 수 있다고 확신했다.

이에 따라 빈은 타율이 높고 몸값도 비싼 선수보다 선구안이 좋아 사사구를 많이 골라내는, 즉 출루율이 높은 선수를 선호했다. 출루율 높은 선수는 별로 비싸지 않은 데다 타율 높은 선수 못지않게 많은 득점을 올릴 수 있기 때문이다. 즉 그는 선수를 고를 때 구단의 현재 상황에 가장 적합한 인재상(像)부터 정립했다.

그 다음에는 적합한 인재를 가려낼 수 있는 독특한 평가 기준, 즉 타자에게는 타율이나 홈런보다 출루율을 중시하게 만들고, 투수에게는 공의 속도를 높이기보다 사사구를 줄이는 게 중요하다는 점을 주지시키는 등 해당 조직이 추구하는 가치에 걸맞은 평가 기준도 확립했다. 이에 따라 비록 유명하진 않아도 잠재력이 풍부한 선수들을 대거 선발했다.

모든 구단이 뉴욕 양키스처럼 해당 포지션별 최고 선수로 팀을 꾸릴 수는 없다. 겉으로 드러난 조건이 그다지 좋지 않아도 해당 조직의 문화와 핵심 가치에 부합하는 인재가 더 큰 성과를 낼 수 있다. 문제는 이를 가려낼 수 있는 평가지표를 갖추고 있느냐다. 안타깝게도 한국의 현실은 만족스럽지 못하다. 명문대 졸업, 토익 900점 이상, 학점 4.0 이상이라는 천편일률적인 기준으로 직원을 선발하는 기업이 여전히 많다.

소형 정밀 모터 분야의 세계 1위 기업인 일본전산은 밥을 빨리 먹고, 목소리가 크고, 화장실 청소를 잘하는 사람을 뽑는다. 세계 최초로 100만분의 1그램짜리 톱니바퀴를 만든 일본의 주켄공업도 이력서를 빨리 쓰는 순으로 사람을 뽑는다. 남이 보기엔 최고 인재가 아닐지 몰라도 이들 기업은 명문대 졸업자가 많은 기업보다 우수한 성과를 냈다.

현대 기업은 극심한 대내외 환경 변화에 직면해 있다. 인재의 정의도 시시각각 변한다. 당연히 인재를 뽑는 기준도 유연해져야 한다. 수백 년 전만 해도 동서양을 막론하고 미인의 기준은 밀로의 비너스처럼 몸매가 풍만하고 얼굴은 희고 둥근 여성이었다. 하지만 지금은 마네킹처럼 마른 몸매, V라인의 가늘고 작은 얼굴을 가져야 미인이다. V라인이 대세인 시대에 밀로의 비너스를 찾는 건 아닌지, V라인을 발굴할 만한 기준은 가지고 있는지 돌아봐야 한다. 빈의 성공 사례는 이런 측면에서 많은 시사점을 준다.

1등을 무작정 모방하지 마라

빌리 빈은 항상 강조한다. "우리가 해서는 안 될 첫 번째 행동은 뉴욕 양키스를 따라 하는 일이다. 양키스의 방식을 따라 하면 매번 질 수밖에 없다. 그들은 우리가 취할 행동을 세 번이나 반복할 수 있을 만큼 부자이기 때문이다." 즉 남이 만들어놓은 규칙에서 승승장구하는 상대를 이기려면 기존의 방법대로 경쟁해서는 안 된다. 기존의 관념을 대체할 나만의 새로운 규칙을 만들 줄 알아야 한다.

그는 이런 맥락에서 신인 선수나 트레이드 대상 선수를 고를 때 항상 해당 선수가 진정으로 오클랜드 애슬레틱스에 필요한 선수인지를 수백 번 자문했다. '그 선수가 진정으로 팀에 필요한 선수가 아니라 단지 성적이 좋고 인기가 많기 때문에 데려오려는 건 아닌지 끊임없이 묻고 또 물어라' '내가 입단을 성사시키지 못한 선수 때문에 받는 충격은 얼마든지 극복할 수 있지만 잘못된 가격으로 사들인 선수 때문에 받는 충격은 오랫동안 극복할 수 없다' '남이 트레이드하는 선수가 누구인지 신경 쓰지 말아라. 내가 이 선수를 원하는지 확실히 결정한 다음 그의 뒤를 쫓아라' 등은 빈이 입버릇처럼 강조하는 철칙이었다.

오랫동안 몸값 비싼 선수들로 팀을 꾸려오면서 꾸준히 좋은 성적을 낸 뉴욕 양키스와 달리 돈을 적게 쓰는 스몰 마켓(small market) 팀은 갑자기 많은 돈을 쓴다 해도 소기의 성과를 거두지 못할 때가 많다. 대표적 예가 볼티모어 오리올스다. 아메리칸리그 동부 지구에 속한 볼티모어 오리올스는 같은 지구에 속한 뉴욕 양키스, 보스턴 레드삭스가 공격력이 좋은 팀이라는 점을 감안, 화력에 화력으로 맞불을 놓기로 결정했다.

볼티모어 오리올스는 2003~2004년에 막대한 돈을 들여 강타자 영입에 나섰다. 미구엘 테하다에게 6년간 5,400만 달러, 하비 로페즈에게 3년간 2,250만 달러, 라파엘 팔메이로에게 2년간 1,050만 달러를 퍼부었지만 기대했던 성과를 얻지는 못했다.

2003년 볼티모어 오리올스는 아메리칸리그 동부 지구에서 4위를 기록했다. 2008년에는 리그 꼴찌로 전락했다. 강타자 영입 후 득점력은 향상됐지만 수비 보강을 안 하다 보니 실점이 대폭 증가했기 때문이다. 즉 자사의 현실과 상황을 도외시한 채 무작정 업계 1위의 전략을 따라 하는 일만큼 위험한 일도 없다.

가치 투자의 개념을 적용하라

빈은 가치 투자(Value Investment)의 정석을 보여주는 인물이기도 하다. 가치 투자는 워런 버핏 이전의 전설적 투자자인 벤저민 프랭클린으로부터 비롯됐다. 프랭클린은 '내재 가치에 비해 헐값에 거래되는 특정 기업의 주식을 매수해 그 기업의 가치가 적정 가치에 도달하면 파는 투자 행위가 투자의 정석'이라고 강조한 바 있다.

가치 투자를 위해 투자자가 갖춰야 할 조건은 해당 기업의 내재 가치를 평가할 수 있는 혜안과 그 기업이 적정 가치에 도달했을 때 추가 주가 상승을 욕심내지 않고 적시에 이익을 실현할 수 있는 결단력이다. 빈은 이 능력을 모두 갖춘 사람이다.

그는 현재 가치로는 미흡하지만 장래 성장 가능성이 큰 선수들을 대거 발굴해 이들을 스타로 만들었다. 이들이 스타가 되면 더 이상의 추가 수익을 욕심내지 않고 부자 구단으로 이들을 보낸 후 여러 명의 유망주 및 돈과 교환했다. 2004년 그는 영건 3인방 중에서도 가장 많은 승수를 올렸던 마크 멀더의 몸값이 치솟자 그를 애틀랜타 브레이브스로 보냈다. 대신 유망주 3명을 받아왔다. 받아온 유망주 중 한 명이었던 댄 해런은 다시 오클랜드 애슬레틱스의 에이스로 성장했다. 그가 마크 멀더를 계속 데리고 있으려고만 했다면 오클랜드 애슬레틱스는 결코 댄 해런이라는 선수를 만들어내지 못했을 것이다.

빈은 몸값 비싼 선수들이 싼값에 매물로 나오는 시점을 잘 포착해 이를 적극 활용했다. 오클랜드 애슬레틱스의 성적을 보면 한 가지 특색을 발견할 수 있다. 즉 시즌 초반부터 올스타 전이 열리는 여름까지는 성적이 5할 근처에서 맴돈다. 그러다 올스타 전이 끝나고 나면 성적이 많이 상승한다.

메이저리그의 트레이드 마감 시한인 7월 말이 되면 서서히 포스트시즌 진출이 불가능한 몇몇 팀의 윤곽이 그려진다. 해당 팀은 올해 시즌을 포기하고 자신들이 보유한 몸값 비싼 선수들을 시장에 내놓는다. 비싼 선수들이 상대적으로 저렴한 가격에 나오면 빈은 이 선수들을 낚아채 후반기 성적 향상의 발판으로 삼는다. 말 그대로 주식시장에서 저평가된 주식을 거래하듯 선수를 거래한 셈이다. 무명 선수였던 그가 메이저리그를 쥐락펴락하는 거물로 변신한 이유가 여기에 있다.

〈참고문헌〉
머니볼 : 불공정한 게임을 승리로 이끄는 과학, 마이클 루이스 지음,
　　　윤동구 옮김, 2006, 한스미디어
메이저리그에서 배우는 인재선발 전략, SERI 경영 노트, 2009. 8. 27, 삼성경제연구소

"모든 선수는 내 자식이다."

전창진 부산 KT 소닉붐 감독

1963년 서울 출생. 발목 부상으로 실업팀 입단 1년 만에 농구를 접고.
지도자가 아닌 구단 주무로 밑바닥 생활을 시작했다. 10년 프런트 생활 끝에 지도자로 변신했지만
주위의 평가는 차가웠다. 그러나 정규 시즌 1위 네 차례. 챔프전 우승 세 차례 등의 성과를 거두며
그 어떤 스타 선수보다 화려한 농구 인생을 살고 있다. 현재 부산 KT 소닉붐 감독.

먼저 다가가고
몸을 낮춰라

전창진 부산 KT 소닉붐 감독은 프로농구계의 대표적인 명장(名將)이다. 정규시즌 1위 네 차례, 챔프전 우승 세 차례(통합우승 2회)라는 눈부신 성과를 거뒀고, 플레이오프 최다승인 38승 기록도 보유하고 있다. 2009년 원주 동부 프로미에서 부산 KT 소닉붐 사령탑으로 옮긴 후 세 시즌 동안 112승의 위업을 달성했다. 그 성과를 인정받아 전 감독은 올해 초 KT와 3년 재계약을 했고, 프로농구 감독 중 최고 몸값인 4억 5,000만 원의 연봉을 받았다.

하지만 지도자로서 전창진 감독의 성공 시대를 예견한 사람은 거의 없었다. 부상 때문에 그가 불과 1년여의 짧은 선수 생활을 한 데다 그 기간의 성적도 신통치 않았기 때문이다. 선수 생활을 접은 후에도 엘리트 선수들이 코치로 직행하는 것과는 달리 그는 프런트 말단 직원, 즉 주무 출신으로 지도자 인생의 첫발을 디뎠다. 당연히 그가 처음 감독이 됐을 때 "주무 출신이 무슨 감독을 하느냐"는 비아냥거림이 적지 않았다.

전 감독이 처음 감독 지휘봉을 잡은 2002~2003년 시즌에 보란 듯 우승컵을 거머쥐었을 때도 "김주성 같은 S급 선수를 데리고 있으면 누가 감독이 되건 우승을 못하겠느냐"는 식의 폄훼가 이어졌다. 당시 정규 리그 3위 팀이 시즌 챔피언에 등극한 유일무이한 사례였지만, 세간의 평가는 인색하기만 했다. 그러나 전 감독은 이후 꾸준히 우승컵을 들어올리며 실력을 입증했다. 이제는 아무도 그에게 '선수 덕분에 잘나가는 감독'이란 말을 꺼내지 않는다. 한 감독이 단일 농구팀과 6년 계약을 맺은 건 프로농구 역사상 그가 최초다.

전 감독은 오랜 프런트 생활을 통해 선수단은 물론 언론, 트레이너, 구단 직원, 찬모나 운전기사에 이르기까지 농구단 안팎으로 폭넓은 인간관계를 맺고 있다. 그는 선수들과의 거리를 좁히기 위해 식사와 술 외에도 연애 상담, 전화, 문자, 채팅, 목욕탕 대화 등 갖가지 방법을 사용한다.

그뿐만 아니라 선수단의 밥을 해주는 도우미 아주머니들에게 화장품 세트를 선물하고, 구단 운전기사를 깍듯이 '형님'으로 모시며, 한 줄짜리 기사를 위해 밤늦게 언론사에 간식거리를 사들고 찾아가는 일도 마다하지 않는다. 이런 그의 행동 자체가 한 권의 인맥 관리 교본이다. '좋은 지도자는 상대방의 마음을 읽는 사람'이라는 그의 지도자론 또한 여기에서 탄생했다.

인생을 가로막은 발목 부상

전 감독은 서울 상명초등학교 4학년 때인 1973년 처음 농구공을 만졌다. 초등학교 때부터 또래보다 덩치가 컸던 그를 눈여겨본 상명초등학교 농구팀 감독이 조회 시간에 그를 찾아와 대뜸 "농구 한번 해보지 않을래?"라고 물었다.

평소 농구부 유니폼이 멋있다고 생각했던 소년 전창진은 그 자리에서 흔쾌히 승낙했다. 당시 전 감독은 몰랐지만 그의 아버지는 중앙대 재학 때까지 농구선수 생활을 한 경력이 있었다. 그 자신도 모르는 사이에 농구 유전자가 내재돼 있었던 셈이다. 초등학교 때부터 두각을 나타낸 그는 농구 명문인 용산중학교에 스카우트됐다.

중학교 3학년 때 그의 농구인생을 바꾼 사건이 일어났다. 전 감독은 서울 장충체육관에서 열린 춘계연맹전에서 발목 부상을 당했다. 오른쪽 발목이 부러져 깁스만 6개월을 해야 했다. 당시만 해도 운동선수의 재활 치료에 관한 개념이 전무했던 터라 그는 변변한 재활 치료를 받지 못했다. 결국 이때 입은 발목 부상은 두고두고 농구선수 전창진의 인생을 가로막는다.

우여곡절 끝에 고려대학교에 진학했지만 아버지의 사업 실패로 집안 형편이 극도로 나빠졌다. 점심도 제대로 먹지 못할 때가 있었고, 차비를 아끼려고 먼 길을 걸어 다녀야만 했다. 당연히 운동이 제대로 될 리 없었다. 당시 그는 부모에게 "농구를 그만두고 유학을 가겠다"는 폭탄선언까지 했다. 하지만 전직 농구선수였던 그의 아버지는 화를 내며 "이제껏 힘들게 운동을 했는데 지금 그만둔다는 게 말이 되느냐. 최소한 대학 졸업은 해라. 그때도 결심이 달라지지 않으면 유학을 보내주겠다"고 말했다.

마음을 다잡은 그는 2학년 때 주전이 됐고 한일 대학대회 등에 국가대표로 참가하기도 했다. 하지만 행복은 오래가지 않았다. 졸업을 앞두고 이번에는 왼쪽 발목까지 다치고 만 것. 졸업 후 운 좋게 삼성전자 실업 농구팀에 들어갈 수는 있었지만 발목 부상이 다시 문제가 됐다. 두 시즌 동안 사실상 벤치만 지키던 그는 견디지 못하고 1988년 은퇴를 선언했다.

프런트 말단 직원으로 겪은 을의 세계

불과 25세의 나이에 선수 생활을 접은 전 감독의 앞길은 그야말로 막막했다. 방황하던 그에게 이인표 당시 삼성전자 단장이 전화를 걸어왔다. 이 단장은 그에게 다짜고짜 선수단 매니저 역할을 맡겼다. 주 업무는 선수 스카우트였다.

"농구를 몇 년이나 했는데 스카우트 일이 뭐 그리 어렵겠느냐"는 그의 생각과 달리 프런트 생활은 녹록치 않았다. 당시만 해도 프런트 인력의 전문화, 분업화가 이루어지지 않았던 터라 그는 선수 스카우트는 기본이고 구단 홍보, 물품 관리, 선수단 관리 및 뒷바라지까지 도맡아야 했다. 20대 초반의 어린 선수들이 제대로 자는지 밤마다 방을 돌며 이불을 덮어주고 문단속을 해야 했다. 고참 선수들에게는 밖에 나가 술 먹고 사고 치지 말라고 일부러 소주 한 병과 안주를 숙소에 넣어주고 문을 닫았다. 심지어 선수들의 빨래거리를 챙겨야 할 때도 있었다.

'관리의 삼성'이라는 말이 있듯 위계질서와 위기관리를 중시하는 대기업의 조직문화 또한 만만치 않은 부담으로 다가왔다. 1분 1초 쉴 틈도 없었고 퇴근은 꿈도 못 꿨다. 하지만 이때의 생활은 전창진 감독의 리더십을 체계화하는 데 결정적인 도움을 줬다.

세상 물정을 잘 알고 선수단을 속속들이 컨트롤할 수 있는 능력은 아무나 쉽게 가질 수 있는 것이 아니다. 특히 엘리트 선수들은 지도자가 된 후 구단 및 언론과의 관계가 원활하지 않아 어려움을 겪을 때가 많다. 쉽게 말해 '갑(甲)'이 아니라 '을(乙)'의 처지가 되어본 적이 별로 없는 탓이다.

하지만 전창진 감독은 10년간의 매니저 생활을 통해 '을'의 어려움을 직접 체험했고, 다른 사람들이 조직의 리더에게 무엇을 원하는지를 빨리빨리 파악하는 능력을 터득해냈다. 당시를 기억하는 삼성 관계자들은 프런트 전창진을 이렇게 평가한다. "어떤 일도 철저하게 했다. 허드렛일을 시켜도 싫은 내색 없이 묵묵히 일했다. 최고의 구단 프런트였다."

지도자 생활을 시작하다

1998년 전창진 감독의 초중고 선배인 최형길 당시 원주 TG 사무국장이 그에게 수비코치를 제의하면서 그의 인생은 또 다른 길로 들어섰다. 코치로 선수들을 잘 다독이며 지도자의 자질을 보이던 그에게 기회가 온 것은 2001~2002년 시즌 도중. 최종규 당시 원주 TG 감독이 성적 부진으로 중도하차하면서 구단은 그에게 감독대행을 제의했다. 부담도 되고 겁도 났지만 도전할 기회가 마침내 왔다는 생각에 그는 감독직을 수락했다.

그가 감독이 되자 "원주 TG 프런트에 용산고 선후배기 많아 주무 출신인 그를 발탁했다" "용산고 마피아들이 다 해먹는다"는 비난이 쏟아졌다. 하지만 그는 개의치 않고 농구코트에서 선수들과 땀을 흘렸다. 결국 감독 첫 시즌인 2002~2003년 시즌에 팀을 우승으로 끌어올렸다. 그러자 "주무 출신 주제에 김주성 같은 좋은 선수를 만난 덕에 거저 우승했다"는 비아냥거림이 들렸다.

하지만 이는 당시 원주 TG의 사정을 잘 모르는 타인들의 시샘일 뿐이었다. 당시 삼성, LG 등 쟁쟁한 모기업을 둔 다른 농구단이 연간 50억~60억 원의 예산을 쓸 때 원주 TG는 모기업의 자금난으로 30억 원 미만의 예산을 써야 했다. 남들이 다 가는 해외 전지훈련은 꿈도 못 꿨고 외상 밥값이 너무 밀려 식당에서 식사를 제공할 수 없다고 한 적이 있을 정도였다. 걸핏하면 농구단이 해체된다는 흉흉한 소문까지 돌았다.

하지만 초보 감독과 선수들의 의욕은 대단했다. 전 감독은 "우승을 못 하면 곧바로 팀이 해체된다는 말이 나돌았던 게 오히려 선수들의 의욕을 자극했다"고 평가한다. 직장을 잃을지도 모르는 처지에 몰린 선수들은 당연히 죽을 각오로 뛰었고 코치진도 열과 성을 다했다. 첫해 깜짝 우승을 차지한 전 감독은 다음해인 2003~2004년 시즌에도 준우승을 차지해 그의 능력이 일회성이 아님을 입증했다. 원주 TG는 2004~2005년 시즌에 두 번째 우승을 차지했다.

2005년에는 모기업이 TG에서 동부로 바뀌었다. 든든한 스폰서를 구하긴 했지만 모기업의 기대치도 높았다. 전 감독은 2007~2008년 시즌에 팀을 세 번째 정상에 올려놓으며 구단의 기대에 부응했다.

부산 KT로 이적

전 감독은 원주에서 지내는 7년 동안 다른 팀으로부터 스카우트 제의를 수없이 받았다. 다른 농구단보다 적은 돈을 쓰면서 더 우수한 성과를 내는 그를 탐내지 않을 사람은 없었다. 하지만 그는 의리를 위해 오랫동안 한자리를 지켰다. 이 때문에 그가 2009년 부산 KT로 이적한다고 발표했을 때 많은 사람이 깜짝 놀랐다. 당시 부산 KT는 만년 꼴찌팀이라고 해도 과언이 아닐 정도로 성적이 나빴기에 놀라움은 더 컸다. 하지만 역설적으로 이런 상황이 전 감독의 마음을 움직였다. 당시 KT 본사에서는 농구단을 없애거나 명장을 영입해 팀의 체질을 확 바꿔놓거나 둘 중 하나를 하겠다는 마음가짐으로 그에게 적극적인 러브콜을 보냈다. 전 감독 역시 "하위 팀을 상위 팀으로 만들어 지도자의 능력을 추가로 입증해 보이겠다"는 도전의식에 불탔다.

하지만 상황은 녹록하지 않았다. 동부에는 스타 선수가 많았다. 김주성, 신기성, 양경민 등은 물론 한국 농구계가 낳은 최대 스타인 허재 KCC 감독이 마지막 선수 생활을 한 곳도 바로 동부다. 기본기가 탄탄하고 선수들도 기초 훈련의 중요성을 잘 알고 있어 그의 운영 방식을 잘 따라왔다. 하지만 KT는 달랐다. 전 감독은 부임 초기 KT 선수들이 기본적인 패스도 제대로 하지 못하는 것을 보고 큰 충격을 받았다. "'명색이 프로라는 선수들이 이렇게 기본이 안 돼 있나, 감독 그만둬야 하는 것 아닌가'라는 생각까지 들었을 정도"라는 게 그의 회고다.

전 감독은 새 감독을 어려워하는 선수와 본격적으로 친해지기 위해 다양한 작전을 썼다. 술자리는 물론 고스톱을 같이 치고, 목욕탕에 함께 가는 일도 마다하지 않았다. 초등학교 농구선수가 하는 기초 훈련도 다시 실시하며 이 훈련을 왜 해야 하는지 상세한 설명도 곁들였다.

처음에는 반신반의하던 선수들은 곧 그를 따라왔다. 저녁식사 시간이 지나서도 스스로 훈련을 자청했고, 훈련 결과가 실제 연승으로 이어지니 선수단의 자신감도 배가됐다. 스타 선수 없는 팀을 정상의 자리에 올려놓기 위해 강한 조직력과 팀워크를 강조하는 감독 전창진의 비전을 선수단이 이해하기 시작하면서 부산 KT는 신흥 강호로 급부상했다. 결국 2009~2010년 시즌 정규리그 2위, 2010~2011년 시즌 41승으로 정규리그 최다승을 거두며 1위를 차지했다.

아쉽게도 두 번 다 챔피언 결정전에서는 우승하지 못했지만 KT는 올해 초 전 감독에게 3년 재계약과 최고 연봉을 제시하며 그의 능력을 높이 평가했다. 최근에는 국보급 센터 서장훈까지 영입했다. 전 감독은 지난 3년간 이루지 못했던 챔피언 결정전 우승을 달성하기 위해 구슬땀을 흘리고 있다.

**전 창 진
리 더 십 의
키 워 드**

리더는 어머니다

엄부자모(嚴父慈母 : 엄격한 아버지와 자애로운 어머니)라는 말이 있듯 동양권에서는 조직의 리더에게 주로 '아버지형 리더십'을 기대한다. 실제 '야구의 신' 김성근 고양 원더스 감독 등 명장으로 이름난 많은 스포츠 리더는 선수들과 식사도 함께 하지 않는 등 일정 거리를 두는 아버지형 리더십을 선보인다.

하지만 전 감독은 다르다. 불성실한 플레이를 보이는 선수에게 거친 언행으로 자극을 주는 등 괄괄한 성격으로 유명하다. 그러나 기본적으로 전 감독은 선수들과의 스킨십을 강조하고, 세심한 사후관리를 아끼지 않는 전형적인 '어머니형 리더십'을 선보인다. 이 역시 오랫동안의 프런트 생활 경력과 무관하지 않다.

전 감독은 체질적으로 술을 잘 못하지만, 선수들과 술자리를 자주 하며 고민 상담을 마다하지 않는다. 고민 상담의 주제는 주로 연애일 때가 많다. 한번은 좋은 성적을 기대했던 모 선수가 너무 이상해 독대를 했더니 여자 문제로 괴로워한다는 것을 알게 됐다. 그는 "내가 해결할 테니 운동에만 전념하라"고 그 선수를 안심시켰고 실제로 그 문제를 해결해줬다. 그 선수가 펄펄 날았음은 말할 나위가 없다. 심지어 여자 문제로 고민하는 선수 때문에 문서 위조 비슷한 일까지 해봤다고 털어놓을 정도다.

전 감독은 2009년 기자와의 인터뷰에서 그 이유를 이렇게 설명했다. "운동선수들은 단순해서 여자에게 한번 빠지면 헤어나지를 못한다. '오빠, 오늘 날씨도 좋은데 놀러가자. 왜 오빠는 나한테 전화도 안 해?'라고 하는 여자친구들이 꼭 사고를 쳐서 남자친구의 선수 생명을 위태롭게 한다. 이런 일을 방지하려면 시시각각 선수들의 고민을 파악하고 어떤 일이 있는지 체크해야 경기력에 문제가 없다."

선수 부인에 대한 배려도 잊지 않는다. "매일 합숙 생활을 하다 보면 부인과 여자친구가 얼마나 그립겠나. 이때 감독이 안사람을 챙겨주면 선수들이 얼마나 고마워하는지 모른다. 선수 가족이 경기장에 와도 쳐다보지도 않는 감독도 있지만, 나는 선수 부인이 경기장에 오면 내가 먼저 다가가 인사를 하고 남편 칭찬을 해준다. 감독이 남편이나 남자친구를 칭찬해주면 여자들이 더 좋아하며 선수 뒷바라지에 열과 성을 쏟는다."

그는 기자들에게도 선수 이상의 정성과 관심을 쏟는 감독으로 유명하다. 프런트 시절 기자들과 10분 얘기하기 위해 서너 시간 분량의 이야깃거리를 준비하고, 기사가 나오면 꼭 전화로 "좋은 기사였다. 고맙다"고 몇 번씩 말했다. 자신의 팀에 관한 기사가 실리면 바로 언론사에 찾아가 "이번 신문 내가 몇 부 사겠다"고도 했다.

전 감독은 팀이 경기에서 지면 먼저 선수들에게 문자를 보내고 전화하는 감독으로도 유명하다. "어떻게 매일 이길 수 있겠느냐. 오늘 진 건 아무것도 아니다. 우리 팀이 오늘의 패배 정도는 얼마든지 이겨낼 수 있다." 이런 메시지에 "우리 감독이 나를 이렇게 신경 쓰는구나 싶어 무척 감격하고, 다음 날 경기에서 선수들의 몸놀림부터 달라진다"는 게 전 감독의 얘기다. "문자 보내는 것, 전화 한 통화 하는 것은 정말 사소한 일이다. 하지만 그 1분을 투자하면 엄청난 돈을 써도 못 얻는 효과를 얻는다."

중간관리자에게도 자신의 권한을 분배하라

전 감독은 스타 코치들을 잘 다루는 지도자이기도 하다. 원주 동부에서 초보 감독으로 일하던 시절에는 허재 선수가 플레잉 코치였고, 이후에는 현 강동희 원주 동부 감독이 그의 밑에서 코치로 일했다. 두 사람 모두 선수 시절에는 전 감독보다 훨씬 유명한 스타여서 그 비결을 궁금해하는 사람이 많았다.

이에 대해 전 감독은 "코치들을 무조건 믿고 맡긴다. 감독 권한의 상당 부분을 코치들에게 분배해야 코치들의 마음을 얻을 수 있다"고 설명한다. KT에서나 동부에서나 그의 팀은 많은 훈련량으로 유명하다. 전 감독은 체력 훈련과 체육관 훈련은 철저히 담당 코치들에게 맡기고 전술 훈련만 자신이 담당하는 식으로 팀을 운영한다. 감독이 일일이 스트레칭부터 간섭하면 좋은 훈련이 이뤄질 리 만무하며, 시시콜콜 간섭하면 코치들도 주인 의식이 없어져 연구를 게을리 한다는 이유에서다.

물론 그도 사람인지라 코치들의 행동이 성에 안 찰 때도 있다. 그럴 때 전 감독은 이렇게 행동한다. "체력 훈련이 부족하다 싶으면, 훈련이 다 끝나고 선수들이 물러간 후 코치와 1대 1로 만나 살짝 말한다. '이건 내가 잘 몰라서 그러는데, 훈련 좀 더해야 하지 않을까'라고. 이때 핵심은 '내가 잘 몰라서 물어본다'는 표현이다. 그 상황에서 감독이 코치에게 '훈련 왜 이 모양이야, 똑바로 못 시켜?'라고 하면 코치가 감독을 믿고 따라오겠나."

세심한 사람 관리는 코치라고 다르지 않다. 2004~2005년 시즌 종료 후 당시 LG 코치였던 강동희 감독이 미국 유학을 준비하고 있었다. 당시 동부의 전신인 TG 삼보는 경영난으로 농구단 매각을 추진하고 있었고 코치진이 6개월간 급여도 못 받을 정도로 어려운 상황이었다. 모그룹이 망한 상황에서 농구단 분위기도 뒤숭숭했고, 농구장은 원주에 있는

데 전 감독이 서울에 회의하러 갈 일도 잦았다. 그는 본인이 모든 것을 믿고 맡길 수 있는 스타 코치가 필요하다고 절실히 느꼈다.

"강 감독이 미국에 간다는 얘기를 듣고 일단 무조건 만나자고 했다. '사실, 당장 너한테 월급도 못 준다. 하지만 많은 것을 가르쳐주고 싶고, 좋은 팀에서 훌륭한 지도자로 거듭날 수 있도록 도와주겠다'고만 했다. 그 자리에서 흔쾌히 '오케이'라고 하더라. 강 감독은 학연이나 지연으로 얽힌 사이가 전혀 아니다. 월급도 못 받는 상황에서 나를 믿고 와준다니 너무 고마웠다."

전 감독은 선수들보다 코치들과 더 많은 시간을 보낸다. 가족들이 캐나다에 있어 기러기 아빠 생활을 하는 그는 코치들과 농구장 밖에서나 안에서나 시간을 같이한다. 농구 시즌이 끝나면 여행도 같이 다닐 정도다. 훌륭한 코치진의 도움이 없으면 감독이 절대 자신의 역량을 100퍼센트 발휘할 수 없다는 게 그의 신조다.

배울 점이 있으면 나이가 어린 사람에게도 고개를 숙여라

전 감독은 농구계에서 소문난 마당발이지만 다른 스포츠 종목의 지도자들과 교분을 나누는 일도 게을리 하지 않는다. 대표적인 예가 야구계의 김성근 고양 원더스 감독 및 김기태 LG 트윈스 감독, 배구계의 신치용 삼성화재 블루팡스 감독 등이다. 다른 명장들의 리더십을 탐구하면서 자신의 리더십에서 부족한 면을 보완하겠다는 열정 때문이다.

전 감독은 2012년 고양 원더스의 홈구장이 있는 경기도 일산을 직접 찾았다. 평소 김성근 고양 원더스 감독을 존경하기로 소문난 그는 김 감독이 SK 와이번스 감독 시절 한국 최고의 2루수로 거듭나게 만들어준 정근우 선수와의 일화를 듣고 큰 깨달음을 얻었다고 소개했다.

"정근우 선수가 수비에서 실책을 저지르고 타격에서도 무안타로 부진하자 김 감독께서 무려 배팅 1,000회를 지시했다고 하더라. 그런데 정근우의 훈련이 김성근 감독님의 예상보다 일찍 끝나자 추가로 배팅 1,000회를 다시 지시했다고 해서 깜짝 놀랐다. 국가대표 선수인데 한번 훈련을 시킬 때는 혹독하게 다뤄 그 선수를 그 분야의 최고로 만들었다는 것 아닌가."

김기태 LG 트윈스 감독에 대해서는 자신보다 나이가 어리고, 별다른 친분이 없음에도 불구하고 팬을 자처할 정도다. 잘 알려진 대로 LG 트윈스는 2011년 초반 시즌 1위를 달리다가 6위로 처진 데다 새로운 시즌 개막을 앞두고 핵심 투수 박현준, 김성현 등이 사상 초유의 승부조작에 가담해 퇴출되는 바람에 많은 야구 전문가는 2012년 LG 트윈스가 꼴찌를 할 것으로 예상했다. 하지만 2012년 초, 새로 LG 트윈스의 수장이 된 김기태 감독은 어려운 여건에도 불구하고 팀을 잘 추슬러 상위권에 올려놨다.

전 감독은 "어려운 여건에서도 LG 트윈스를 의연하게 이끌어가는 김 감독의 리더십에 감명을 받았다. 내가 배워야 할 점이 많다"고 말한다. 배울 점이 있다고 생각하면 자신보다 지도자 경험이 훨씬 적은 사람에게도 먼저 다가가고 몸을 낮추는 이런 태도야말로 전 감독을 농구계 명장으로 만든 가장 큰 원동력이 아닐까.

"도망가지 말고 극복해야 한다.
포기하면 누구도 도와주지 않는다."

김경문 NC 다이노스 감독

1958년 인천 출생. 선수를 믿고 기다릴 줄 아는 감독이 얼마나 대단한 결과를 낳을 수 있는지를
생생하게 보여주었다. 올림픽 경기에서 극도로 부진했던 이승엽을 끝까지 신뢰하고 중용해
국민에게 깊은 인상을 남겼다. 한국 야구대표팀은 2008년 베이징 올림픽에서 9경기 전승 신화를 써내며
올림픽 구기 종목 사상 최초로 금메달을 땄다. 현재 NC다이노스 감독.

항상 다음을 대비하라

  3할 타자가 세 타석에서 삼진을 당한 뒤 마지막 타석에 들어섰다. 어떤 감독은 이때 이 타자를 버리고 안타를 칠 확률이 높은 다른 선수로 교체한다. 그러나 다른 감독은 "3할대 타자가 연속 삼진을 당했으니 이제는 확률적으로라도 안타를 칠 때가 됐다"며 그 선수를 믿고 기다린다. 두 감독 중 누가 더 훌륭한 지도자일까. 정답은 없다.

  확실한 건 NC 다이노스 김경문 감독이 후자를 대표하는 전형적인 감독이라는 사실이다. 그는 2008년 베이징 올림픽에서 선수를 믿는 감독이 얼마나 대단한 결과를 낳을 수 있는지를 생생하게 보여줬다. 당시 김 감독이 지휘한 한국 야구대표팀은 베이징에서 9경기 전승 신화를 써내며 올림픽 구기 종목 사상 최초로 금메달을 땄다.

  이 성과로 '국민 감독'의 반열에 오른 그는 올림픽 경기에서 극도로 부진했던 4번 타자 이승엽을 끝까지 신뢰하고 기다리며 중용해 일본과 치른 준결승, 쿠바와의 결승전에서 열매를 맺어 국민에게 깊은 인상을 남겼다.

비록 8년간 지휘봉을 잡았던 전 소속팀 두산 베어스에서는 한 번도 한국시리즈 우승을 하지 못했지만 그는 한국 야구계를 대표하는 명 감독이다. 팀 전력이 약세여서 하위권에 머물 것이라는 전문가들의 평을 깨고 매년 팀을 상위권에 올려놓았고, 소극적인 번트보다 도루 등 공격적인 야구를 표방하며 두산 베어스에 '젊고 역동적인 팀'이라는 확실한 팀 컬러를 입혔다.

특히 될성부른 신고선수(연습생), 무명선수 등을 눈여겨보고 이들을 중용해 현재 한국 프로야구의 간판스타들로 바꿔놓은 그의 지도력은 김 감독에게 왜 '화수분 야구의 창시자'라는 별명이 붙었는지를 잘 알려준다.

'안전한 1점'보다 '위험한 모험'을 택하고, '믿음'과 '고집' 사이에서 날카로운 균형을 유지하는 김 감독은 새로운 도전에 직면했다. 2011년 8월 신생 야구단 NC 다이노스의 초대 감독으로 취임했기 때문. 2011년 창원을 연고지로 창단한 NC 다이노스는 팀 마스코트인 '공룡'처럼 지역에서 야구 붐을 일으키고 있다. 신생팀이지만 프로야구 2군 리그인 퓨처스리그에서도 맹활약했고, 2013년에는 프로야구 1군 무대 진입까지 확정되면서 기존 8개 야구단에 신선한 자극을 주고 있다.

김 감독은 "1군 리그 참여 첫해에 곧바로 4강에 드는 것을 목표로 한다"는 야심만만한 목표를 제시했다. 새로운 팀에서 젊은 선수들과 새로운 도전에 나선 그의 리더십을 탐구해보자.

소년 포수의 아찔한 경험

김경문 감독은 1958년 11월 인천에서 태어났다. 소년 김경문은 11세에 대구의 야구 명문 옥산초등학교에서 야구와 첫 인연을 맺었다. 당시 그의 포지션은 내야수였다. 그러나 주전 포수의 부상으로 갑자기 포수 마스크를 쓰면서 어린 소년의 인생 항로는 결정적으로 달라졌다.

아마추어 야구에 입문하는 어린 학생들은 주로 투수와 유격수를 선호한다. 가장 눈에 띄는 포지션인 데다 실력이 우수한 선수가 맡는 포지션이라는 인식이 강하기 때문이다. 하지만 포지션의 중요성을 알면서도 기피하는 자리가 있으니 바로 야구단에서 어머니 역할을 하는 포수다. 무거운 포수장비를 착용하고 앉아서 땀만 흘려야 하는 데다, 아마추어 야구에서는 크게 빛이 날 기회도 적어 많은 선수가 포수가 되길 꺼린다.

하지만 포수는 상당히 매력적인 자리다. 포수는 선수 중 유일하게 그라운드 전체를 바라보면서 경기를 한다. 투수, 타자, 주자, 야수, 벤치, 심판 등 동시에 여러 곳을 살펴야 하므로 시야가 넓고 분석력이 뛰어나다. 포수를 흔히 '그라운드의 야전사령관'으로 부르는 이유다.

지도자로 성공할 가능성도 높다. 현재 한국 프로야구 전·현직 감독은 대부분 투수 아니면 포수 출신이다. 그중 김경문 감독, 이만수 SK 와이번스 감독, 조범현 전 KIA 타이거즈 감독은 저마다 상당한 성과를 내며 야구계의 포수 출신 감독 선호 현상을 불러일으켰다.

소년 김경문은 포수로서는 작은 체격이었지만 정교한 타격을 자랑했다. 그는 공주고 3학년 때인 1977년 제11회 대통령배대회에서 타격상과 최다안타상을 거머쥐며 공주고 야구부 창단 후 첫 우승을 이끌었다. 이어 태극마크를 달고 한일 고교친선대회 대표팀에 발탁됐다.

김 감독은 고교 시절 생과 사의 갈림길에 서는 아찔한 경험도 했다. 그해 5월 청룡기 충남지역 예선에서 지역 라이벌인 대전고의 한 선수가 고의로 배트를 크게 휘둘러 포수로 앉아 있던 그의 뒤통수를 가격했기 때문이다. 당시엔 포수가 마스크만 썼을 뿐, 지금처럼 헬멧을 착용하지 않던 시절이었다. 김경문은 그 자리에서 뇌진탕으로 쓰러져 5일간 혼수 상태에 빠지기도 했다. 그 사고 이후 포수는 반드시 헬멧을 착용해야 한다는 규정이 생겼다.

고려대에 진학한 그는 1980년 한미 대학친선대회에 국가대표로 선발됐다. 그러나 허리에 심각한 부상을 당하면서 디스크 수술을 해야 했다. 결국 허리를 이용하는 스윙을 하지 못하면서 수비형 포수로 자리를 잡았다.

1982년 한국 프로야구가 출범하면서 김 감독은 OB 베어스(현 두산 베어스)의 창단 멤버로 입단했다. 당시 김 감독은 조범현 전 KIA 감독과 번갈아 포수 마스크를 쓰며 OB 베어스의 원년 우승을 이끌었다. 당시 '불사조'라는 별명으로 더 유명한 투수 박철순과 마운드에서 뜨거운 포옹을 하며 뒷모습만 보였던 포수가 바로 김경문 감독이다. 1982년 한국시리즈의 마지막을 장식했던 두 사람의 포옹은 지금도 수많은 사람에게 회자되고 있다.

한국 프로야구 원년 우승팀의 주전 포수라는 영광은 오래가지 않았다. 김 감독은 이후 프로에서 큰 빛을 보지 못했다. 잦은 부상과 포수치고도 낮은 타격 성적이 그를 괴롭혔다. 1989년까지 OB 베어스의 포수로 활약했지만 주전 포수로 등장하는 빈도가 점점 낮아지면서 벤치를 지키는 신세로 밀려났다.

미국에서 찾은 지도자의 길

결국 김 감독은 1990년 현금 2,600만 원의 트레이드를 통해 당시 김성근 감독이 지휘하던 태평양 돌핀스로 이적했다. 태평양 돌핀스에서는 한 시즌만 뛰었고 1990년 12월에 송재박 현 두산 베어스 코치와의 트레이드로 다시 OB 베어스 유니폼을 입는 우여곡절을 겪었다. OB 베어스에 돌아온 지 1년 만인 1991년 시즌을 끝으로 은퇴한 그의 프로 통산성적은 700경기 출장, 타율 0.200, 6홈런, 126타점이다.

김 감독은 은퇴 직후인 1992년부터 2년간 미국 프로야구팀 애틀랜타 브레이브스에서 지도자 연수를 받았다. 지금이야 야구단에서 은퇴한 선수들에게 해외 코치 연수를 보내주는 것이 일반화됐지만 20년 전에는 상상하기 어려웠던 일이다. 김 감독 역시 자비로 미국에 갔다.

세밀한 작전, 잦은 투수교체, 강공을 통한 대량득점보다는 번트 등을 통한 안정적 1점 확보를 중시하는 일본 야구의 영향을 많이 받았던 당시 한국 야구 풍토와 달리 그는 선수 때부터 강공을 선호하는 메이저리그식 빅볼에 관심이 많았다.

김 감독은 애틀랜타에서 미국 야구에 더욱 매료됐다. 이때 그가 느낀 경험들은 김 감독이 훗날 한국식 빅볼 야구, 소위 된장 빅볼의 철학을 성립하는 데 큰 영향을 끼쳤다. 그는 2009년 2월 기자와 한 인터뷰에서 "미국 야구 지도자들이 잠재력 있는 선수를 알아보는 방식부터 한국과 완전히 달랐다는 점이 일종의 문화 충격이었다"고 털어놨다.

당시 애틀랜타의 한 인스트럭터가 그에게 "교육 리그에 있는 선수 중 누가 훗날 메이저리그에 갈 수 있는 선수가 되겠느냐"고 묻기에 그는 A 라는 선수를 점찍었다. A선수의 타격 자세나 현재 실력이 가장 나았기 때문이다.

하지만 그 인스트럭터는 김 감독의 눈에 '뭐 저런 친구가 다 있나. 저게 야구 선수의 폼이란 말인가' 싶은 B선수를 지명했다. 이에 김 감독은 코웃음 쳤다. 명색이 메이저리그 인스트럭터가 선수 보는 눈이 이것밖에 안 되나 싶은 마음밖에 없었다.

그런데 신기하게도 나중에는 김 감독이 찍은 A선수가 아니라 인스트럭터가 선호한 B선수가 결국 메이저리그에 진출하는 일이 잦았다. 이유는 무엇일까.

김 감독은 "미국 야구 지도자들이 특정 자세나 스타일에 얽매이지 않고 선수 개개인이 지닌 장점을 최대한 끄집어내려고 애쓰기 때문"이라고 풀이했다. 교과서적으로만 보면 B선수의 자세가 아주 엉성해 보이고 가망성도 없을 것 같지만 이 친구에게 어떤 부분만 추가하면 훌륭한 선수가 될 수 있음을 본능적으로 알아차릴 수 있다는 의미다.

그는 "한국에서는 아직도 교과서적인 자세의 중요성을 많이 강조한다. 물론 교과서적인 자세가 나쁘지는 않지만 모든 선수가 똑같은 자세로 운동할 수는 없다. 다른 자세로도 성공할 수 있다면 그 능력을 최대한 발휘하도록 해줘야 한다"라고 말했다.

친정팀 사령탑으로 귀환

귀국한 김 감독은 1994년부터 3년간 삼성 라이온즈에서 코치로 본격적인 지도자 생활을 시작했다. 1998년부터 친정팀 두산 베어스에서 배터리 코치로 활동한 그는 2003년 10월 성적 부진 등으로 자진 사퇴 의사를 밝힌 김인식 당시 감독의 후임자로 갑자기 뽑혔다. 선수로서 큰 두각을 나타내지 못했던 그가 45세의 젊은 나이에 감독이 되자 야구계가 술렁였다.

여기에는 다소 복잡한 사정도 숨어 있었다. 당시 두산 베어스 구단은 차기 감독으로 국보급 투수 출신인 선동열 당시 한국야구위원회(KBO) 홍보위원을 낙점했다. 문제는 계약 과정에서 선동열 홍보위원이 일부 계약 조건에 난색을 표하면서 협상이 깨졌다는 것. 두산 구단이 선 위원에게 감독직을 제시했다는 사실이 알려지면서 김인식 감독은 이미 사퇴해버렸고 선 위원은 감독을 맡지 않겠다고 밝혔다. 갑작스레 두산의 감독직이 무주공산이 된 셈.

당시 김경문 감독 또한 두산 베어스에 큰 미련이 없었다. 1998년부터 6년간 같이 일했던 김인식 감독의 사퇴에 큰 충격을 받은 김 감독은 2004년 시즌부터 다른 구단에서 코치로 일하기로 마음먹고 이미 친정인 두산에 작별을 고한 상태였다. 다급해진 두산 구단이 김경문 코치를 붙잡고 호소하면서 결국 그는 지도자로 변신한 지 약 10년 만에 친정팀의 사령탑에 올랐다.

이런 불안한 배경 속에 출발한 데다, 당시 두산의 전력이나 팀 분위기가 썩 좋지 않았던 탓에 많은 야구인은 '김경문 호(號)'가 얼마나 갈지에 대해 회의적인 반응을 보였다. 초보 감독 앞에 놓인 가장 큰 난제는 김 인식 감독 시절 두산 베어스의 전성기를 이끌던 한국 야구의 전설적인 클린업 '우동수 트리오'의 해체였다.

우동수 트리오는 용병 타자 타이론 우즈, 김동주, 심정수라는 3번, 4 번, 5번 타자의 모임을 일컫는 말로 세 선수는 2000년에 무려 308타점 을 합작했고, 2001년에도 가공할 파괴력을 선보이며 두산 베어스의 우 승을 이끌었다. 이들의 활약이 너무 대단했기에 당시 두산은 정규시즌 3 위로 페넌트레이스에 진출했음에도 불구하고, 2위와 1위팀을 연달아 꺾 고 한국시리즈 우승을 차지했다. 한국시리즈에서 정규시즌 하위팀이 상 위팀을 꺾고 우승한 사례는 아직도 두산 베어스가 마지막으로 남아 있 다.

하지만 김 감독이 취임했을 당시 우동수 트리오에서 김동주를 제외한 나머지 두 선수가 모두 다른 팀으로 이적해버리는 바람에 두산 베어스 의 장타력은 크게 떨어진 상태였다.

국민감독의 탄생

하지만 초보 감독 김경문은 장타력의 감소에 매우 효과적으로 대응했 다. 예전처럼 홈런타자는 많지 않지만 선수들의 빠른 발을 이용한 적극 적인 주루플레이, 탄탄한 수비 등을 강조하며 '곰' '뚝심' 이미지로 유명하 던 두산 베어스에 '날쌘돌이' '쌕쌕이' 이미지를 입힌 것. 효과는 바로 나 타났다. 지휘봉을 잡고 맞은 첫해인 2004년 시즌에 바로 두산 베어스를 정규시즌 3위로 만들었다. 2005년, 2007년, 2008년에는 3차례에 걸쳐 한국시리즈 무대를 밟았고, 2009년과 2010년에도 플레이오프에 진출하며 두산 베어스를 2000년대 프로야구의 강팀으로 만들었다.

2008년 베이징 올림픽은 지도자 김경문에게 큰 전환점이었다. 김 감독은 베이징 올림픽이 열리기 전인 2005년과 2007년 두 차례 한국시리즈에 올랐지만 2005년에는 선동열 감독이 이끄는 삼성 라이온즈에, 2007년에는 '야신(野神 : 야구의 신)' 김성근 감독이 이끄는 숙적 SK 와이번스의 벽에 막혀 준우승에 그쳤다.

특히 2007년의 패배는 다소 충격적이었다. 7전 4선승제로 치러지는 한국시리즈에서 두산 베어스는 1차전과 2차전을 모두 이겼다. 하지만 이후 4연패의 늪에 빠지며 준우승에 그쳐 야구계를 깜짝 놀라게 했다. 한국 야구 역사상 한국시리즈에서 2연승한 후 우승을 차지하지 못한 팀이 없었기 때문이다.

당시 김 감독은 1차전 선발투수였던 용병 에이스 투수 다니엘 리오스를 불과 3일만 쉬게 하고 4차전에 투입했지만 결과는 참혹했다. 당시 19세의 신인 투수 김광현에게 대패한 것. 이때 김 감독의 용병술은 두고두고 많은 말을 낳았다.

하지만 베이징 올림픽에서 김 감독은 그 자신과 한국 야구의 위상을 대폭 격상시켰다. 당초 야구 대표팀의 베이징 올림픽 목표는 선수들의 병역 면제가 가능한 동메달이었다. 아시아 최강이라고 자부하던 일본 야구팀은 프로의 초특급 선수들을 모두 불러모았고, 아마추어 야구의 황제로 평가받는 쿠바, 현대 야구의 본산 미국 등 넘어야 할 산이 많았다.

김 감독은 베이징에서 신기에 가까운 용병술을 펼쳐 난공불락이나 다름없었던 미국, 일본, 쿠바 등 세계 야구 강국을 차례로 격파했다. 김 감독이 "타선에 있는 것만으로도 큰 힘이 된다"는 이승엽은 예선전에서는 극도로 부진했지만 일본과의 4강전, 쿠바와의 결승전에서 잇따라 결정적인 투런 홈런포를 쏘아 올리며 자신을 끝까지 믿어준 김 감독의 기대에 화답했다.

또 베테랑 투수 대신 당시 막 약관을 넘긴 류현진, 김광현 등을 강팀 상대 경기에서 선발투수로 내보내는 배짱을 보이며 막강한 일본과 쿠바 타선을 무력화시켰다. 왼손투수가 나올 때 왼손 대타를 내 안타를 만드는, 상식을 파괴하는 절묘한 대타 작전도 돋보였다. 김 감독의 굳은 믿음은 결국 우승으로 돌아왔다. 그것도 전 세계가 놀란 9전승이었다.

메이저리그(MLB) 공식 홈페이지는 당시 한국 야구대표팀의 첫 금메달 소식을 이렇게 칭송했다. '9명의 선수가 9경기를 치러 9승을 해냈다. 완벽이란 이런 것이다(Nine starting players. Nine games. Nine wins. Perfect).'

유례없는 성공을 거둔 김 감독은 2008년 당시 한국에서 2002년 축구 대표팀 감독이던 거스 히딩크 못지않은 인기를 누렸다. 2008년 한국시리즈에서도 또다시 SK 와이번스에 막혀 준우승에 그쳤지만 김 감독의 인기와 존재감은 전혀 타격을 입지 않았다. 김경문이라는 이름 때문에 붙은 그의 별명 즉, '달(moon) 감독'도 이때부터 본격적으로 회자되기 시작했다.

달처럼 다시 뜨다

세 번의 한국시리즈에서 모두 우승에 실패한 김 감독은 서서히 우승에 대한 압박을 받기 시작했다. 베이징의 영광은 한국 야구 역사에서 전무후무할 정도로 대단한 성과였지만 일단 프로팀 감독으로서 지상과제인 우승을 해내는 게 급선무였다.

하지만 그는 번번이 김성근 감독이 이끄는 SK 와이번스의 벽에 막혔다. 2009년에는 한국시리즈에도 진출하지 못한 채 플레이오프에서 SK에 져 정규시즌 3위로 한 해를 마쳤다. 이때도 2007년과 마찬가지로 다 잡았던 승리를 눈앞에서 놓쳤다. 당시 두산 베어스는 5전 3선승제의 플레이오프에서 1, 2차전을 모두 이겼지만 내리 3경기를 패했다.

2010년에는 아예 천적 SK 와이번스를 만나기도 전에 또다시 플레이오프에서 정규시즌 2위인 삼성 라이온즈에 패했다. 이에 '명장인 건 인정하지만 우승팀 감독이 되기에는 2퍼센트가 부족한 것 아니냐'라는 평가가 내외부에서 일기 시작했다.

김 감독은 독한 마음을 먹었다. 2011년에는 반드시 우승을 하겠다며 칼을 갈았다. 자신감도 남달랐다. 두산 베어스는 2011년 개막 전 전문가들이 뽑은 우승후보 1순위였다. 더스틴 니퍼트라는 걸출한 용병 투수를 영입해 객관적인 전력이 다른 7개 구단보다 뛰어나다는 평가를 받았다. 하지만 뚜껑을 열어보니 결과는 충격적이었다. 주전 선수들의 잇단 부상, 투수 임태훈의 예기치 못한 이탈 등 숱한 악재가 겹치면서 개막 초반 1위를 달리던 두산은 5월부터 성적이 급전직하하기 시작해 7위까지 미끄러지는 수모를 당했다.

결국 김 감독은 과감히 야인의 길을 선택했다. 2011년 6월 13일 자진 사퇴를 발표한 그는 "올해 그 어느 때보다 구단의 지원도 풍부했고 나름

대로 준비도 많이 했지만 구상대로 풀리지 않아 힘들었다"며 "지금 이 시점에서 사퇴하는 것이 선수들이 서로 뭉치는 계기가 되고 좋은 성적을 거둘 수 있는 최선의 길이라고 생각한다"고 밝혔다. 평소 대쪽 같은 성격 답게 팀 성적에 모든 책임을 지고 지휘봉을 내려놓자 이는 오히려 김 전 감독에 대한 평가를 좋게 만드는 계기로 작용했다. 감독 사퇴 후 불과 2 달 만인 2011년 8월 신생 구단 NC 다이노스의 사령탑이 된 것. 성적 부진으로 물러난 감독이 불과 두 달 만에 새 팀의 수장이 된 예는 단 한 번도 없었다. 그만큼 지도자 김경문에 대한 야구계 안팎의 기대가 높았다는 뜻이다.

NC 다이노스는 "선수의 명성보다는 잠재된 능력이나 장점을 뽑아내는 김 감독의 능력에 주목했다"며 "NC 다이노스에서 또 한 번 '화수분 야구'의 정점을 꽃피워주기를 기대한다"고 그의 선임 배경을 밝혔다.

김 경 문
리 더 십 의
키 워 드

베스트보다 유니크

10년 가까운 지도자 생활 동안 한국시리즈에서 한 번도 우승하지 못한 김 감독이 야구계 안팎에서 신임을 얻는 이유는 무엇일까. 단순히 베이징 올림픽의 영광 때문만은 아니다. 바로 "지도자라면 남과 다른 확실한 색깔을 보여줄 줄 알아야 한다"는 그의 소신 때문이다.

물론 그 역시 다른 감독과 마찬가지로 항상 우승을 목표로 한다. 그러나 김 감독에게 우승만큼 중요한 것은 '우승을 못하고 끝나더라도 확실한 김경문 스타일의 야구를 하고, 이를 좋아하는 팬을 늘리는 것'이다. 김 감독은 "프로야구의 8개 구단 모두가 똑같은 색깔의 야구만 한다면 얼마나 재미가 없겠느냐"며 "프로 스포츠의 존재 의미는 팬들에게 즐거움을 안겨주는 것"이라고 강조한다.

21세기 디지털 시대의 기업 경쟁은 창의력 싸움에 달려 있다. 애플은 기기의 성능 면에서는 세계 최고의 전자업체가 아닐지 모르지만, 디자인이라는 다른 업체와 확연히 구분되는 특징으로 세계 최고의 전자업체로 거듭났다. 유명 경영학자들이 입을 모아 "베스트(best)가 아니라 유니크(unique)해야 성공할 수 있다"고 강조하는 이유다. 경영 전략 분야의 세계 최고 석학인 마이클 포터 미국 하버드 대학교 교수는 "전략은 경쟁사보다 더 나은 물건을 만들겠다는 것이 아니라 경쟁사가 줄 수 없는 우리 회사만의 가치를 고객에게 전달해 차별화를 이뤄내는 것"이라고 강조한다.

또한 현대 사회에서는 특히 소속 업종의 구분이 따로 없을 정도로 다양한 이종(異種)업계의 기업과 싸워야 하기 때문에 어떤 분야에서 산술적 1등을 하는 것이 큰 의미도 없다. 즉 현대 사회는 자동차와 휴대전화도 경쟁 상품이 될 수 있는 사회다. 유영만 한양대 교수는 "소니의 경쟁자는 삼성전자가 아니라 페이스북과 싸이월드일 수 있다"며 "소니 게임기보다 페이스북을 이용하는 시간이 많다면 삼성전자 게임기보다 훨씬 위협적이기 때문"이라고 설명했다.

김 감독이 이끈 두산 베어스는 한국 야구사에 뚜렷한 족적을 남겼다.

'일본 야구가 지배하는 한국 야구계에 미국식 빅볼 야구의 호쾌함을 알려준 팀' '발 빠른 선수들이 공격적인 주루 플레이를 하는 팀' '젊은 유망주가 끊임없이 나오는 화수분 야구팀'이라는 이미지를 야구팬들에게 깊이 각인시켰기 때문이다. 한국시리즈에서는 우승하지 못했지만 어지간한 야구팬에게 다른 팀과 확실히 차별화된 두산만의 팀 컬러를 안착시킨 김 감독의 공은 경영자들에게 큰 시사점을 준다.

마음을 움직이는 소프트 리더십

한국시리즈 10회 우승에 빛나는 김응용 전 삼성 라이온즈 감독 등 과거 유명 야구감독들은 카리스마가 넘치는 리더십을 가진 경우가 많았다. 때로는 선수들에게 폭언을 일삼았고, 사생활도 강압적으로 통제했다.

하지만 김경문 감독의 리더십은 한마디로 말해 '소프트 리더십'이다. 지시와 명령으로 선수들을 강압적으로 통제하는 '하드 리더십'이 아니라 선수들이 스스로 자신의 능력을 최대한 끌어낼 수 있는 기회를 준다. 우리 히어로즈에서 방출됐던 이종욱, 신고선수 출신의 김현수가 두산 베어스의 간판선수가 아니라 한국 야구를 대표하는 간판선수로 성장한 것은 김경문 감독의 소프트 리더십이 있었기에 가능했다.

김 감독은 베이징 올림픽 경기에서도 소프트 리더십을 유감없이 발휘했다. 대표적 예가 마무리투수였던 한기주 선수다. 한기주는 올림픽 예선전 첫 경기인 미국전에 등장해 다 이겼던 승리를 날릴 뻔했다. 일본과의 예선전에서도 똑같은 상황을 연출했다. 한기주를 내보내지 말아야 한다는 여론이 들끓었지만 김 감독은 한기주를 다시 대만전에 내보냈다. 한국 야구의 미래를 책임질 투수이기에 자신감을 심어줘야 한다는 것이 이유였다.

결과는 어땠을까. 한기주는 대만전에서도 완벽한 모습을 보이지는 못했다. 하지만 점수는 내줬지만 삼진 두 개를 잡으면서 한기주는 자칫 야구 생명까지 위협할 수 있었던 위기를 잘 넘겼다. 1할대 빈타에 허덕이던 이승엽을 꾸준히 4번 타자로 기용한 것 역시 믿음으로 표현되는 소프트 리더십이 있기에 가능했다. 일본과의 준결승전에서 승리한 후 인터뷰에서 "감독님께 미안했다"는 이승엽의 말에 김경문 감독은 "승엽이가 미안해할 게 하나도 없다"며 "존재만으로도 팀 타선에 힘을 준다"고 말했다.

김 감독은 "내가 믿고 기용한 선수가 부진하거나 결과가 나쁘면 그 책임은 내가 진다. 선수와 감독이 서로 믿을 수 있는 분위기가 그래서 중요하다"고 강조했다.

리더는 허명을 경계해야 한다

김 감독은 연이은 한국시리즈 준우승이 자신에게 큰 보약이었다고 말한다. 그는 "베이징 올림픽 전에는 한국시리즈 준우승을 두 번 했어도 두산 베어스 팬을 제외하면 내 얼굴을 알아보는 사람이 없었다. 그러나 올림픽 후에 분에 넘치는 사랑과 관심을 받았다. 어디를 가나 사람들이 환대해주고 칭찬해준다. 인터뷰 요청도 쇄도했다. 그런데 인터뷰 때 나도 모르게 내가 내 자신을 포장하고 꾸미고 있더라. 허명(虛名)에 취한 거다.

이 와중에 한국시리즈 우승까지 했으면 내가 얼마나 기고만장했겠느냐"라고 말했다.

김 감독은 "그 무엇이라도 배울 점이 있다는 것이 2등의 매력"이라고 강조했다. 매일 산해진미만 먹으면 그 맛을 알 수 없지만 배가 고파봐야 밥 한 그릇의 고마움이 얼마나 큰지를 알 수 있다는 것이다.

실제 많은 경영학자는 1위를 유지하는 것보다 2위에서 1위로 뛰어오르는 게 차라리 더 쉬울 수 있다고 평가한다. 1위를 유지한다는 것이 굉장히 모호한 목표이기 때문이다. 누구를 공격할지, 어떤 점을 개선할지에 대한 혼란을 느낄 수 있는 1위와 달리 2위는 반드시 넘어서야 할 1위라는 목표가 있다. 이 때문에 훨씬 구체적이고 명확한 사업 방향을 잡을 수 있다.

김 감독은 자신이 발탁해 한국 프로야구를 대표하는 타자가 된 김현수에게도 한국시리즈 준우승이 보약이 됐을 것이라고 말했다. 김 감독은 "신고선수에 불과했던 김현수가 실질적인 프로 데뷔 첫해인 2007년 타격왕에 올랐다. 이 와중에 한국시리즈 우승으로 최우수선수(MVP)까지 차지했으면 어땠을까. 젊은 선수가 허명에 취해 오히려 선수 생명을 단축하는 위험에 빠질 수도 있다. 포스트시즌에서의 부진이 김현수로 하여금 더 훈련에 매진하게 만드는 효과가 있다"고 강조했다.

같은 맥락에서 김 감독은 "감독이든 선수든 항상 뒤를 대비해야 한다"고 말했다. 정상에 서 있을 때 안주하거나 자기관리를 소홀히 하면 언제든 그 자리를 빼앗길 수 있기 때문이라는 설명이다.

그는 "팀의 4번 타자나 1선발은 전력에서 절대적인 비중을 차지하고 있다. 감독의 신뢰도 강하고 선수의 실력도 뛰어나다. 그렇다고 언제까지나 4번 타자에게만 의존하면 안 된다. 선수가 장기간 슬럼프에 빠지거나 감독에게 반감을 갖고 태업을 하면 팀이 무너진다. 축이 흔들리기 때문이다. 이것이 항상 다음을 대비해야 하는 이유"라고 강조한다.

"도루를 시도하다 아웃을 당하는 건 전혀
문제가 되지 않는다. 과감한 플레이를 해야 할 때
두려움 때문에 시도를 주저하는 게 더 큰 문제다."

제리 로이스터 전 롯데 자이언츠 감독

1952년 미국 캘리포니아 주 새크라멘토 출생. 7년간 부진한 성적을 거둬 패배주의에 찌든
롯데 자이언츠를 맡아 3년 연속 4강에 올려놓는 기적을 연출했다.
선수가 가진 단점을 보완하기보다는 장점을 최대한 활용하고,
메이저리그 식 '빅볼'을 선보이며 부산 팬들의 열광적인 지지를 이끌어냈다

패배주의를 떨쳐내라

'8888577'은 야구팬이라면 누구나 다 아는 유명한 비밀번호다. 이는 2001년부터 2007년까지 롯데 자이언츠 야구단이 거둔 시즌 순위를 나열한 숫자다. 4년 연속 꼴찌, 7년 연속 포스트시즌 탈락도 유례없지만 2002년 성적은 치욕에 가깝다.

2002년 롯데는 시즌 동안 35승 1무 97패라는 초라한 성적을 거뒀다. 승률은 0.265였다. 8개 구단에 불과한 한국 야구계에서는 일반적으로 꼴찌 팀도 4할을 웃도는 승률을 거둔다. 거기서 조금 더 힘을 내 반타작만 하면 4개 팀이 겨루는 포스트시즌에 진출할 수 있다. 이런 상황에서 승률 2할은 프로 팀이라는 이름을 붙이기에 부끄러운 수준이 아닐 수 없다.

오랫동안 부진한 성적에 롯데 선수들은 헤어날 수 없는 패배주의에 빠졌다. 초반부터 앞서지 못하면 역전 가능성을 완전히 접어둔 채 그냥 맥없이 포기해버렸다. 선수단은 물론 팬들마저 분노의 감정을 넘어 절망과

좌절이 섞인 체념으로 하루하루를 보내야 했다.

한국 야구팬 중 가장 열정적이고 때로는 극성맞다는 평가를 받는 롯데 자이언츠의 연고지 부산 팬들은 급기야 선수단의 각성을 촉구하며 '야구장 안 가기 운동'이라는 극단적인 행위까지 벌였다. 당시 부산 사직 야구장에는 "너희가 응원해라. 야구는 차라리 우리가 할게"라며 선수단의 부진한 성적을 질타하는 문구의 플래카드가 걸렸다. 경기에 참여하는 선수단 인원보다 야구를 보러 온 관중 수가 더 적은 웃지 못할 광경도 벌어졌다.

하지만 지난 몇 년간 롯데 자이언츠는 완전히 다른 팀으로 변신했다. 30년 한국 프로야구 역사상 최초의 외국인 사령탑이었던 제리 로이스터 덕분이다. 로이스터 감독은 부임 첫해에 꼴찌 이미지가 강했던 롯데를 단숨에 시즌 3위로 올려놨다. 반짝 성과가 아니냐는 일각의 시선이 있었지만 롯데의 돌풍은 2009년과 2010년에도 이어졌다. 시즌 초 부진에 시달리며 꼴찌를 면치 못했지만, 6월 이후 무서운 상승세를 발휘하며 4위로 시즌을 마감했다. 3년 연속 4강에 진출한 건 롯데 자이언츠 구단 역사상 최초였다.

로이스터 감독이 롯데에 부임해서 가장 먼저 한 일은 더그아웃 한구석의 화이트보드에 'No Fear(노 피어 : 두려움은 없다)'라는 문구를 써놓는 것이었다. 이 '노 피어' 정신은 꼴찌 팀인 롯데가 단숨에 강팀으로 변모한 원동력이자, 로이스터 감독이 역대 롯데 감독 중 팬으로부터 가장 사랑받은 감독이 된 이유다. 그는 '노 피어'라는 단어를 통해 선수단 전체에 만연해 있는 패배주의를 걷어내려 했다.

그는 선수를 엄격히 훈육하고 조련한다는 이미지가 강한 국내 지도자들과 달리, 선수가 자신의 역량을 스스로 발휘할 수 있도록 보조하는 역할에 주력했다. 선수들의 개별 훈련이나 게임 운영에도 크게 간섭하지 않고 선수들을 완전히 믿고 맡겼다. 야구 감독이 디렉터(Director)가 아니라 매니저(Manager)임을 온몸으로 보여준 최초의 지도자가 바로 로이스터 감독이다.

한국 프로야구의 첫 외국인 감독

제리 로이스터는 1952년 미국 캘리포니아 주의 주도인 새크라멘토에서 태어났다. 어릴 때부터 야구를 좋아했던 그는 1973년 21세의 나이로 메이저리그 서부 지구의 명문 팀인 LA 다저스와 입단 계약을 맺었다. 선수 시절 주 포지션은 3루수였다. 선수 로이스터는 그다지 두각을 나타내지 못했다. 15년간 메이저리그에서 그가 거둔 성적은 타율 2할 4푼 9리, 홈런 40개였다. 결국 애틀랜타 브레이브스, 샌디에이고 파드리스, 시카고 화이트삭스, 뉴욕 양키스 등을 전전하다 1988년 은퇴했다.

로이스터 감독은 1999년 마이너리그에 속한 몬트리올 엑스포스에서 수비·주루 코치를 맡으며 야구 지도자 인생을 시작했다. 2000년부터 2001년까지 메이저리그에 소속된 밀워키 브루어스의 타격 코치를 지낸 그는 이듬해인 2002년에는 밀워키 브루어스의 감독으로 발탁됐다. 하지만 그해 밀워키 브루어스는 53승 94패의 부진한 성적을 기록했다. 결국 그는 1년 만에 성적 부진으로 해고당했다. 2003년 이후에는 LA 다저스 마이너리그 팀의 수비 코디네이터, LA 다저스 트리플A팀의 감독 등을 지냈다.

로이스터는 2007년 말 롯데 자이언츠의 감독으로 전격 부임했다. 당시 그를 발탁한 사람은 신동빈 롯데 자이언츠 구단주였다. 7년간의 기나긴 암흑기 동안 롯데는 여러 명의 지도자와 만났지만 어떤 지도자도 성과를 내지 못했다.

암흑기 초기인 2001년에 롯데를 맡았던 고 김명성 롯데 감독은 2001년 7월 순위 싸움으로 인한 스트레스와 과로 때문에 심장마비로 사망했다. 이에 한국 야구 역사상 유일한 4할 타자로 화려한 선수 커리어를 갖고 있는 백인천 감독을 영입했지만, 그는 감독으로서 최악에 가까운 모습을 보이고 퇴출당했다. 롯데는 팀 프랜차이즈 출신인 양상문 코치를 감독으로 승격시켰지만 그 역시 포스트시즌 진출에는 실패했다. 2006년 롯데 감독이 된 사람은 강병철 감독이었다. 그는 1984~1986년, 1991~1993년 롯데의 사령탑을 지내며 재임 기간 롯데를 두 번이나 한국시리즈 정상에 올려놓았다. 하지만 강 감독마저 2년 연속 7위를 기록하는 데 그쳤다.

결국 구단은 완전히 새로운, 일종의 모험을 시도할 수밖에 없었다. 이때 신동빈 롯데 구단주가 연락한 사람이 바로 일본 야구 지바 롯데 마린스의 바비 발렌타인 전 감독이었다. 메이저리그 명감독 출신인 발렌타인은 2004년 롯데 마린스 사령탑이 됐다. 부임 1년 만인 2005년 일본시리즈 우승을 일궈내며 파란을 일으켰다. 신 구단주는 외국인 감독의 추천을 부탁했고, 이때 발렌타인이 추천한 사람이 평소 친분이 두터웠던 로이스터 감독이었다.

'검은 부산갈매기' 한국 야구에 새바람 일으키다

로이스터 감독은 2008년 시즌을 준비하는 스토브리그가 한창인 2007년 말 한국 땅을 밟았다. 언급한 대로 그는 부임하자마자 'No Fear'라는 팀 슬로건을 직접 지어 구단에 제시했다. 그는 겨울 동안 하루 10시간 이상씩 하던 훈련을 필수 훈련 3~4시간을 제외한 자율훈련으로 대체했다. 선수들에게 끼와 재능을 마음껏 발휘할 수 있도록 자유를 줬다. 그라운드 와인 파티 등 선수들과 대화의 시간을 많이 가졌고, 꾸준히 자신감을 심어주는 말로 패배의식에 젖어 있던 선수들을 능동적으로 움직이게 했다.

롯데에는 홈런 타자 이대호와 에이스 투수 손민한만 존재한다는 일각의 편견을 깨고 무명 선수들에게도 애정을 아끼지 않았다. 더그아웃과 라커룸이 시끌벅적해졌고 선수들의 표정이 밝아졌다. 이는 성적으로 이어졌다. 공격에서는 정수근, 김주찬, 박기혁이 마음껏 뛰기 시작했고 간판 거포 이대호와 멕시코에서 영입한 용병 타자 카림 가르시아의 홈런포도 불을 뿜었다. 에이스 손민한이 선발 마운드를 든든히 지키는 가운데 젊은 투수인 장원준과 송승준이 한 단계 성장한 기량을 선보였다. 롯데는 초반부터 상위권 성적을 유지하며 돌풍을 일으켰다.

위기도 있었다. 7월 중순 주장 정수근이 음주 폭행 사건으로 무기한 실격 처분을 받는 물의를 일으켰다. 롯데는 정수근 사건 후 5위까지 떨어졌다. 그러나 이내 새로 주장에 선임된 조성환을 중심으로 똘똘 뭉치며 전열을 정비했다. 특히 8월 베이징 올림픽 때문에 가진 2주간의 휴식기를 거치면서 롯데는 화려한 부활에 성공했다. 롯데는 올림픽 브레이크 직후 팀 창단 최다 연승인 11연승의 신바람을 내며 결국 2008년 시즌을 3위로 마감했다.

구도(球都) 부산의 야구팬들은 이를 화끈하게 성원했다. 홈 개막전부터 만원사례를 기록한 부산 관중은 2008년 시즌에 열린 63번의 홈경기 중 3분의 1에 해당하는 21경기에 매진을 연출했다. 2008년 시즌 롯데의 총 관중은 최종 137만 9735명으로 롯데 구단 사상 최다였다. 롯데의 선전과 부산 팬들의 열기 덕에 한국 프로야구도 1995년에 이어 무려 13년 만에 관중 500만 명 시대를 다시 열 수 있었다.

부산 팬들의 사랑을 상징적으로 보여주는 사건은 바로 로이스터 감독의 열창이다. 시즌 초부터 로이스터 감독은 "롯데가 4강에 진출하면 부산 관중이 가장 좋아하는 응원가인 '부산갈매기'를 구장에서 부르겠다"고 공언해왔다. 그는 2008년 마지막 홈 경기였던 9월 28일 경기에서 3만 명의 관중 앞에서 허남식 부산시장과 함께 '부산갈매기'를 불렀다. 허 시장은 노래에 앞서 로이스터 감독에게 부산 명예시민증을 수여했다.

하지만 8년 만에 가을 잔치를 맞은 롯데의 포스트시즌 성적은 좋지 않았다. 가을 야구가 워낙 오랜만인 터라 선수단의 경험 부족이 심각했다. 롯데는 준플레이오프에서 시즌 성적은 롯데보다 한 단계 낮지만 30년 내내 한국 야구의 강팀으로 군림해온 노련한 삼성 라이온즈에 힘 한번 써보지 못하고 내리 3패를 당하고 말았다. 포스트시즌에서 거둔 부진한 성적은 두고두고 로이스터 감독의 발목을 잡는다.

갖은 악재 겪으며 강팀 기틀 다진 2009년

롯데의 2009년은 파란만장했다. 그야말로 지옥에서 출발해 천국에서 마무리한 한 해였다. 만년 하위에 머물다 무려 8년 만에 포스트시즌에 진출했던 터라 시즌 전 롯데 팬들의 기대는 어마어마했다. 시범 경기 성적도 좋았다. 롯데는 시범 경기에서 11승 1패로 당당히 1위를 차지하며 지난해 선전이 돌풍이 아니었음을 증명했다.

정규시즌에 돌입하자 상황은 완전히 바뀌었다. 마운드와 타선의 동반 침체로 바닥을 헤맸다. 에이스 손민한이 어깨 통증으로 전력에서 이탈했고 나머지 선발들도 컨디션 난조로 고개를 떨어뜨렸다. 이 와중에 주장 조성환은 병원 신세를 져야 했다. 주장이자 롯데 선수들의 정신적 기둥이었던 조성환은 4월 23일 SK와의 경기에서 SK 투수 채병용의 볼에 얼굴을 강타당해 광대뼈가 네 곳이나 부러지는 사고를 당했다.

롯데 선수들은 크게 동요했다. 6월 5일 롯데의 성적은 20승 33패로 5할 승률에서 무려 마이너스 13경기를 기록하고 있었다. 독보적인 8위여서 도무지 치고 올라갈 기미가 안 보였다. 6월에 마이너스 13이라는 성적을 연출한 팀이 4강에 진출한 사례도 거의 없었다.

로이스터 감독은 이에 굴하지 않았다. 2008년 당시 '성적은 좋지만 지나치게 메이저리그 식 야구만 추구해 한국 야구의 실정을 잘 모른다'는 비판을 받기도 했던 로이스터 감독은 전술 변화를 시도해 난관을 돌파했다. 어지간하면 주전 선수만 주로 기용했던 2008년과 달리 그는 적재적소에 후보 선수들을 투입해 쏠쏠한 재미를 봤다. 그가 기용한 후보 선수인 박정준, 김민성, 장성우 등은 팀이 어려운 시기에 본인에게 주어진 역할을 200퍼센트 소화했다.

로이스터 감독의 용병술은 여름부터 효과를 보기 시작했다. 6월 초까지 최하위에 머물던 롯데는 7월 들어 천적 SK를 대파하는 등 연승을 거두며 4위로 올라섰다. 시즌 전체를 날릴 수도 있다던 당초 우려와 달리 주장 조성환은 정확히 부상 40일 만에 복귀했다. 에이스 손민한도 가세했고, 두산에서 건너온 홍성흔의 방망이도 불을 뿜었다. 투수 송승준은 6월 말부터는 3경기 연속 완봉승이라는 대기록을 수립하며 초반 부진을 완전히 털어냈다.

8월 초 다시 위기가 왔다. 손민한과 송승준이 다시 부진의 늪으로 빠지며 롯데는 8월 6일 5위로 내려앉았다. 롯데는 9월 8일까지 5연패를 기록했고 4위 삼성과의 승차는 2게임으로 벌어졌다. 롯데가 쥔 마지막 반전 카드는 삼성과의 맞대결이었다.

로이스터 감독은 사직구장에서 벌어진 삼성과의 2경기에 올인했다. 이때 그가 발탁한 후보 선수들이 감초 역할을 톡톡히 하며 롯데는 2경기를 모두 가져갔다. 4위에 복귀한 롯데는 이후 4게임도 연거푸 승리하며 4강 티켓을 확정지었다. 각본 없는 드라마가 끝나는 순간이었다. 7년 연속 하위에서 맴돌다 2년 연속 포스트시즌에 진출하면서 선수단의 가슴에도 "하면 된다"는 자신감과 긍정적인 태도가 뿌리 깊이 자리 잡았다.

하지만 2009년에도 롯데는 포스트시즌에서 별 재미를 보지 못했다. 롯데는 두산 베어스와의 준플레이오프에서 조정훈의 호투로 1차전을 이겼지만 나머지 3경기에서 모두 패했다.

화끈한 공격 야구 선보인 2010년

2010년에도 롯데는 수많은 부상 악재를 겪었다. 2010년 6월 수비의 핵인 유격수 박기혁이 왼쪽 복사뼈 골절상으로 전력에서 제외되면서 롯데의 부상 악재가 시작됐다. 에이스 조정훈은 오른 팔꿈치 부상으로 6월 중순 이후 시즌을 완전히 접었다. 불운은 여기서 끝나지 않았다. 조정훈과 함께 마운드를 책임졌던 장원준은 7월 16일 허리 통증으로 1군 엔트리에서 제외됐다. 해결사 역할을 톡톡히 해내던 홍성흔이 기아전에서 윤석민의 투구에 손등을 맞아 뼈가 부러지는 부상을 당했다. 조성환도 기아 윤석민의 투구에 맞아 한동안 자리를 비웠다.

이런 상황에서 2009년 우승팀이자 시즌 5위 팀인 기아의 추격은 거셌다. 기아는 8월 중순 롯데와의 격차를 2경기로 줄이며 4강 희망을 살려냈다. 그러나 2009년과 마찬가지로 2010년에도 새로운 얼굴들이 기존 선수들의 공백을 잘 메웠다.

로이스터 감독이 2군 경기를 보고 직접 발탁을 지시한 어린 투수 김수완과 이재곤이 조정훈과 장원준의 공백을 잘 메워줬다. 타선에서 전준우, 문규현, 김주찬, 손아섭 등의 활약이 홍성흔, 조성환의 공백을 메웠다. '신진 세력'의 힘을 등에 업은 롯데는 8월 17일부터 6연승을 내달리면서 기아의 추격을 완전히 뿌리치고 4위를 확정했다.

3년 연속 4강 진출에 성공한 롯데는 한국 야구계의 강팀으로 완전히 자리를 굳혔다. 특히 타격 7관왕에 오른 이대호를 필두로 홍성흔과 가르시아, 강민호 등 즐비한 강타자들을 앞세워 화끈한 '빅볼 야구'의 즐거움을 선사했다. 이대호-홍성흔-가르시아로 이어지는 롯데의 클린업은 프로야구 사상 최강의 클린업 트리오로 군림했다.

과거 롯데는 '소총부대', 즉 단타를 주로 치는 선수들만 모아놓은 팀이라는 이미지가 강했다. 두 번의 우승을 차지했던 1984년과 1992년에도 공격력을 앞세워 우승했다기보다는 마운드의 우위, 그것도 최동원과 염종석이라는 에이스의 역투로 이긴 거나 다름없었다. 2000년대 들어 이대호라는 거포가 나타났지만 그 역시 홈런 타자의 이정표나 다름없는 30홈런을 한 번도 돌파하지 못했다.

하지만 로이스터 감독은 이런 팀을 단 3년 만에 완벽한 대포 군단으로 바꿔놓았다. '노 피어' 야구를 가장 충실하게 이행한 타자는 멕시코에서 온 용병 카림 가르시아였다. 그는 초지일관 '노 피어 스윙'으로 일관하는 타자였다. 배트가 볼에 스치지도 못하는 식의 어이없는 삼진도 종종 당했지만 일단 배트에 공이 맞기만 하면 여지없이 담장을 넘어가는 큰 타구를 만들었다.

2008년부터 2010년까지 롯데에 있었던 가르시아는 3년간 매년 30개가량의 홈런과 80타점 이상의 타점을 생산해냈다. 단 한 시즌도 타율은 3할을 넘지 못했지만 그가 투수들에게 주는 공포감과 위압감은 상당했다. '확률은 낮지만 저 선수에게 한 번 걸리면 여지없이 홈런을 맞는다'는 이미지가 투수로 하여금 공격적인 투구를 하지 못하도록 만들었다.

홍성흔의 변화는 더 눈부셨다. 2008년 롯데로 온 홍성흔은 이적 첫해 3할 7푼이라는 고타율을 기록하며 두산 김현수에 이어 타격 2위에 올랐다. 그러나 중심타자라는 이름에 걸맞은 홈런과 타점은 생산해내지 못했다. 타율은 높지만 한 방이 부족한, 즉 카림 가르시아와는 정반대의 지점에 선 선수였다.

타격 2위를 기록한 3할 타자에게 타격 자세를 바꾸라고 주문할 수 있는 감독은 많지 않다. 괜히 타격 폼에 손을 댔다 잘 맞는 타자가 부진에 빠지면 선수도 구단도 힘들어지기 때문이다. 로이스터 감독은 이를 과감히 시도했다. 주위에서는 우려했지만 그는 굴하지 않고 홍성흔에게 용기를 불어넣었다.

감독의 지원에 힘입은 홍성흔은 엄청난 웨이트트레이닝을 통해 파워를 키우고, 타구에 강한 힘을 싣는 소위 갈매기 타법을 완성했다. '노 피어 스윙'에 주력한 결과는 놀라웠다. 홍성흔은 2010년 타율 0.350(2위), 26홈런(공동 4위), 116타점(2위)을 기록했다.

이대호의 선전은 롯데의 불방망이에 정점을 찍었다. 이대호는 2010년 시즌에 사상 초유의 타격 7관왕, 즉 타율(3할 6푼 4리), 홈런(44홈런), 타점(133점), 최다안타(174개), 득점(99점), 장타율(6할 6푼 7리), 출루율(4할 4푼 4리)에서 모조리 1위를 석권하며 토종 우타 거포의 전성시대를 열어젖혔다. 타격 7관왕은 전무후무한 기록이었다. 특히 그는 9경기 연속 홈런포를 가동하며 전세계 야구팬들의 이목을 집중시켰다. 이대호는 8월 4일 두산전부터 8월 14일 기아전까지 9경기 연속 홈런포를 쏘아 올리면서 세계 신기록을 경신했다.

이대호와 홍성흔 외의 선수들도 '노 피어 스윙'을 장착하며 장타력에서 눈부신 발전을 이뤄냈다. 포수 강민호도 생애 첫 20홈런 고지를 넘어섰고, 손아섭과 전준우도 두 자릿수 홈런을 칠 수 있는 타자로 성장했다. 롯데는 팀 타율, 팀 홈런 등 타격 주요 부문에서 8개 구단 중 독보적인 1

위를 차지했다.

하지만 롯데는 포스트시즌에서는 또 고비를 넘지 못했다. 두산 베어스와의 준플레이오프가 열리기 전 전문가들은 막강 타선을 자랑하며 페넌트레이스 후반기 승률 1위를 기록한 롯데의 우세를 점쳤다. 뚜껑이 열리자 전문가들의 예상이 들어맞는 듯했다. 롯데가 1, 2차전에서 승리를 거뒀기 때문이다. 하지만 두산은 3차전부터 불펜과 타선의 응집력을 앞세워 내리 세 경기를 따내 플레이오프에 진출했다. 특히 흐름이 넘어가기 시작한 순간부터 속출한 롯데의 수비 실책은 큰 아쉬움으로 남았다.

결국 롯데 구단은 제리 로이스터 감독과 재계약을 포기했다. 그와의 이별을 가장 아쉬워한 이는 롯데 팬이었다. '꼴데(꼴찌+롯데)'라는 오명을 썼던 팀을 강팀으로 바꿔놓은 외국인 감독에 대한 롯데 팬들의 사랑과 지지는 대단했다. 롯데 팬들은 포스트시즌이 시작되기 전인 2010년 시즌 후반에 로이스터 감독의 재계약을 위해 직접 나섰다. 부산의 한 신문에 로이스터 감독의 연임을 지지하는 광고를 내는가 하면, 관중석에는 "로이스터 감독님의 연임을 지지합니다"라는 영어 문구가 쓰인 대형 현수막을 걸어놓기도 했다. 당시 로이스터 감독은 이 일을 추진한 팬 카페에 "광고를 보고 눈물이 났다. 너무 감사하다"는 글을 남기는 것도 잊지 않았다.

리더는 조직원을 자신의 도구로 이용하지 말아야 한다

한국 야구계의 은어 중 '노예'라는 말이 있다. 시도 때도 없이 불려나와 던지는 불펜 투수(중간 계투 요원)들을 일컫는 용어다. 로이스터 감독이 높게 평가받는 가장 큰 이유는 그가 결코 투수를 혹사시키지 않는 감독이었다는 점이다. 로이스터는 선수를 감독이라는 자신의 커리어를 연장하기 위한 장기판의 '말'처럼 생각하지 않았다.

그에게 선수들은 야구를 같이 하는 동반자였다. 몇몇 감독은 자신의 재계약 시즌이 다가오면 성적 조급증 때문에 선수 보호를 생각하기보다 무조건 팀 승리를 위한 운영으로 일관한다. 하지만 로이스터 감독은 단 한 번도 그런 태도를 보인 적이 없다. 부상을 안고 팀을 위해 뛰는 것을 '투혼'이라고 칭송하며 박수를 치는 일부 한국 감독과 달리 그는 유일하게 '아픈 곳이 있으면 숨기지 말고 내게 말하라'고 강조했다.

다른 팀에서는 뛰어난 구위를 가진 불펜 투수가 3~4일 연속 등판하는 사례가 많다. 불펜 투수가 웬만한 선발투수보다 많은 100이닝 이상을 소화하기도 한다. 하지만 그는 불펜 투수들에게도 선발투수처럼 등판일과 휴식일을 구분해줬다. 휴식일을 맞은 불펜 투수는 아무리 1점 차이의 긴박한 승부라 해도 어지간하면 마운드에 올리지 않았다. 국내 감독은 대부분 승부처가 되면 아낌없이 불펜 투수들을 투입해 경기를 이기려 한다. 때로는 선발투수조차 불펜 투수로 썼다. 물론 이 작전이 잘 맞아떨어지면 해당 팀의 성적은 많이 올라간다.

하지만 로이스터는 당장의 1승을 위해 향후 투수 운영에 무리가 될 만한 선수 운용은 되도록 피했다. 일부 성미가 급한 팬들은 너무 여유로운 운용이라며 비난하기도 했다. 하지만 그는 3년 연속 4강 진출로 장기적인 관점에서 팀을 운용하는 일이 결국 좋은 성적을 낳는다는 점을 입증했다. 롯데 선수들이 "감독님을 위해서라도 좋은 성적을 내야 한다. 로이스터 감독과 함께하는 야구가 즐겁다"라고 이야기한 이유다.

필자는 2009년 8월 대구 인터불고 호텔에서 로이스터 감독을 인터뷰한 적이 있다. 당시 불펜 투수 혹사 문제를 묻자 그는 이렇게 답했다. "오늘 경기를 이기기 위해 내일 써야 할 선수를 미리 투입한다면, 정작 그 선수가 절실히 필요한 순간에는 그를 기용할 수 없습니다. 저는 경기에서 지는 걸 두려워하지 않아요. 제가 선수들을 적재적소에 배치하기만 한다면 장기적인 관점에서 저는 분명 성공할 수 있습니다. 그러나 단기 성과를 얻기 위해 장기적 계획을 바꾼다면 아무리 좋은 계획을 가져도 이를 달성할 수 없을 겁니다."

리더가 먼저 조직원에게 다가가야 한다

로이스터 감독은 한국에 오자마자 선수와 코치들의 이름을 외우는 데 상당한 시간을 할애했다. 그는 한국말을 전혀 할 줄 몰랐고, 통역이었던 커티스 정 역시 재미교포 출신으로 한국어가 그다지 능숙하지는 않았다. 직책은 감독이었지만 엄밀한 의미에서 그 역시 '용병'과 별반 다를 바

없는 처지였다. 하지만 로이스터 감독은 자신이 태어나고 야구를 했던 환경과 너무나 다른 한국의 문화를 이해하고 받아들이려고 노력했다.

로이스터 감독은 선수들이 자신을 허물없이 대하도록 '제리'라는 이름을 부르라고 주문했다. 그가 포수 강민호와 승리 후 펼치는 '하마 세리머니'는 로이스터가 어떤 유형의 지도자인지 잘 보여준다. 감독과 선수가 경기 후 손을 맞잡고 서로 얼굴을 들이대면서 크게 입을 벌려 소리치는 행위는 권위를 중시하는 국내 감독들이라면 상상하기 힘든 행동이다.

'단장의 야구'가 아니라 '감독의 야구'를 추구하는 한국 프로야구에서 감독의 권위는 엄청나다. 유교문화의 바탕까지 더해져 선수들은 감독을 지도자이자 어버이와 같은 존재로 여긴다. 물론 여기에는 장점도 많다. 하지만 이 때문에 국내 감독들이 필요 이상으로 감독으로서의 위엄과 권위를 내세운 측면도 없지 않다.

그렇다고 해서 그가 무조건 선수들에게 편안하게 다가가기만 했던 것은 아니다. 그는 경기 후 하이파이브를 할 때는 언제 어떤 경우에라도 팀의 주장이 가장 먼저 오도록 했으며, 가끔 순서를 착각하고 먼저 나오는 다른 선수들에게 따끔하게 뒤로 가라고 이야기했다. 남보기에 매우 친밀감 있는 하마 세리머니를 같이 하는 강민호와 로이스터 감독이었지만, 사석에서는 따로 만나 사적인 시간을 가진 적이 없을 정도로 로이스터 감독은 공과 사를 엄격히 구분했다. 그는 단지 선수들이 야구를 더욱 즐겁게 하기를 원했고, 그런 목표를 위해서라면 자신의 권위가 다소 훼손돼도 상관없다는 점을 잘 알고 있는 인물이었다.

리더는 직원들의 단점보다 장점에 주목해야 한다

많은 국내 감독은 선수의 장점을 살리기보다는 단점을 보완하는 데 주력한다. 이와 관련, 한국 야구의 전설적 타자인 양준혁 전 삼성 라이온즈 선수는 2010년 8월 인터뷰에서 "한국 지도자들은 지나치게 정형화된 틀에 선수를 끼워 맞춘다. 물론 탄탄한 기초는 중요하지만 프로에 발을 담근 선수들은 그 자세에 몸이 길들어 있다. 이미 그 자세로 성공했기 때문에 프로에 와 있는 거다. 그러면 지도자가 그 선수만의 개성과 장점을 살려줘야 한다"고 말한 바 있다.

로이스터 감독은 이 점을 잘 이해했다. 그는 특정 자세나 스타일에 얽매이지 않고 선수 개개인이 지닌 장점을 최대한 끄집어내려고 애썼다. 교과서적으로만 보면 어떤 선수의 자세가 굉장히 엉성해 보이고 가망성도 없을 것 같지만 이 친구에게 어떤 부분만 추가하면 훌륭한 선수가 될 수 있다는 점에 주목했다. 일반적으로 타자가 삼진을 먹고 들어오면 한국 감독들은 조용히 해당 선수를 다음 회에 교체해버릴 때가 많다. 하지만 로이스터 감독은 결과에 상관없이 자신만의 적극적인 스윙을 했다며 해당 선수에게 박수를 쳐줬다.

투수들에게도 설사 장타를 맞더라도 두려움 없이 과감한 몸쪽 승부를 하라고 주문했다. 그는 종종 승부처에서 마운드로 올라가 다른 팀 감독과 선수들이 다 듣는데도 '인코스(In course : 몸쪽 공), 인코스'를 거듭 외쳤다. 상대 타자가 그 말을 듣고 몸쪽 승부를 준비해도 전혀 상관하지 않았다. 이기던 경기를 역전당해 선수단의 분위기가 가라앉으면 "아직 경기가 끝나지 않았는데 무슨 짓이냐. 아직 우리에겐 기회가 있다"며 더그 아웃을 다 부숴버릴 것처럼 불같이 화를 냈다.

불과 몇 년 전까지만 해도 경기에서 실수를 한 선수들이 감독에게 야단을 맞는 모습이 중계카메라에 잡혔던 게 한국 프로야구의 현실이었다. 명장으로 소문난 한 감독은 중계카메라가 돌아가고 있는데도 실수한 선수를 무릎 꿇게 한 후 발로 머리를 가격하기도 했다. 이런 상황에서 선수들의 실수에 박수를 쳐주는 외국인 감독의 존재는 한국 프로야구에서 그야말로 이질적이고 독특했다. 단순히 피부색과 국적이 다른 이방인이라서가 아니다.

로이스터 감독은 감독이 선수단을 장악하고 경기 흐름도 좌우하다시피 하는 한국 야구계에서 드물게 순수한 '즐거움의 야구' '선수 스스로가 하는 자율 야구'를 추구한 감독이었다. 이게 바로 로이스터 매직의 요체다.

2부

변화를 추구하는 전략

"다른 사람과 나를 비교하지 마라.
나는 단 하나의 특별한 존재다."

주제 무리뉴 레알 마드리드 감독

1963년 포르투갈 세투발 출생. '잉글랜드 축구의 전설' 고(故) 바비 롭슨 경의 통역으로 출발해
오늘날 유럽 3개국 리그 우승을 달성한 명장(名將)으로 각광받고 있다.
그를 세계적 감독으로 만든 건 '이기는 축구'에 대한 통찰과 선수들에 대한 뜨거운 애정이었다.
현재 레알 마드리드 감독.

누구와도 비교하지 마라

"다른 사람과 나를 비교하지 마라. 나는 단 하나의 특별한 존재(special one)다." 할리우드 배우의 영화 대사가 아니다. 한 축구 감독이 스스로를 평가한 말이다.

인화(人和)와 리더십을 동일시할 때가 많은 동양권에서는 오만할 정도로 자신감 넘치는 이런 유형의 리더를 별로 반기지 않을지도 모른다. 하지만 이 발언의 주인공은 스스로를 '스페셜 원'이라고 지칭할 만한 성과를 냈다. 그는 이탈리아, 영국, 포르투갈 등 유럽 3개 리그에서 모두 우승을 차지했고, 모든 축구 감독의 염원인 트레블(Treble)도 달성했다. 바로 레알 마드리드의 감독 주제 무리뉴다.

스타 선수 출신도 아니며 1963년생에 불과한 그가 현재까지 쌓은 커리어는 그야말로 화려하다. 3배라는 사전적 의미를 지닌 트레블은 어떤 스포츠에서 한 팀이 3개 대회를 우승했다는 말이다. 프로 축구의 트레블은 한 클럽 팀이 동일 시즌에 자국 정규 리그, 자국 축구협회(FA : Football

Associations), 유럽 축구의 왕중왕전이라 할 수 있는 유럽축구협회(UEFA : Union of European Football Associations) 챔피언스리그 이 3개 대회에서 모두 우승하는 일을 말한다.

1955년 UEFA 챔피언스리그가 시작된 후 공식적으로 트레블을 달성한 클럽은 불과 6개. 셀틱, 아약스, 아인트호벤, 맨체스터 유나이티드(이하 맨유), FC 바르셀로나, 인테르 밀란(영어식 표현 인터 밀란)뿐이다. 무리뉴 감독은 이 6개 팀 중 가장 근래에 트레블에 성공한 지도자다. 그는 2009~2010년 시즌 이탈리아의 인테르 밀란을 이끌고 이탈리아 클럽 팀으로는 사상 최초로 트레블을 달성했다.

맨유의 알렉스 퍼거슨 감독이 영국 여왕 엘리자베스 2세로부터 기사 작위를 수여받은 것 또한 트레블을 달성했기 때문임을 감안하면 트레블을 달성하기가 얼마나 어려운지, 세계 축구계가 트레블의 권위를 얼마나 인정해주는지 잘 알 수 있다. 스타 선수가 워낙 많아 '지구 방위대' '은하수 군단' 등으로 불리는 레알 마드리드조차 아직 트레블을 달성하지 못했다. 레알 마드리드가 무리뉴를 감독으로 영입한 이유도 여기에 있다. 그는 화려한 언변, 영화배우 뺨치는 외모, 아르마니 슈트와 회색 머플러를 착용하는 뛰어난 패션 감각으로 유명하다.

만년 후보 선수, 명(名) 지도자의 길을 걷다

주제 무리뉴는 1963년 포르투갈 세투발의 부유한 가정에서 축구 선수인 아버지 펠릭스와 초등학교 교사인 어머니 마리아의 아들로 태어났다. 펠릭스는 세투발을 연고로 하는 비토리아 데 세투발, 벨레넨세스 등의 클럽에서 활약한 골키퍼였다. 그의 삼촌 또한 세투발 스타디움 건립에 관여한 인물이었다.

축구인 집안에서 자랐지만 선수 무리뉴는 그다지 두각을 나타내지 못했다. 아버지가 코치로 일했던 히우 아베, 벨레넨세스, 세심브라 등의 클럽에서 센터백과 중앙 미드필더를 맡았지만 경기에서 뛴 적은 거의 없는 만년 후보 선수였다. 아버지와 같은 팀에서 뛸 때 당시 팀의 구단주가 그의 아버지 펠릭스에게 "실력 없는 선수를 아들이라고 기용해서는 안 된다"는 면박을 주기도 했다. 무리뉴는 결국 20대 초반에 은퇴를 결정했다.

하지만 현역 선수에서 물러나는 일이 축구와의 작별을 의미하지는 않았다. 무리뉴는 자신이 선수보다 지도자로 더 큰 잠재력을 지니고 있다는 사실을 잘 알고 있었다. 그는 경영학을 전공하기를 바라는 어머니의 바람을 뒤로하고 리스본의 체육학교 ISEF에 입학했다. 체육과학을 전공하며 본격적으로 지도자 인생을 준비하기 시작했다.

사실 지도자로서 그의 잠재력은 아주 오래전부터 발휘됐다. 세투발 유스 팀에서 뛰던 청소년 시절, 그는 우연한 기회에 세투발이 상대할 클럽의 전력 분석을 위해 파견됐다. 전력 분석을 위해 그가 가져온 기록지와 분석표는 당시 세투발 코칭스태프가 놀라움을 금치 못할 정도로 수준이 높았다.

무리뉴는 대학 졸업 후 몇몇 학교에서 체육 교사로 활동하다 1990년 친정인 세투발의 유스 팀 감독으로 부임했다. 1992년 포르투갈의 명문팀 스포르팅 리스본에 통역으로 부임한 그는 지도자 인생의 출발점을 맞이했다. 잉글랜드 축구의 전설적인 감독인 고 바비 롭슨 경을 만났기 때문이다.

롭슨 감독은 무리뉴가 영어, 스페인어, 프랑스어, 이탈리아어, 카탈루냐어(스페인 바르셀로나 지방의 토착 언어) 등 다양한 언어를 구사한다는 점에 매료됐다. 이에 무리뉴를 개인 통역으로 삼으며 항상 곁에 뒀다. 이후 롭슨은 세계 최고 수준의 클럽 팀인 FC 바르셀로나의 감독으로 부임했고, 당연히 무리뉴도 데려갔다. 무리뉴는 이곳에서 보조 코치로 일하며 상대 팀의 전술을 분석하는 임무를 맡았다.

롭슨이 떠난 이후 FC 바르셀로나 감독으로 부임한 네덜란드의 명장 루이스 반 할 역시 무리뉴의 재능을 높이 샀다. 그 덕분에 무리뉴는 30 대의 젊은 나이에 명문 FC 바르셀로나의 정식 코치로 일할 기회를 얻었다. 레알 마드리드의 영원한 라이벌이자, 현재 지도자 무리뉴의 가장 강력한 라이벌인 FC 바르셀로나의 주제 과르디올라 전 감독도 당시 이 팀에서 선수로 뛰고 있었다.

초짜 감독, 우승 청부사가 되다

무리뉴는 2000년 9월 비로소 꿈에 그리던 감독(head coach)이 됐다. 그가 맡은 팀은 포르투갈의 축구 영웅 에우제비오가 활약했던 벤피카 리스본이었다. 하지만 회장 교체 등 클럽의 내분이 생기고 성적도 좋지 않자 그는 단 여덟 경기만 치른 후 스스로 사임한다.

무리뉴를 세계적인 감독으로 만든 곳은 벤피카의 라이벌인 FC 포르투였다. 무리뉴는 2002년 1월 성적 부진으로 감독이 경질된 FC 포르투의 지휘봉을 잡았다. 남은 경기에서 15경기 11승 2무 2패의 성적을 기록하며 팀의 순위를 리그 3위로 끌어올렸다. 비교적 좋은 성적으로 FC 포르투의 첫해를 마감한 무리뉴는 이렇게 말했다. "내년에는 FC 포르투를 우승 팀으로 만들겠다." 이때만 해도 무리뉴나 FC 포르투를 주목하는 사람은 아무도 없었다.

비록 1960년대 에우제비오가 활약할 당시 월드컵에서 3위에 오른 적도 있지만 포르투갈은 언제나 유럽 축구의 변방에 불과했다. 포르투갈 리그, 즉 수페르리가의 시장 규모 자체가 빅 리그에 비해 너무 작았기 때문이다. 포르투갈리그는 유럽 빅 3 리그로 불리는 영국 EPL, 스페인 프리메라리가, 이탈리아 세리에A는 물론이고 독일 분데스리가, 프랑스 리그, 네덜란드리그보다도 훨씬 작다. 이런 변방국의 중소 클럽을 맡은 초짜 감독을 주목하는 사람이 있을 리 만무했다.

하지만 무리뉴는 1년 만에 자신의 말을 입증했다. 2002~2003년 시즌 FC 포르투는 포르투갈리그와 포르투갈 FA컵에서 우승하며 돌풍을 일으켰다. 32개 팀이 겨루는 UEFA 챔피언스리그에 진출하지 못한 나머지 팀들이 모여 우열을 가리는 UEFA컵 결승에서도 연장전 끝에 스코틀랜드의 셀틱을 물리쳤다. 공식적인 트레블은 아니지만 일종의 미니 트레블을 달성한 셈이다. 챔피언스리그 우승은 아니라지만 초짜 감독이 트레블을 달성하는 일은 상당한 성과임이 분명하다. 유럽 축구계 또한 무리뉴를 주목하기 시작했다.

2003~2004년 시즌 무리뉴는 더 놀라운 성적을 냈다. 압도적인 기세로 포르투갈리그 2연패를 달성한 그는 UEFA 챔피언스리그에 진출해 모

나코를 3대 0으로 꺾고 우승했다. 포르투갈 클럽이 유럽 축구의 왕중왕전인 UEFA 챔피언스리그에서 우승한 건 무려 17년 만이어서 엄청난 화제를 모았다. 당시 FC 포르투의 주전 선수들은 데코, 페레이라, 마니셰 등이었다. 물론 이들은 훌륭하고 좋은 선수였지만 호나우두나 지단처럼 축구를 잘 모르는 사람도 이름을 알 정도의 슈퍼스타는 아니었다. 당시 포르투의 운영비 또한 맨유와 같은 빅 클럽의 10분의 1에도 못 미쳤다.

이런 상황에서 슈퍼스타가 즐비한 빅 리그의 빅 클럽들을 꺾는 건 아무나 할 수 있는 일이 아니었다. 당시 FC 포르투는 치밀한 수비와 탄탄한 조직력을 바탕으로 우승을 일궈냈다. 포르투의 우승 비결은 상대팀 미드필더진에 대한 강한 압박, 빠르고 효율적인 공격 등이었다. 이는 현대 축구가 지향하는 바를 고스란히 보여줬다. 무리뉴는 첼시 시절에도 이 기조를 계속 유지했다.

나를 다른 감독과 비교하지 마라

UEFA 챔피언스리그 우승으로 세계적 명장 반열에 오른 무리뉴를 주목한 사람은 러시아 출신 석유 재벌 로만 아브라모비치였다. 2003년 영국 프리미어리그(EPL)의 첼시를 인수한 아브라모비치는 막대한 돈을 투자해 세계 최고의 감독과 선수를 원하는 대로 끌어모았다. 당시 EPL 내의 경쟁 팀인 맨유, 아스날, 리버풀 등에 비해 우승 경력이 뒤처졌던 첼시는 이런 공격적인 투자를 통해 단기간에 영국뿐 아니라 유럽을 대표하는 빅 클럽으로 성장했다.

2004년 6월 무리뉴는 연봉 420만 파운드에 첼시와 계약했다. 무리뉴는 부임하자마자 첼시를 2년 연속 EPL 우승 팀으로 만들었다. 무리뉴가 오기 전 첼시는 알렉스 퍼거슨 감독의 맨유나 아르센 벵거 감독의 아스널보다 한 단계 낮은 팀으로 취급받고 있었다.

첼시로 온 무리뉴는 자신의 구미에 맞는 팀을 만들기 위해 대대적인 변화를 주도했다. 일단 과거 주전이었던 베론, 크레스포, 하셀바잉크 등을 다른 팀으로 임대 또는 이적시켰다. 당시 유망주였던 드록바, 로벤, 케즈만 등 눈여겨봤던 젊은 선수들을 대거 첼시로 데려왔다. 무리뉴는 특히 첼시의 수비진에 강력한 메스를 가했다. 존 테리와 갈라스라는 걸출한 수비수들이 있었지만 자신이 데리고 있던 페레이라, 카르발뇨를 첼시 수비의 새로운 주전으로 가담시켰다. 수비의 핵인 골키퍼도 체코의 신성 페트르 체흐를 데려왔다. 빠르고 공격적인 축구를 구사하지만 수비는 조금 빈약하다는 평가를 받았던 첼시는 무리뉴의 수비 보강 이후 탄탄한 전력을 구축할 수 있었다.

그의 전략은 맞아떨어졌다. 2004~2005년 시즌 첼시는 리그 최소 실점을 기록하며 우승했다. 첼시의 리그 우승은 무려 50년 만이었다. 같은 해 리그 FA컵에서도 우승했다. 2005~2006년 시즌에도 다른 클럽과 현격한 차이를 보이며 내내 독주한 끝에 리그 2연패를 달성했다. '스페셜원'이 자신의 능력을 다시 증명한 셈이다.

하지만 무리뉴는 2007년 9월 전격적으로 첼시를 떠났다. 표면적으로는 상호 합의하에 감독을 사퇴했다고 밝혔지만 구단주로부터 해임당한 거나 마찬가지였다. 당시 첼시는 수비수들의 잇따른 부상으로 고심하고 있었다. 수비를 중시하는 무리뉴는 겨울 이적 시장에서 수비수 보강을 요구했지만 아브라모비치는 이를 거절했다. 첼시 감독으로 재직하는 3년 동안 6개의 우승컵을 들어올린 그였지만 유달리 심한 구단주의 간섭과 전력 보강 요청에 대한 무시를 참을 수는 없었다. 그가 첼시를 떠날 때 첼시의 스타였던 드록바, 램파드 등은 "무리뉴는 아버지와도 같은 사람"이라며 상당히 동요했다. 세간에 이들의 이적설까지 나돌 정도였다.

지구방위대, 레알 마드리드의 감독이 되다

무리뉴는 2008년 6월 이탈리아의 명문 클럽 인테르 밀란의 지도자로 부임했다. 유벤투스, AC 밀란과 함께 이탈리아 축구를 주름잡고 있는 인테르 밀란은 오랜 역사와 스타 선수를 여럿 보유하고 있었지만 챔피언스리그 우승은커녕 1989년 이후 2000년대 중반까지 자국 리그 정상에도 오르지 못했다. UEFA 챔피언스리그에서도 1965년 이후 40년이 넘도록 정상을 차지하지 못했다.

이 숙원을 풀기 위해 마시모 모라티 인테르 밀란 구단주가 데려온 인물이 바로 무리뉴였다. 약 1년간의 야인 생활을 청산하고 이탈리아에 도착한 무리뉴는 이탈리아어로 입단 기자회견을 진행했다. 그는 회견장에서 "난 스페셜 원이 아니다. 내가 세계 최고의 감독이라고 생각하지 않는다"며 의외로 겸손한 모습을 보였다. 하지만 바로 "나보다 뛰어난 감독을 아직까지 본 적은 없다"며 너스레를 떨었다.

선수들도 그를 좋아했다. 한때 '호나우두의 후계자'로 기대를 모았지만 방황했던 아드리아누, 이기적인 플레이로 지적받던 즐라탄 이브라히모비치가 모두 순한 양이 됐다. 무리뉴는 2008~2009년 시즌에 바로 이탈리아 세리에A 리그와 이탈리아 FA컵인 수페르 코파에서 우승을 차지했다. 그러나 UEFA 챔피언스리그에서는 16강에서 탈락하고 말았다.

칼을 갈고 기다린 무리뉴는 2009~2010년 시즌 이탈리아리그와 이탈리아 FA컵에서 또 우승한 후, 2010년 5월 마침내 UEFA 챔피언스리그 우승컵을 차지했다. 챔피언스리그의 결승전 상대 팀인 바이에른 뮌헨의 감독은 한때 그의 멘토였던 루이스 반 할이었다. 반 할은 "무리뉴가 이처럼 위대한 감독이 될 줄은 몰랐다"며 패배를 인정했다. 이탈리아 클럽이 트레블을 달성한 건 사상 최초여서 그의 지도력에 대한 칭송은 더욱 높아졌다.

하지만 무리뉴는 우승 직후 전격적으로 인테르 밀란의 감독직을 사임한다고 밝혔다. 또 1,000만 유로(약 150억 원)의 파격적 연봉을 조건으로 레알 마드리드행을 발표했다.

세계 축구계는 올스타급 라인업에도 불구하고 '모래알' 조직력 문제로 리그 우승이나 챔피언스리그 우승에 번번이 실패해온 레알을 바꿔놓을 수 있는 유일한 사람이 무리뉴라는 데 동의하고 있다. 그가 레알 마드리드를 스페인리그의 우승 팀으로 만들면, 유럽의 3대 빅 리그, 즉 영국, 이탈리아, 스페인 3대 클럽을 모두 우승으로 이끈 최초의 지도자가 된다.

인기와 재미보다 승리가 먼저다

수비를 중시하는 무리뉴 식 축구 스타일을 싫어하는 사람들은 그를 안디 풋볼(Anti Football)의 선봉장이라고 비판한다. 축구의 재미를 반감시킨다는 이유에서다. 실제 무리뉴의 팀은 상대방보다 훨씬 낮은 볼 점유율, 경기 전체를 통틀어 1~2개에 불과한 유효 슈팅을 선보이고도 이길 때가 많다. '선(先) 수비, 후(後) 역습'의 승리 공식을 잘 이행하고 있기 때문이다. 보기에 아름다운 축구라고 하기 어렵고, 관중에게 큰 재미를 선사하기도 힘들다.

하지만 아름답고 보기 좋은 축구도 결국 승리가 선행될 때만 의미를 지닌다. 아무리 멤버들이 그림같이 아기자기한 패스를 경기 내내 주고받고, 수많은 유효 슈팅이나 득점을 기록한들 이기지 못하면 무슨 의미가 있겠는가. 어떤 팬이나 구단주가 이를 반기겠는가. 싫든 좋든 프로 스포츠 세계에서 가장 중요한 건 승리다. 승리라는 결과물을 만들어내지 못하는 감독은 지도자의 자격이 없다. 승리와 인기를 동시에 거머쥐는 일은 참으로 어렵다. 무리뉴는 이 둘 중 양자택일을 해야 한다면 결국 우선순위는 승리에 있다고 주장한 감독이었다. 즉 다른 사람의 비판이나 인기에 연연하지 않고 리더로서 본연의 임무에만 충실했던 그 철저함이 그를 훌륭한 지도자로 만들었다.

프랑스 축구 영웅 미셸 플라티니는 "축구는 실수의 스포츠다. 모든 선수가 완벽한 플레이를 하면 스코어는 영원히 0대 0이다"라는 말을 한 적이 있다. 실수를 줄이면 이기지는 못해도 지지도 않는다는 점을 강조한 발언이다. 조그만 실수가 승패를 결정짓는 스포츠의 특성을 감안할 때, 강력한 수비를 통해 상대방의 실수를 유도하고 그 실수가 나오는 순간 역습으로 승리를 쟁취하는 무리뉴의 전술 자체를 안티 풋볼로 매도하기에는 트레블 달성, 2번의 챔피언스리그 우승, 3개국 리그 우승 등 그가 보여준 성과가 많다.

무리뉴는 부정행위로 이기지 않았다. 수비 축구가 싫으면 더 강력한 공격 축구로 그 수비 축구를 이겨야 한다. 수비 축구를 이기지도 못하면서 안티 풋볼만 언급하는 건 공허하다. 그는 트레블을 달성하던 시절 인테르 밀란을 이탈리아리그 역사상 한 시즌에 가장 많은 골을 넣은 팀으로 만들기도 했다. 이를 감안할 때 그의 축구는 실리를 극대화하면서 승리를 추구하는 축구라고 보는 게 타당하다.

무리뉴와 안티 풋볼에 대한 논란은 한국 프로야구의 명 지도자인 김성근 고양 원더스 감독(전 SK 와이번스 감독)을 둘러싼 논란과 매우 흡사하다. 김 감독은 수많은 불펜 투수를 투입해 악착같이 승리를 따낸다는 뜻으로 소위 '벌떼 야구'라는 신조어를 만들어냈다. 그러자 'SK 야구는 재미가 없고, 비인간적이며, 투수 혹사도 심하다'는 비판이 뒤따랐다.

하지만 불펜 중심 야구는 이제 다른 팀도 시행하는 전술이 됐다. 김 감독이 SK 와이번스를 맡았을 당시 SK의 핵심 불펜 투수인 정대현, 정우람, 이승호 등은 몇 년째 이어진 혹사 논란에도 여전히 위력적이 공을 던지고 있다. SK와 다른 팀의 차이는 똑같이 벌떼를 투입해도 한쪽은 위험을 잘 막고, 나머지는 못 막는다는 점뿐이다.

SK 와이번스는 2007년부터 2010년까지 3번의 우승과 1번의 준우승이라는 독보적인 성적을 냈다. 그 기간 인천 연고 구단으로는 사상 최초로 8개 구단 중 홈경기 평균 관중 1위를 차지했다. 최신식 구장, 다양한 마케팅 활동도 있었지만 역시 성적이 뒷받침됐기 때문에 가능한 일이었다. 이기지 못하는 팀을 보러 오는 팬은 없다.

리더는 심리전의 대가여야 한다

인간의 모든 일과 마찬가지로 스포츠의 승패도 종종 실력보다 멘탈이 좌우한다. 어차피 프로 스포츠에 종사하는 선수들의 기량은 비슷하다. 기량이 뛰어나지 않다면 애초에 프로 선수가 될 수 없다. 어차피 기량은 백지장 한 장 차이일 때가 많다. 결국 어떤 승부 근성을 가지고 어떻게 상대방의 심리를 역이용하느냐가 중요하다. 세계적인 명장들이 심리전의 대가인 이유다.

전무후무한 한국시리즈 10회 우승을 달성한 김응용 한화 이글스 감독 또한 심판 판정이 마음에 들지 않으면 더그아웃에서 의자를 부수고 심판과 육탄전까지 벌이는 일로 유명했다. 판정 그 자체에 불만이 있어서라기보다는 선수들의 동요를 잠재우고, 투쟁 심리를 극대화하기 위해서였다.

무리뉴도 마찬가지다. 그는 어떤 여건에서도 흔들리지 않고 상대방을 자극할 만큼 영리하게 경기를 운영할 줄 아는 지도자다. 특히 라이벌 전이 있을 때 상대 팀 감독과 설전을 벌여 최대한 상황을 자신에게 유리하게 이끈다. 상대방을 있는 대로 약 올려 그들의 심리를 뒤흔들고, 자신의 팀에는 무한한 자부심과 동기를 부여해 선수들의 승부욕을 불태우게 만드는 식이다.

첼시 감독 시절 아름다운 축구를 중시하는 걸로 유명한 아스널의 아르센 벵거 감독과 논쟁이 붙자 무리뉴는 이렇게 말했다. "아스널은 훌륭한 감독과 선수를 보유했지만 축구가 승리해야 하는 스포츠라는 점을 망각하고 있다. 첼시는 멋진 경기를 보여주진 못해도 승리한다."

무리뉴는 리버풀과의 비교에는 이렇게 대응했다. "리버풀의 역사는 위대하고 나는 그 역사를 존중한다. 그러나 첼시가 지난 3년간 2번의 리그 우승을 할 동안 리버풀은 약 20년간 우승을 하지 못했다."

현존하는 최고의 축구 감독으로 평가받고 자신의 아버지뻘인 알렉스 퍼거슨 맨유 감독에게도 지지 않았다. 퍼거슨 감독은 이적시장에서 거액을 쏟아 붓는 첼시에 "돈으로 우승을 구입할 수 없다"고 말했다. 그러자 무리뉴는 "전적으로 동의한다. 하지만 나는 맨유 예산의 10퍼센트도 안 쓰는 FC 포르투를 이끌고 맨유를 제압한 후 챔피언스리그에서 우승했다"고 되받았다. 감독의 이런 말을 듣고 투지를 불태우지 않을 선수는 없다.

승리를 위해서라면 언론과의 일전도 불사한다. 몇 년 전 FC 바르셀로나와 챔피언스리그 32강 조별 예선경기를 할 때의 일이다. 스페인의 한 기자가 "당신은 FC 바르셀로나에서 통역으로 일하던 주제에 왜 이렇게 바르샤에 무례한가"라고 비아냥거렸다. 이에 대한 무리뉴의 답이 걸작이다. "그때 나는 통역관이지만 지금 첼시의 감독이다. 내가 통역관에서 명문 팀 감독이 될 동안 당신은 여전히 삼류 기자 나부랭이 아닌가. 지금까지 대체 뭐 했나?"

리더는 자신의 조직원을 지켜야 한다

특유의 카리스마와 독설, 거만하고 차가운 이미지로 각인돼 있지만 그는 자신의 선수를 끔찍하게 아끼는 리더로도 유명하다. 첼시 감독 부임 첫 시즌이던 2004~2005년 시즌 도중 그는 잉글랜드 축구협회(FA) 측에 후보 엔트리를 7명으로 늘려달라고 요청했다. 첼시의 벤치 멤버에게 힘을 실어주기 위해서였다.

아무리 첼시가 호화 멤버를 갖춘 팀이라고 해도 후보 선수의 분발 없이는 장기전에서 좋은 성적을 내기가 힘들다. 종목을 막론하고 모든 스포츠의 강팀들은 소위 선수단의 뎁스(depth)가 두껍다. 핵심 멤버가 부상이나 불의의 사고를 당해도 그 자리를 바로 메울 수 있는 쟁쟁한 후보 선수가 많다는 의미다. 이런 후보 선수가 많아야 팀 내 건전한 경쟁도 더욱 촉발된다. 그는 이름값이 떨어지는 아이두르 구드욘센이 마테야 케즈만과 디디에 드록바의 영입으로 방출 위기에 놓이자 오히려 꾸준한 출장 기회를 보장하기도 했다.

2006년 10월 레딩 전에서는 골키퍼 페트르 체흐와 카를로 쿠디치니가 경기 도중 심한 부상을 당했다. 그는 다음 경기 전망을 묻는 기자들에게 "지금 축구가 문제가 아니다. 나는 다른 것에 신경 쓸 여력이 없다. 오직 두 명의 내 친구를 걱정할 뿐이다. 다음 경기도 중요하지만 우리 선수들이 더 소중하다"고 말했다.

2006~2007년 시즌의 우승을 놓친 아스널과의 마지막 경기에서 경기 종료와 동시에 서포터 석으로 달려와 선수들을 여러 번 가리키며 박수를 쳐달라고 요청했다. 눈앞에서 우승을 놓친 상황에서 서포터들의 기분이 좋을 리 만무하다. 하지만 감독이 직접 나서 "저기 숨이 턱까지 차 있는 선수들에게 박수를 보내달라. 그것이 당신들의 임무다"라고 말하는데 박수를 치지 않을 팬이 있을까. 그런 감독을 어떤 선수와 팬이 미워하겠는가.

2010년 5월 인테르 밀란의 챔피언스리그 우승 직후 경기장을 나가던 그는 경기장 벽에 기대선 마테라치를 발견했다. 급히 차에서 내려 종종걸음으로 마테라치에게 다가간 그는 선수를 꺼안고 눈물을 흘렸다. 전세계로 중계된 이 장면은 그가 선수를 얼마나 아끼는지 잘 보여줬다. 아무리 쇼맨십이 강하다고 해도 선수에게 이 정도의 애정을 보여주는 감독은 많지 않다.

선수들과 감정적으로 매우 긴밀한 유대 관계를 맺는 그의 리더십 스타일은 많은 스타 선수가 그 앞에서 순한 양이 되는 이유이기도 하다. 6개 국어를 구사하기에 어떤 나라에서 온 선수라도 의사소통에 별 문제가 없다는 점도 한몫했다. 첼시와 결별할 때 드록바, 램파드 등이 그를 따라 이적하려 했다는 건 유명한 일화다. 그 외에도 인테르 밀란 시절 미드필더로 활동했던 웨슬리 슈나이더는 "그와의 1년은 다른 감독과의 10년보다 더한 가치가 있다"고 했고, 레알 마드리드의 골키퍼 카시야스는 "무리뉴는 내가 아는 최고의 감독이자 최고의 사람"이라고 말한 바 있다.

그렇다고 선수들을 무작정 예뻐하기만 하는 건 아니다. 태도가 불성실하거나 팀워크에 위해를 가하면 세계 정상급 선수라도 바로 철퇴를 가한다. 첼시 감독 시절 그는 '무결점 스트라이커'로 명성이 높았던 안드레 셰브첸코가 부진하자 그를 종종 출전 명단에서 빼버렸다. 기량이 내림세 조짐을 보였던 에르난 크레스포는 과감하게 다른 팀에 임대했다. 인테르밀란에서도 새벽 음주 행각을 벌인 아드리아누와 경기에서 자신의 지시를 따르지 않았던 훌리오 크루스를 명단에서 제외한 적도 있다. 인테르밀란 사령탑 부임 초기 그가 가장 강조한 말은 "훈련과 경기 시간에 늦는 선수는 바로 집으로 돌려보낼 것"이었다.

레알 마드리드로 옮긴 다음에도 마찬가지다. 수비의 핵인 히카르두 카르발류가 자신을 주전에서 뺀 것에 대해 불만을 표시하자 "머리가 어떻게 된 거냐. IQ 테스트나 다시 받아라"는 일침까지 날렸다. 수비 축구를 중시하는 감독이 핵심 수비수를 일부러 내보내지 않으면서 이 정도 독설을 날린다는 건 그가 철저히 팀 운영 원칙을 지키는 리더임을 잘 보여준다.

"무언가를 변화시키기 위해서는
나 자신부터 바꾸어야 한다."

주제프 과르디올라 전 FC 바르셀로나 감독

1971년 스페인 카탈루냐 지방 산페드로 출생. 선수 시절 스페인리그 6회, FA컵 2회,
유럽챔피언스리그 1회 우승 등 바르셀로나의 전성기를 이끌었다.
37세에 친정 팀의 지휘봉을 잡아
세계 축구계를 뒤흔들었다. 부임 3년 만에 10개의 우승 트로피 차지.
선수 개개인의 심리 및 성격 파악이 뛰어나고
스타 선수들을 하나로 뭉치게 해 팀워크를 배가시켰다.

강력한 팀워크를 만들어라

　스포츠계에는 "명선수는 명감독이 되지 못한다"는 말이 있다. 실제 선수 시절 뛰어난 성적으로 팬들의 사랑을 한 몸에 받았던 스타플레이어 가운데 감독으로는 낙제점을 받은 이가 적지 않다.

　축구계도 마찬가지다. 대표적 사례가 바로 독일의 축구영웅 로타어 마테우스다. 1990년 이탈리아 월드컵에서 독일 대표팀 주장이었던 그는 독일의 우승을 이끌어 최우수선수로 뽑혔다. 이듬해인 1991년에도 국제축구연맹(FIFA)이 선정한 '올해의 선수'에 이름을 올리는 등 축구사의 한 면을 장식했다. 은퇴 후 여러 클럽에서 감독을 맡은 그는 독불장군 식의 팀 운영으로 가는 곳마다 마찰을 일으키며 지도력에 심각한 결함을 드러냈다. 알렉스 퍼거슨 영국 맨체스터 유나이티드 감독, 주제 무리뉴 레알 마드리드 감독, 거스 히딩크 전 한국 국가대표팀 감독 등 선수 시절 경력은 별 볼일 없지만 세계 스포츠 역사에 길이 남을 만한 대기록을 쓴 스타 감독들과 대조적이다.

스타 선수가 스타 감독이 되기 어려운 이유는 과연 무엇일까. 여러 이유가 있지만 가장 큰 이유는 후보 선수나 기량이 떨어지는 선수의 마음을 잘 헤아리지 못하기 때문이다. 선수의 능력이 저마다 다를 수밖에 없는데도 스타 출신 감독은 "내가 지금 경기에 나가도 너보다는 잘하겠다"는 식으로 후보 선수들을 대하기 일쑤다. 팀워크가 좋아질 리 없다. 감독이 되기 위해 다양한 경험과 준비를 하지 않고 선수 시절 명성만 믿고 "감독으로도 잘할 수 있다"는 자만심을 앞세우는 것은 자신은 물론 팀 발전에도 아무런 도움이 되지 않는다.

하지만 만 3년의 감독 경력만으로 이런 선입관을 깨부수며 현대 축구의 역사를 새로 쓴 스타플레이어 출신 감독이 있다. 현재 세계 최고의 축구단으로 평가받는 스페인 FC 바르셀로나의 주제프 과르디올라 감독이 그 주인공이다. 애칭인 '펩(Pep)' 과르디올라로 더 유명한 이 감독은 선수 시절 명 수비수로 이름을 날렸고, 비슷한 시기에 축구계에 데뷔한 다른 선수들이 아직 현역으로 뛰고 있을 때 감독으로 데뷔했다.

그는 감독이 된 첫해 모든 축구 감독의 염원인 '트레블'을 달성해 세계를 놀라게 했다. 3배라는 사전적 의미를 지닌 트레블은 어떤 스포츠에서 한 팀이 3개 대회를 우승했다는 말이다. 프로 축구의 트레블은 한 클럽 팀이 동일 시즌에 자국 정규리그, 자국축구협회, 유럽 챔피언스리그를 모두 우승하는 일을 가리킨다.

2008년 6월 FC 바르셀로나의 감독이 된 과르디올라는 감독을 맡은 첫 시즌에 FC 바르셀로나를 스페인 정규리그인 프리메라리가, 자국 축구협회인 코파 델 레이, UEFA 챔피언스리그에서 모두 우승시키며 트레블을 달성했다. 당시 나이는 불과 37세였다. 과르디올라는 현재까지 트레블을 달성한 가장 젊은 감독이다. 명장 알렉스 퍼거슨도 60대가 넘어서 트레블을 달성했고, 과르디올라의 가장 강력한 적수인 주제 무리뉴 레알 마드리드 감독도 40대 후반에야 이를 이뤘다. 축구 전문가들은 상당 기간 깨지기 힘든 기록이 될 것으로 보고 있다. 훌륭한 선수가 되거나 훌륭한 지도자가 되는 일 하나만도 힘든데, 불혹의 나이에 이 둘을 모두 달성한 비결은 무엇일까.

카탈루냐의 심장 FC 바르셀로나

과르디올라 리더십을 탐구하려면 FC 바르셀로나라는 팀이 갖는 의미부터 이해해야 한다. 흔히 '바르샤'라는 애칭으로 불리는 FC 바르셀로나는 단순한 축구팀이 아니라 스페인 카탈루냐 사람들의 존재 이유 그 자체다.

이는 스페인의 역사와 밀접한 관련이 있다. 스페인은 다민족, 다언어 국가다. 스페인에서는 표준어인 카스티야어 외에도 스페인 서북부와 프랑스 접경지대의 카탈루냐인, 포르투갈 국경 북쪽의 갈리시아인, 스페인 동북부와 프랑스 접경지대의 바스크인이 쓰는 언어가 모두 다르다. 특히 바르셀로나를 중심으로 한 카탈루냐 지방은 소수민족 인구가 가장 많은 지역이기에 마드리드를 중심으로 한 카스티야 지방과 팽팽한 긴장관계를 유지해왔다.

15세기 말 카스티야의 이사벨라 어윙은 카탈루냐를 비롯한 나머지 지방의 왕국을 모두 흡수하며 스페인의 전국 통일을 이뤘다. 하지만 각 지역의 문화, 전통, 풍습 등이 워낙 달랐던 탓에 이후 500년이 훨씬 지났건만 아직도 완전한 통합은 이뤄지지 않고 있다. 특히 스페인어와 다른 고유의 카탈루냐어를 쓰는 카탈루냐 사람들은 지금도 심심찮게 분리 독립을 요구하고 있다.

오래전부터 존재했던 카스티야와 카탈루냐 간 지역감정은 1920년부터 더욱 격해졌다. 당시 스페인의 독재자 미겔 프리모 데리베라 장군은 민족주의가 꽃을 피우던 카탈루냐를 억압하기 위해 FC 바르셀로나부터 탄압하기 시작했다. 그는 스페인 국가에 야유를 한 바르셀로나 관중의 행동을 빌미 삼아 FC 바르셀로나의 누캄프 경기장을 3개월 동안 폐쇄했다. 1936년 스페인 내전이 발발한 뒤에는 그 수위가 더욱 높아졌다. FC 바르셀로나라는 클럽 이름과 문양도 강제로 바뀌는 수모를 겪었다. 심지어 바르셀로나의 수뇰 회장은 내전 중에 프란시스코 프랑코 총통의 군대에 의해 살해됐다.

스페인 내전을 일으킨 후 국가원수에 오른 프랑코 총통은 레알 마드리드의 열렬한 팬이었다. 하지만 그의 레알 마드리드에 대한 사랑은 도가 지나쳤다. 1953년 당시 최고의 축구 선수로 군림했던 아르헨티나 출신 알프레도 디스테파노가 남미 리그를 평정하자, 레알 마드리드와 바르셀로나가 동시에 그의 영입에 뛰어들었다.

먼저 움직인 쪽은 바르셀로나였고 디스테파노도 바르셀로나 행을 원했다. 하지만 스페인 축구연맹은 이를 완강히 거부했다. 프랑코 총통의 입김이 알게 모르게 작용했기 때문이다. 결국 디스테파노를 얻은 레알 마드리드는 이후 챔피언스리그 5회 연속 우승이라는 금자탑을 세웠다. 하지만 억울하게 디스테파노를 뺏긴 FC 바르셀로나나 카탈루냐 사람들의 관점에서 보면 이는 사실상 도둑질이나 다름없는 일이었다.

이에 그렇지 않아도 라이벌 의식이 강했던 FC 바르셀로나와 레알 마드리드의 축구 경기는 일개 스포츠가 아니라 강한 라이벌 의식을 가진 카스티야와 카탈루냐 사람들의 자존심 싸움으로 비화했다. 두 팀의 경기가 영어의 '클래식(Classic)'을 의미하는 '엘 클라시코(El Clasico)' 더비로 불리는 것도 그 때문이다.

전설적인 스승에게 발탁되다

과르디올라가 왜 카탈루냐의 영웅이 됐을까. 쉽게 말해 그가 뼛속까지 FC 바르셀로나 사람이기 때문이다. 그는 카탈루냐에서 태어났고, FC 바르셀로나에서 선수 생활을 했으며, 그의 스승인 요한 크루이프 또한 FC 바르셀로나와 카탈루냐의 영웅이다. 떼려야 뗄 수 없는 관계인 셈이다.

과르디올라는 1971년 바르셀로나 근교의 시골 산트페드로에서 태어났다. 13세에 FC 바르셀로나의 청소년 팀에 몸담으며 축구와 인연을 맺은 그는 선수 시절의 대부분을 FC 바르셀로나에서 뛰었고, 은퇴하자마자 이 팀의 감독이 되어 바르샤(FC 바르셀로나의 애칭)와 카탈루냐의 아이콘이 됐다. FC 바르셀로나 청소년 팀에 있을 때 과르디올라는 FC 바르셀로나의 홈 구장 누 캄프에서 디에고 마라도나와 같은 전설적 선수들의 볼보이를 했다.

1990년 과르디올라는 네덜란드 출신의 축구 스타 요한 크루이프 감독에게 발탁됐다. 크루이프는 선수 각자가 자기 포지션을 지키며 플레이하는 게 아니라, 공격과 수비 구분 없이 전원이 공격하고 전원이 수비하는 획기적 전술, 즉 '토털 사커'의 창시자이자 FC 바르셀로나의 전설로 불린다.

1973~1974년 시즌 FC 바르셀로나에 입단한 크루이프는 당시 기자회견에서 "독재자 프랑코가 지원하는 레알 마드리드에서 뛰고 싶지 않기 때문에 FC 바르셀로나를 선택했다"고 말했다. 이 한마디로 그는 네덜란드 출신의 이방인에서 순식간에 카탈루냐의 영웅으로 떠올랐다. 실제로 카탈루냐를 사랑했던 크루이프는 아들의 이름에도 '요르디(Jordi)'라는 카탈루냐 식 이름을 붙여 애정을 과시했다.

선수로 입단하자마자 FC 바르셀로나를 우승으로 이끈 크루이프는 1988년 감독으로 팀에 돌아왔다. 그는 과르디올라를 비롯해 호마리우, 스토이치코프, 하지, 고이코에체아, 과르디올라 등이 크루이프의 지도 아래 새 역사를 썼다. 1991년부터 1994년까지 리그 연속 우승을 이룬 것을 포함해 크루이프는 총 11개의 우승컵을 바르셀로나 시민들에게 바쳤다.

이런 전설적인 스승에게 발탁된 과르디올라는 1군에 올라오자마자 수비형 미드필더로 뛰어난 기량을 선보였다. 그는 곧 팀의 리더로 등극했다. 당시 FC 바르셀로나에는 호마리우(브라질), 흐리스토 스토이치코프(불가리아) 등 외국인 스타가 즐비했다. 과르디올라는 주장으로서 이들을 잘 이끌어 스승의 스페인리그 4연패를 도왔다.

당시 과르디올라는 크루이프 감독으로부터 '짧은 패스를 통한 공의 소유와 압박으로 공간을 선점하는' FC 바르셀로나 식 공격 축구의 중요성을 배웠다. 감독이 된 후 이를 고스란히 팀 운용에 녹여냈다. 이는 현재 FC 바르셀로나 축구의 요체이자 스페인 국가대표팀의 요체이기도 하다.

서른이 된 2001년 과르디올라는 FC 바르셀로나를 떠났다. 외국의 주요 명문 팀은 모두 축구 선수로서의 전성기는 지났지만 남다른 리더십과 노련미를 지닌 그를 탐냈다. 그는 뉴캐슬 유나이티드, 맨체스터 유나이티드 FC, 웨스트햄 유나이티드 FC, 토트넘 홋스퍼 FC, 리버풀 FC, AC 밀란, 인테르 밀란 등의 구애를 받았다. 하지만 과르디올라는 브레시아 칼초를 거쳐 이탈리아의 명문팀 AS 로마에 입단했다.

그러나 이탈리아에서 그의 삶은 행복하지 못했다. 설상가상으로 스테로이드 양성 판정으로 넉 달간 출장 정지 처분까지 받았다. 결국 과르디올라는 유럽을 떠나 멕시코 클럽인 도라도스 데 시날로아의 선수가 됐다. 하지만 멕시코에서 뛴 지 6개월 만에 그의 팀은 성적 부진으로 1부 리그에서 2부 리그로 강등됐다. 과르디올라는 은퇴를 선언했다. 은퇴 선언 직후이자 스테로이드 양성 판정을 얻은 지 6년이 지난 2007년 10월 그는 약물 복용에 대해 무혐의 처분을 받았다.

FC 바르셀로나의 아이콘이 되다

과르디올라는 2007년 6월 21일 FC 바르셀로나의 2군인 B팀 감독으로 선임됐다. 그의 지도하에 FC 바르셀로나 B팀은 하위 리그에서 잇따라 우승하며 두각을 나타냈다. 기회는 곧 찾아왔다. 2008년 6월 FC 바르셀로나의 회장 후안 라포르타는 성적 부진에 시달리던 프랑크 레이카르트 감독을 해임하고 그를 감독으로 앉혔다.

당시 FC 바르셀로나에는 아프리카가 낳은 최고 공격수 사무엘 에투, 브라질의 축구 스타 호나우지뉴, 갓 성년이 된 리오넬 메시 등이 있었다. 하지만 에투는 종종 레이카르트 감독과 호나우지뉴와 갈등을 빚었고 팀의 성적은 좋지 않았다. 2007~2008년 시즌에 바르셀로나는 스페인리그 3위에 오르는 FC 바르셀로나답지 않은 성적을 냈다. 특히 라이벌 레알 마드리드와 '엘 클라시코'에서 무려 1대 4로 대패했다. 대패 후 바로 다음 날 라포르타 회장은 레이카르트 감독을 경질하고 과르디올라를 호명했다. 그의 나이는 불과 37세였다.

당시 많은 사람이 라포르타 회장의 이 결정에 의문을 보냈다. 아무리 선수 시절 화려한 경력을 가졌다지만 감독 과르디올라의 경력은 보잘것없었다. 1군 팀 감독은 아예 맡아본 적도 없고 2군 팀 감독도 고작 1년이 전부였다. "이런 햇병아리를 최고 명문구단 FC 바르셀로나의 감독으로 임명하다니 제정신이냐"며 스페인 언론과 축구계가 뒤집혔다. 하지만 라포르타 회장은 "과르디올라야말로 FC 바르셀로나의 정신과 전통을 계승할 수 있는 최적의 인물"이라며 "그가 FC 바르셀로나의 영광을 되찾아줄 것"이라고 자신만만했다.

라포르타 회장의 결정은 옳았다. 과르디올라는 1군 지휘봉을 잡자마자 충격적인 트레이드를 단행하며 팀의 대대적인 개혁을 주도했다. 그는 당시 FC 바르셀로나의 최고 스타 선수였던 호나우지뉴(브라질)를 이탈리아의 AC 밀란으로 보내버렸다. 대신 사비 에르난데스, 안드레스 이니에스타 등 팀플레이에 능한 선수들을 중심으로 팀을 재편했다. 메시 1명만으로도 어지간한 스타 선수 10명과 맞먹는 기량을 지니고 있지만 과르디올라는 늘 "나는 1명의 리오넬 메시보다 10명의 패스 마스터를 원한다"고 FC 바르셀로나 선수들을 다그쳤다.

과르디올라는 공격 점유율의 극대화를 팀의 최우선 과제로 선택했다. 사람이 공보다 빠를 수 없지만 그는 짧고 간결한 패스를 통해 공보다 선수가 빠른 축구팀을 만들어냈다. 공을 갖지 않은 선수 또한 흡사 새도복싱(shadow boxing)을 하듯 부지런히 좌우 공간으로 움직임으로써 결과적으로 공보다 선수도 빨라지고, 상대 팀의 수비도 흔들어놓았기 때문이다. 핵심 공격수 다비드 비야, 미드필더인 리오넬 메시, 안드레스 이니에스타, 사비 에르난데스, 수비수 카를레스 푸욜까지 모두가 이 극단적인 공격 점유율과 선수 간 유기적 호흡을 중시하는 축구를 그라운드에서 실천했다.

선수 시절 크루이프의 수제자였던 과르디올라는 감독이 된 후에도 크루이프의 가르침을 충실히 이행했다. 그의 밑에서 선수로 화려한 시절을 보낸 과르디올라가 크루이프의 패스 철학을 이어받아 다시 '크루이프의 시대'를 연 셈이다.

결과도 눈부셨다. 과르디올라는 부임 첫해에 '라이벌' 레알 마드리드에 빼앗긴 스페인리그 우승컵을 3년 만에 찾아왔고, 여세를 몰아 트레블까지 달성했다. 이후에도 FC 바르셀로나는 3년 동안 스페인 프리메라리가 3연패를 비롯해 총 10개의 트로피를 모았다. 초조해진 레알 마드리드는 역시 트레블을 달성한 명장인 주제 무리뉴를 인터밀란에서 데려왔지만 천하의 무리뉴 역시 아직 FC 바르셀로나의 최근 성과를 능가하는 결과물을 내놓지 못했다.

2010년 월드컵 우승으로 천하제패

과르디올라의 FC 바르셀로나 축구가 명실상부한 세계 최고로 떠오른 건 2010년 남아프리카공화국에서 열린 월드컵 때다. 스페인 축구대표팀은 '무적함대'라는 별명에 걸맞지 않게 월드컵에서 두드러진 성적을 거두지 못했다. 2010년 이전 스페인 대표팀이 거둔 가장 좋은 성적은 1950년 브라질 월드컵 당시의 4위가 고작이었다. 유럽 3대 빅 리그로 불리는 프리메라리가를 보유하고 있다는 점, 나머지 빅 리그를 보유한 이탈리아, 독일, 영국은 물론 프랑스도 우승컵을 들어 올렸다는 점을 감안할 때 스페인이 번번이 우승 문턱에서 좌절한 것을 이해할 수 없다는 평가가 많았다.

여기에는 많은 이유가 있지만 역시 뿌리 깊은 지역 갈등이 가장 컸다. 강한 라이벌 의식을 가진 레알 마드리드와 FC 바르셀로나 선수들은 스페인 대표팀에서 좀처럼 하나가 되지 못했다. 특히 레알 마드리드 선수 위주로 대표팀이 구성됐을 때 잡음이 많았다. 쟁쟁한 명장들도 이 모래알 대표팀을 끈끈한 팀으로 바꿔놓지 못했다.

하지만 2010년 월드컵에서는 사정이 달라졌다. 비센테 델 보스케 감독이 지휘했던 스페인 대표팀은 과르디올라 휘하의 FC 바르셀로나 멤버들을 대거 대표팀 주전으로 발탁했다. 2010년 스페인 축구대표팀의 주전인 베스트 일레븐 중 FC 바르셀로나 소속 선수는 무려 7명에 달했다. 중앙 미드필더인 사비 에르난데스와 세르히오 부스케츠, 좌우 날개(윙)를 맡은 안드레스 이니에스타와 페드로 로드리게즈, 베테랑 수비수 카를레스 푸욜과 중앙 수비수 헤라르드 피케, 원톱 공격수 다비드 비야가 그

주인공이다.

반면 레알 마드리드는 골키퍼 이케르 카시야스, 중앙 미드필더 사비 알론소, 오른쪽 풀백 세르히오 라모스 등 3명에 불과했다. 왼쪽 풀백 호안 캅데빌라는 비야 레알 소속이었다. FC 바르셀로나의 간판스타 리오넬 메시가 모국인 아르헨티나 대표팀 선수로 출전했다는 점을 감안하면 사실상 바르셀로나 주축 선수를 대표팀에 옮겨놓은 모양새였다.

델 보스케 감독은 바르셀로나 멤버들을 주축으로 한 빠르고 정교한 패스워크 전술을 잘 활용했고 결국 꿈에 그리던 사상 첫 월드컵 제패를 이뤄냈다. 뿌리 깊은 지역감정의 갈등을 넘어 바르셀로나 중심으로 재편한 무적함대가 이뤄낸 성과였다.

과르디올라 리더십의 키워드

팀워크와 조직력은 기업 경쟁력의 핵심이다

FC 바르셀로나가 세계 최고의 축구팀이 된 가장 큰 이유는 주축 선수들이 유아 때부터 한솥밥을 먹었다는 점이다. 과르디올라 본인도 그랬지만 현재 FC 바르셀로나의 핵심 멤버인 메시, 에르난데스, 이니에스타, 발데스, 피케, 세스크, 부스케츠, 페드로 등은 모두 바르셀로나 유소년 팀 출신이다. 코흘리개 시절부터 한 팀에서 뛰어온 이들은 설사 동료가 자신의 시야에서 벗어난 위치에 있어도 성공률 90퍼센트에 육박하는 감각적인 패스를 자랑한다. 그만큼 오랫동안 호흡을 맞춰왔고, 서로 잘 알기 때문이다.

맨체스터 유나이티드나 레알 마드리드가 FC 바르셀로나만 만나면 작아지는 이유도 여기에 있다. 조직력과 팀워크가 FC 바르셀로나보다 약하기 때문이다. 많은 전문가는 웨인 루니, 마이클 캐릭, 루이스 나니, 안토니오 발렌시아 등이 다함께 맨체스터 유나이티드의 유소년 아카데미 출신이었다면 맨유가 두 번이나 챔피언스리그 결승전에서 FC 바르셀로나에 허망하게 패배하지는 않았을 것이라고 평가한다. 아무리 퍼거슨이라는 천하의 명장이 있다 해도 몇 년마다 주축 선수가 바뀌는 팀과 어릴 때부터 손발을 맞춰온 선수들이 뛰는 팀의 팀워크는 다를 수밖에 없다.

FC 바르셀로나의 선수들은 오랫동안 반복 훈련을 통해 팀 전체가 한 몸처럼 유기적으로 움직일 수 있는 팀워크를 다져왔다. 리오넬 메시가 현재 세계 축구계를 호령하고 있지만 사비와 이니에스타가 없다면 메시의 공격력과 득점력은 배가되지 않는다. 메시는 FC 바르셀로나만의 팀워크라는 탄탄한 골격 위에 서서 마침표만 찍을 뿐이다. 즉 수백억 원을 들여 영입한 스타보다 중요한 것은 스타를 받칠 수 있는 건실한 시스템, 즉 팀워크다.

또한 FC 바르셀로나 선수들은 자신들이 카탈루냐의 자부심이라는 철학도 공유하고 있다. 스페인에 억압받았던 카탈루냐 출신의 세계적인 선수들은 오로지 자신의 지역을 빛내기 위해 뭉쳤다. 천문학적인 몸값을 제시하는 다른 나라 명문 구단의 유혹을 뿌리치고 수년째 바르셀로나를 지키는 선수들이 많은 이유이자 과르디올라 감독이 "우리는 똑같은 DNA를 지닌 진정한 하나의 팀"이라고 자부하는 이유다.

FC 바르셀로나는 1899년 창립 때부터 2010년 터키항공과 스폰서 계약을 맺기 전까지 무려 100년이 넘는 동안 선수들의 유니폼에 스폰서 회사의 로고를 붙이는 것을 거부해온 축구단으로도 유명하다. 특히 2006년 7월에는 천문학적 비용을 댈 용의가 있는 세계적인 대기업들 대신 유니세프(UNICEF)와 5년 계약을 맺어 세계 축구계를 놀라게 했다. 움직이는 광고판이나 다름없는 선수들의 유니폼 상의에 유니세프의 로고를 새기는 조건으로 FC 바르셀로나는 단 한 푼의 돈도 받지 않았다. 오히려 축구단 연간 수입의 0.7퍼센트인 약 1,900만 달러라는 엄청난 돈을 유니세프에 기부해왔다. 정치, 이권, 사리사욕이 판을 치는 프로축구계에서 찾아보기 어려운 결단이었다.

카탈루냐에 대한 자긍심, 다른 프로 구단처럼 단지 돈에 의해 움직이지 않는다는 자부심은 FC 바르셀로나 선수단만이 가질 수 있는 긍지다. 이는 메시처럼 굳이 카탈루냐 출신 선수가 아니라 그 어느 지역에서 온 선수라 해도 FC 바르셀로나라는 토양에 잘 스며들도록 하는 원동력이 되고 있다.

기업도 마찬가지다. 아무리 각 분야의 최고 전문가를 엄청난 몸값에 모셔온다 해도 그 인재들이 해당 기업의 설립 철학을 이해하지 못하고, 팀워크를 중시하지 않는다면 성과가 날 리 만무하다. FC 바르셀로나는 단순히 팀워크만 강조하는 게 아니다. 유소년 팀에 연간 1,500만 유로라는 엄청난 돈을 투자해 세계 각지의 축구 유망주를 모으고, 이들에게 FC 바르셀로나의 DNA를 이식한다. 크루이프가 창시하고 과르디올라가 완성한 FC 바르셀로나식 축구를 유소년 시절부터 깊이 주입하기 위해서다.

선수단은 내 가족이다

과르디올라는 감독이 되자마자 팀 분위기를 흐리던 호나우지뉴, 데쿠, 사무엘 에투 등을 과감히 내보내고 FC 바르셀로나 청소년 팀 출신의 젊은 선수 위주로 팀을 재편했다. 당시 21명의 FC 바르셀로나 1군 선수 중 절반이 넘는 11명이 청소년 팀 출신이었다.

과르디올라 감독은 스타 선수들에게 "너희는 경쟁자가 아닌 한가족"이라고 강조한다. FC 바르셀로나가 레알 마드리드나 맨유 등 쟁쟁한 경쟁 팀을 꺾는 일을 '우리 가족이 다른 가족을 이기는 것'에 비유한다. 과르디올라는 알렉스 퍼거슨 맨유 감독처럼 강력한 카리스마로 팀을 휘어잡는 절대 권력형 감독이 아니다. 나이 마흔도 안 된 그가 카리스마를 내세우기도 어렵겠지만, 그는 FC 바르셀로나라는 팀에는 강력한 카리스마보다 여러 스타를 하나로 뭉치게 하는 게 훨씬 중요하다는 점을 잘 알고 있다.

FC 바르셀로나는 많은 스타 선수가 모여 있지만 선수 간의 갈등이 없는 팀으로도 유명하다. 사비나 이니에스타 등은 최고의 선수로 불릴 능력을 갖췄지만 메시에게 늘 그 자리를 양보하고 있다. 하지만 누구도 메시를 질투하거나 시기하지 않는다.

메시도 마찬가지다. 메시는 13세 때 FC 바르셀로나 유소년 팀에 뽑혔다. 당시 FC 바르셀로나는 신장이 136센티미터에 불과한 이 작은 소년과의 계약을 망설였다. 초조해하는 메시와 메시의 부모에게 당시 FC 바르셀로나 유소년 팀 감독은 "내가 책임지고 경영진을 설득하겠다"며 점심을 먹다 말고 냅킨 위에 계약서를 썼다. FC 바르셀로나는 이후 엄청난 금액을 투자해 메시에게 매일 성장호르몬 주사를 투여하는 등 그를 보살폈다. 즉 그를 낳은 사람은 그의 부모지만 현재 세계의 축구 황제인 메시를 키운 양부모는 FC 바르셀로나다. 메시가 기회 있을 때마다 "다른 구단에서 아무리 많은 돈을 준다 해도 나는 FC 바르셀로나를 떠날 생각이 조금도 없다"고 공언하는 이유다.

일각에서는 과르디올라의 성공을 스타 선수를 보유한 덕이라고 폄하하기도 한다. 하지만 아무리 많은 스타 선수를 보유했다 해도 이들을 하나로 뭉치게 하는 능력은 아무 지도자에게나 나오지 않는다. 과르디올라 이전에 FC 바르셀로나를 맡았던 프랑크 레이카르트 감독 휘하에도 현재의 메시, 사비, 이니에스타에 맞먹는 스타 선수가 많았지만 레이카르트 감독은 이 좋은 선수단을 가지고도 초라한 성적을 내고 해임됐다.

즉 37세에 부임한 초짜 감독이 부임 3년 만에 무려 10개의 우승 트로피를 차지하며 FC 바르셀로나를 최고의 축구 구단으로 만든 건 결코 스타 선수들만의 힘으로 가능한 일이 아니다. 스타 선수들에게 올바른 동기를 부여하고, 이들 개개인의 역량을 모아 최선의 시너지를 낼 줄 아는 과르디올라만의 지도력이 있었기에 가능한 일이다. 과르디올라가 선수들을 훈련할 때도 개개인의 기량 향상보다는 선수들 간의 유기적 조화와 협력을 중시하는 쪽으로 훈련 계획을 짜는 이유두 바로 여기에 있다.

"경쟁에서 이기려면 무엇이든 바꿔야 한다.
아무것도 바꾸지 않는 일이야말로
실패로 직행하는 방법이다."

토니 라루사 전 세인트루이스 카디널스 감독

1944년 미국 플로리다 주 템파 출생. 세인트루이스 카디널스를 이끌어
메이저리그 월드시리즈 2회 우승 달성.
현대 야구에서 보편화한 '선발-중간계투-마무리'라는 투수 운영방식을 정립해 '라루사이즘'이라는
신조어를 만들어냈다. 1이닝 마무리를 필두로 한 불펜투수 분업화는 1920년 '몸에 맞는 볼'
도입과 1960년대 마운드 높이 조정 이후 메이저리그의 혁신을 단행한 일대 사건으로 불린다.

상식을 파괴하라

"법조인이 되는 것보다 버스를 타고 마이너리그를 돌아다니는 것이 더 낫다고 생각했습니다. 그게 바로 제가 야구 감독이 된 이유입니다." 이 말과 함께 재판정 대신 더그아웃을 택한 한 청년은 40년 후 메이저리그 최고의 감독으로 변신한다. 바로 토니 라루사 전 세인트루이스 카디널스 감독이다.

라루사 감독이 메이저리그 역사에 남긴 발자취는 엄청나다. 그는 1979년 시카고 화이트삭스 감독(1979~1986)을 시작으로 오클랜드 애슬레틱스(1986~1995)를 거쳐 1996년부터 세인트루이스 카디널스 감독을 맡아왔다. 그의 통산 승수는 무려 2,728승이다. 메이저리그 역사상 그보다 더 많은 승수를 거둔 감독은 코니 맥(3,731승)과 존 맥그로(2,763승)에 불과하며 현역 감독 중에서는 압도적으로 1위다.

라루사는 1989년 아메리칸리그에 속한 오클랜드 애슬레틱스에서 첫 월드시리즈 우승을 맛본 후 내셔널리그에 속한 세인트루이스 카디널스에서도 2006년과 2011년 월드시리즈 정상을 밟았다. 메이저리그 역사상 양대 리그에서 모두 월드시리즈 우승을 맛본 감독은 스파키 앤더슨(신시내티, 디트로이트)과 라루사 단 2명뿐이다. 그는 네 차례나 '올해의 감독상'을 수상하기도 했다. 라루사 감독의 전략적인 팀 운영은 1990년대 초반 그의 이름을 딴 야구 컴퓨터 게임의 소재가 되기도 했다. 2005년에는 라루사이즘으로 대표되는 그의 전술이 '8월의 사흘 밤'이라는 책으로 출간돼 베스트셀러에 올랐다. 이 책은 그 이듬해 영화로도 제작됐다.

특히 2011년 라루사가 발휘한 리더십은 그가 왜 메이저리그 최고 명장인지를 잘 보여준다. 세인트루이스 카디널스는 8월 말까지만 해도 월드시리즈 진출이 불가능해 보였다. 내셔널리그 1위는커녕 디비전 결승에 진출할 수 있는 와일드카드 1위 팀에도 무려 10.5경기로 뒤지고 있었다. 하지만 이후 31경기에서 23승 8패라는 엄청난 승률을 올려 정규시즌 마지막 날 극적으로 포스트시즌에 진출했다.

포스트시즌에서도 승승장구를 이어갔다. 내셔널리그 디비전 결승에서는 강력한 우승 후보였던 필라델피아 필리스를 꺾었다. 월드시리즈에서는 2승 3패로 몰린 상황에서도 텍사스 레인저스와의 월드시리즈 6차전에서 극적인 역전 드라마를 쓰면서 우승을 차지했다.

세인트루이스 카디널스의 월드시리즈 우승을 이끈 라루사 감독은 2011년 11월 1일 33년간의 메이저리그 감독 인생에 마침표를 찍었다. 이날 그는 보도자료를 통해 "카디널스의 변화를 위해 내가 물러나는 것이 바람직하다"라며 감독 은퇴를 선언했다. 라루사 감독은 메이저리그 역대 감독 중에서 감독 승수 3위 외에도 포스트시즌 70승(역대 2위), 통산

5,097경기(역대 2위), 통산 최다패(역대 2위), 감독 33년(역대 동률 2위), 2,728승(역대 3위), 14번째 플레이오프 진출(역대 3위), 3번째 월드시리즈 타이틀(역대 동률 6위)이라는 전무후무한 기록을 남겼다.

라루사 감독이 명장인 이유는 단지 뛰어난 성적 때문만은 아니다. 라루사는 현대 야구의 패러다임을 바꾼 개척자이자 혁명가였다. '라루사이즘'으로 불린 그의 불펜 운용은 이후 다른 구단들이 뒤를 따르면서, 현대 야구의 표준으로 굳어졌다. 라루사로부터 시작된 1이닝 마무리와 좌타자 전용 투수, 즉 좌완 원포인트 릴리프는 '쓸모없는 투수'들의 생명을 연장시켰고, 불펜 투수들의 처우를 개선했다. 또한 야구를 더욱 복잡하고 치열한 두뇌싸움으로 만들어놓았다.

변호사 출신 감독

이탈리아와 스페인 혈통을 지닌 라루사 감독은 1944년 미국 플로리다 주 탬파에서 태어났다. 'La Russa'라는 그의 성은 이탈리아어로 '러시아 사람(The Russian)'을 뜻한다. 라루사는 스페인어를 유창하게 구사하는 감독으로도 유명하다. 스페인어에 대한 재능은 메이저리그 야구 감독이라는 그의 커리어에 크게 공헌했다. 메이저리그의 많은 선수가 중남미 출신이기 때문이다. 중남미 선수들과 자유로운 대화가 가능할수록 감독이 펼칠 수 있는 작전과 운용 방안도 늘어나기 때문이다.

어릴 때부터 야구에 두각을 나타낸 라루사는 1963년 5월 오클랜드 애슬레틱스의 전신이 캔자스시티 애슬레틱스의 유격수로 메이저리그에 입성했다. 하지만 선수 라루사의 인생은 초라했다. 지독하게 따라다녔던 각종 부상 때문이었다. 결국 그는 서른이 되기도 전에 메이저리거의 삶을 접는다. 선수로서 통산 132경기에 출장한 그는 1할 9푼 9리의 타율에 15안타, 2루타 5개, 3루타 2개가 전부인 성적을 기록했다. 홈런은 단하나도 없었고, 타점도 7개에 불과했다. 초라하다는 말을 하기도 민망한성적이었다.

실망에 빠진 그는 은퇴 후 야구와 완전히 다른 길을 걸어갔다. 플로리다 주립대학교 법학대학원을 졸업한 라루사는 1980년 7월 플로리다 주변호사 시험에 합격했다. 하지만 그는 딱딱한 법정보다는 야구를 더 사랑했다. 법대 교수는 그의 결정을 간곡하게 말렸지만 그는 흔들리지 않았다. 라루사는 다시 야구인이 되기로 결심했다.

라루사는 1978년 시카고 화이트삭스 더블A 감독을 맡아 야구계에 복귀했다. 1979년 시즌 중도에 시카고 화이트삭스의 감독을 맡으며 메이저리그 감독이 됐다. 라루사는 1983년 시카고 화이트삭스를 지구 우승으로 이끌며 아메리칸리그 올해의 감독으로 선정됐다. 하지만 영광도 잠시였다. 1984년과 1985년 연이어 부진한 성적을 올린 그는 1986년 시즌도중 26승 38패를 끝으로 화이트삭스에서 해고 통보를 받았다.

라루사이즘의 정립

하지만 라루사는 불과 3주 만에 오클랜드 애슬레틱스의 감독으로 부임했다. 오클랜드 애슬레틱스에서 그는 자신의 트레이드마크인 '라루사이즘', 즉 투수 운영의 분업화 공식을 정립한다. 당시 오클랜드 애슬레틱스에는 '빅 맥' 마크 맥과이어, 호세 칸세코 등 강타자들이 즐비했다. 겉으로 보면 완전한 타격의 팀이었지만, 자세히 들여다보면 투수력을 바탕으로 하는 짜임새 있는 야구를 추구했다. 바로 라루사 덕분이었다.

타자들의 체격이 날이 갈수록 커지고, 기술 발달로 야구공의 반발력과 야구 배트의 성능이 좋아진 데다, 야구 분석 기술이 발달함에 따라 과거와 달리 한 투수가 9이닝이라는 한 경기 전체를 책임지는 일은 상상할 수 없게 됐다. 그럼에도 불구하고 많은 메이저리그 야구단은 불펜 투수들을 마구잡이식으로 운용했다.

불펜 투수는 야구 경기에서 처음 등장하는 선발투수를 제외한 모든 투수를 일컫는 말로 구원투수(릴리프)라고도 한다. 불펜진은 선발투수가 물러난 뒤 1~2이닝을 던지는 쇼트 릴리프, 3~4이닝을 던지는 롱 릴리프, 팀이 경기에서 이기고 있을 때 마지막 9회 1이닝을 책임지는 마무리, 중간 계투와 마무리를 잇는 셋업맨, 좌타자만 상대하는 좌완 스페셜리스트 등이 있다.

라루사는 오클랜드 애슬레틱스에서 세계 야구의 새로운 전기를 만들었다. 당시 오클랜드 애슬레틱스의 선발투수였던 데니스 에커슬리를 1이닝 마무리로 활용하겠다고 밝혔기 때문이다. 마무리 투수는 팀이 이기고 있는 8회나 9회에 승리를 지키기 위해 잠깐 등판하는 투수를 말한다. 하지만 라루사 이선에는 최고 구위를 가진 투수가 마무리로 활동하는 예가 드물었다. 훌륭한 투수일수록 매 경기 5~6이닝씩을 담당하는 선발투수로 활동해야지, 불과 1이닝만 책임진다는 것은 낭비라고 생각했기 때문이다.

하지만 라루사의 이 결정은 엄청난 성공을 거뒀다. 최고 구위를 가진 투수가 '뒷문'을 든든히 지킴에 따라 역전패의 가능성이 현저히 줄어들었기 때문이다. 선발투수로는 그리 두각을 나타내지 못했던 에커슬리는 1988년 메이저리그 역사상 최초로 50세이브를 달성한 투수가 됐다. 당시 에커슬리가 37세로 투수로는 환갑이라 해도 무방한 나이였음을 감안할 때 더욱 대단한 성적이다. 이 성공을 바탕으로 그는 마무리 투수로는 처음으로 메이저리그 명예의 전당에 입성했다. 에커슬리가 은퇴한 뒤 오클랜드 애슬레틱스 구단은 그의 등번호 43번을 영구 결번으로 지정했다.

2011년 한국 프로야구의 우승을 차지한 삼성 라이온즈 역시 오승환이라는 당대 최고의 마무리 투수를 바탕으로 5년 만에 우승을 차지한 바 있다. 라루사이즘이 세계 야구계에 얼마나 큰 영향을 끼쳤는지 알 수 있는 대목이다.

강한 투수력과 화력을 겸비한 오클랜드 애슬레틱스는 1988년부터 1990년까지 3년 연속 월드시리즈에 진출했다. 라루사는 1989년 처음으로 월드시리즈 우승 반지를 꼈다. 오클랜드 애슬레틱스에서의 성과는 그를 메이저리그의 최고 명장 반열에 올려놓은 결정적 계기였다. 1992년 그는 서부지구 우승과 더불어 올해의 감독상을 3번째로 수상했다. 하지만 오클랜드 애슬레틱스 말년 시절 그의 성적은 좋지 않았다. 라루사 식의 불펜진 운영에 대한 비난이 쏟아지는 가운데 오클랜드 애슬레틱스의 구단주도 바뀌었다. 결국 그는 1996년 세인트루이스 카디널스 감독으로 이적한다.

드라마 같은 우승, 드라마 같은 퇴장

세인트루이스 카디널스는 미국 메이저리그에서 뉴욕 양키스 다음으로 많은 우승을 차지한 팀이다. 100년이 넘는 메이저리그 역사 동안 두 자릿수 이상의 월드시리즈 우승을 차지한 팀은 양키스와 카디널스뿐이다. 하지만 1987년 이후 카디널스는 오랫동안 우승에 목말라 있었다. 과연 명장의 손길은 남달랐다. 라루사는 세인트루이스 카디널스 부임 첫해인 1996년 이 팀을 지구 우승팀으로 만들었다.

2006년에는 디트로이트 타이거스를 물리치고 16년 만에 월드시리즈 우승을 이끌었다. 포스트시즌 시작 전만 해도 카디널스 불펜은 허약 그 자체였다. 이에 라루사는 신예 애덤 웨인라이트를 마무리로 배치하는 결단을 내렸고, 웨인라이트의 커브는 수많은 강타자를 얼어붙게 만들었다. 마무리의 안정과 함께 세인트루이스의 다른 불펜 투수들까지 덩달아 힘을 내기 시작했다.

당시 세인트루이스 카디널스가 포스트시즌에 턱걸이로 겨우 진출했기에 여러 전문가는 세인트루이스가 월드시리즈에 올라가지도 못하고 디비전시리즈에서 탈락할 것이라고 예상했다. 하지만 세인트루이스 카디널스는 디비전시리즈에서 뉴욕 메츠를 7차전 승부 끝에 꺾었다. 디트로이트와 만난 월드시리즈에서도 예상을 깨고 5차전에서 끝내, 역대 정규시즌 최소 승수 월드시리즈 우승 팀이 됐다.

이때 세인트루이스 구단은 라루사 감독에게 선수 관리에 대해 전권을 위임했다. 그래서 선수들이 조금이라도 돌출 행동을 보여 라루사 감독 눈 밖에 나면, 그 선수는 거의 대부분 트레이드 대상이 됐다. 오클랜드 애슬레틱스 못지않은 그의 전성기가 다시 도래한 셈이다. 자신의 두 번째 월드시리즈 우승을 차지한 직후 라루사 감독은 세인트루이스의 10 번째 월드시리즈 우승을 자신보다 먼저 양대 리그 월드시리즈에서 모두 우승한 고 스파키 앤더슨 감독에게 헌정한다고 밝혔다.

세인트루이스 카디널스가 세 번째로 월드시리즈에서 우승한 2011년 역시 2006년의 행보와 비슷한 점이 많다. 시즌 초만 해도 야구 전문가들은 세인트루이스를 약체 팀으로 평가했다. 크리스 카펜터와 함께 팀의 주축을 맡았던 에이스 투수 애덤 웨인라이트가 팔꿈치에 토미존 서저리 수술을 받고 전력에서 이탈한 데다, 다른 팀과 달리 전력 보강도 거의 없었다. 시즌 개막 직전 스포츠 전문 케이블 방송 ESPN이 전문가들을 대상으로 실시한 투표에서 세인트루이스의 우승을 점친 전문가는 거의 없었다. 실제 8월 전까지 세인트루이스 카디널스의 성적은 리그 중하위권에 머물렀다.

하지만 여름 이후 사정이 달라졌다. 7월 말 세인트루이스는 그동안 팀내 최고 유망주였지만 라루사 감독 및 마크 맥과이어 타격코치와 줄곧 불화를 빚은 외야수 콜비 라스무스를 토론토 블루제이스로 보내버렸다. 대신 에드윈 잭슨, 옥타비오 도텔, 마크 렙친스키를 받는 트레이드를 단행했다. 팀 내 불화 요인이 사라지자 선수단에는 '뭐든 할 수 있다'는 분위기가 피어났다.

시즌 초 부진을 면치 못하던 강타자 알버트 푸홀스도 불방망이를 휘두르기 시작했다. 9월 초 밀워키 브루어스와의 대결에서 세인트루이스의 베테랑 투수 크리스 카펜터는 밀워키의 중견수 나이젤 모건과 신경전을 벌였다. 모건의 지나친 세리머니에 대해 불만을 가지고 있던 카펜터는 모건을 삼진으로 잡은 후 더그아웃으로 돌아가는 모건에게 한마디를 했다. 이에 모건이 발끈했고, 알버트 푸홀스가 카펜터 대신 나서 모건과 충돌했다.

경기가 끝난 후 모건은 자신의 트위터에 푸홀스를 여자 이름 '알베르타'라고 부르며 '세인트루이스는 포스트시즌에도 나가지 못하는 팀'이라고 조롱했다. 이는 세인트루이스 선수들의 승부욕에 불을 붙였다. 세인트루이스는 이어진 애틀랜타와의 3연전을 싹쓸이하는 것을 시작으로 12승 2패를 질주했다. 결국 정규시즌 마지막 날 극적으로 와일드카드를 따냈다.

하지만 세인트루이스가 가을 야구에서 훌륭한 성적을 거둘 거라고 보는 전문가는 거의 없었다. 디비전시리즈에서 만난 팀이 최강 선발진을 보유하고 있으며 메이저리그 최다승(102승)을 거둔 필라델피아 필리스였기 때문이다. 그러나 세인트루이스는 필라델피아를 순순히 꺾었고, 내셔널리그 챔피언십시리즈에서는 밀워키 브루어스도 이겼다.

월드시리즈에서 만난 팀은 2년 연속 월드시리즈 진출에 성공한 텍사스 레인저스였다. 월드시리즈가 시작되기 전 25명의 ESPN 전문가 중 세인트루이스의 우승을 점친 사람은 단 4명뿐이었다. 그만큼 텍사스의 전력은 탄탄했다. 결국 세인트루이스는 텍사스에 2승 3패로 밀리기 시작했다. 배수의 진을 치고 맞이한 6차전에서 세인트루이스는 경기 직전까지 7대 4로 지고 있었다. 월드시리즈 우승컵은 완전히 텍사스의 손으로 넘어간 듯 보였다.

그러나 세인트루이스는 월드시리즈 패배에 단 하나의 아웃을 남겨둔 상황에서 2번이나 동점을 만들어내면서 6차전을 이겼다. 그 여세를 몰아 7차전도 승리하며 월드시리즈 역사에 남을 대역전승을 만들어냈다. 전력이 약해 우승이 어렵다는 전문가들의 예상을 깼다는 점에서 세인트루이스의 이번 우승은 2006년과 대단히 흡사하다.

2011년의 월드시리즈 우승은 또한 라루사의 절묘한 투수 운용이 다시 한 번 빛난 경기이기도 했다. 그는 승부처에서 늘 빠른 투수교체를 단행했고 이는 대부분 절묘하게 맞아떨어졌다. 라루사 감독은 상대 타자가 느끼는 부담감, 책임감의 크기를 철저하게 계산한 불펜 운영을 했다. 그는 2011년 월드시리즈 7차전 동안 무려 31명의 불펜 투수를 투입했다. 경기당 평균 5명의 불펜 투수를 투입한 셈이다. 그의 존재를 세계 야구계에 다시 한 번 각인시킨 라루사는 월드시리즈 우승 사흘 후인 11월 1일 전격적으로 은퇴를 발표했다.

조력자를 잘 활용할 줄 알아야 진정한 리더다

라루사 감독의 성공의 절반은 현재 메이저리그 최고 투수코치 중 한 명으로 평가받는 데이브 던컨으로부터 나온다. 라루사와 던컨은 1983년부터 28년간 호흡을 맞추며 라루사이즘을 정립했다. 라루사 감독이 거둔 통산 2,235승 중 던컨 코치와 함께 이룬 것이 무려 1,997승이다. 즉 라루사이즘을 고안한 사람은 라루사지만 이를 실제로 선수들에게 접목한 사람은 바로 던컨 투수코치다. 라루사와 던컨은 1960년대 초 캔자스시티 애슬레틱스 마이너리그 팀에서 만났다. 유격수였던 라루사와 포수였던 던컨은 둘 다 선수로는 별다른 성과를 내지 못했다. 무명의 설움을 알았기에 둘은 더 가까워질 수 있었고, 메이저리거가 되는 꿈을 꾸며 친하게 지냈다.

라루사보다 먼저 지도자의 길을 걸었던 던컨은 투수코치로도 별 두각을 나타내지 못했다. 1982년 시애틀 매리너스의 투수코치로 재직했던 던컨은 연봉 인상 요구를 거절당하자 당시 시카고 화이트삭스 감독이던 라루사를 찾아가 자신을 써달라고 부탁했다. 다음 날 라루사는 당시 시애틀 매리너스의 르네 래치맨 감독에게 양해를 구했다. 시즌 중 다른 팀의 감독이나 코치를 영입하려면 반드시 신사협정을 거쳐 상대 팀의 동의를 구해야 하기 때문이다. 두 달 후 던컨은 시애틀 매리너스를 떠나 시카고 화이트삭스의 투수코치로 변신했다. 그 후 29년간 이 둘은 야구 시즌이면 단 하루도 떨어져본 적이 없다.

라루사와 던컨 코치는 별 볼일 없는 투수를 데려다 훌륭한 불펜 투수로 개조해 뛰어난 성과를 거뒀다. 앞서 언급한 데니스 에커슬리가 대표적이다. 또한 라루사-던컨 듀오는 라마르 호이트부터 크리스 카펜터까지 4명의 사이영상 수상자를 배출했다. 오클랜드 애슬레틱스와 세인트루이스 카디널스에서 각각 4차례나 리그에서 가장 낮은 팀 평균자책점을 합작하며 마운드 운용 능력을 뽐낸 바 있다.

라루사는 세 번의 월드시리즈 우승 직후 항상 그 공을 던컨에게 돌렸다. 그는 "던컨은 무엇인가를 이해하고 터득하는 데 항상 다른 사람보다 앞서갔다. 그것이 야구든 인생이든 마찬가지였다. 우리 투수진에 대한 모든 칭송은 100퍼센트 던컨의 공이다"라고 칭찬했다. 던컨 또한 감독 라루사에 대한 존경이 대단하다. 그는 "최종 결정은 항상 감독이 내려야 한다. 그는 한두 명의 선수가 아니라 팀원 전체가 뭉쳐야 승리할 수 있다는 것을 가장 잘 알고 있다. 선수단 전체의 능력을 이끌어내는 데 그 이상의 감독은 없다"고 강조한다.

심지어 던컨 투수코치는 휴스턴 애스트로스 등 여러 메이저리그 구단에서 감독직을 제의했음에도 불구하고 이를 거절했다. 라루사 밑에서 코치로 지내는 것이 더 좋다는 이유에서다.

고도의 분업화가 이뤄진 현대 야구에서 유능한 조력자가 없는 감독은 결코 성공할 수 없다. 야구단이라는 방대한 조직을 이끌려면 한 사람의 감독만 유능해선 안 되기 때문이다. 조직도 마찬가지다. 업무의 전문화, 분업화가 가속화된 현대 기업에서 훌륭한 리더는 조력자를 잘 활용할 줄 알아야 한다. 유능한 참모를 알아보고, 그의 능력을 100퍼센트 활용하는 일이야말로 훌륭한 리더가 되기 위한 첫 번째 조건이다.

리더는 상식 파괴자다

라루사 감독은 데이터를 기반으로 전략과 전술 운용에서 탁월한 재주를 보인 감독이다. 특히 투수와 타자 간의 상대 기록에 따라 선수를 달리 기용해 '메이저리그판 김성근'으로 불리기도 한다. 잦은 투수 교체와 한국식 벌떼야구 도입으로 큰 성과를 낸 김성근 감독과 비슷한 점이 많기 때문이다. 김성근 감독과 라루사는 놀랄 만큼 닮은 점이 많다.

하지만 라루사는 결코 데이터에만 얽매이지는 않았다. 데이터를 중시하지만 그는 자주 상식을 파괴했다. 그는 "승리하는 가장 좋은 방법은 무엇이든 바꾸는 것"이라고 입버릇처럼 말했다. 전력을 극대화하기 위해서라면 기존의 틀을 깨기를 주저하지 않고, 심지어 자신이 창시한 라루사이즘의 기초도 무시했다.

2011년 시즌 초반 마무리 투수 라이언 프랭클린이 무너지면서 세인트루이스 카디널스는 뒷문 불안으로 고전했다. 확실하게 마무리를 맡을 선수가 없는 상황에서 라루사가 꺼내 든 카드는 '집단 마무리'였다. 올 시즌 24세이브의 신예 페르난도 살라스를 비롯해 제이슨 모트, 에두아르도 산체스, 미첼 보그스 등이 경기 상황에 따라 번갈아가며 9회를 책임졌다. 이들은 때로는 8회부터 나와 종종 2이닝을 막기도 했다.

라루사는 때로는 '마무리 투수는 한 명이어야 한다' '마무리 투수는 9회에 나온다'는 자신이 만든 고정관념도 과감하게 파괴했다. 포스트시즌에서는 정규리그에서 마무리를 맡았던 페르난도 살라스와 '셋업맨' 제이슨 모트의 보직을 맞바꾸는 변칙 작전으로 철벽 계투진을 완성하면서 5년 만의 정상 탈환에 성공했다. 상식과 고정관념에 얽매이지 않는 리더 라루사의 성과였다.

시시각각 바뀌는 21세기 '초경쟁' 환경에서 기업이 살아남을 유일한 방법은 변회다. 과거의 성공을 고집하면 망할 때가 많다. 필름 분야에서 독보적인 세계 1위를 고수하던 코닥이 변화된 디지털 환경을 무시하고 필름에 집착하다 밀려났지만, 만년 2위이던 후지는 필름에서 이미지와 표면처리로 사업 영역을 전환해 살아남았다. 즉 현대 기업이 망하는 이유는 해당 기업의 약점 때문이 아니라 강점 때문일 때가 많다. 바로 '성공의 덫(success trap)'이다.

훌륭한 리더는 자신의 조직이 지닌 강점이 변화된 환경에서 유효한지 아닌지 끊임없이 의문을 제기할 줄 알아야 한다. 변화된 환경을 무시하고 기존의 강점만을 고수하면 '성공의 덫'에 빠지기 쉽다. 리더가 상식 파괴자가 되어야 하는 이유다.

"좋은 지도자는
건강한 조직 문화를 만드는 사람이다."

신치용 삼성화재 감독

1955년 경남 거제 출생. 한국 프로배구가 출범한 2005년 이후 7년간 5번 우승했고,
실업배구 시절에는 8번 연속 우승하며 77전승을 기록한 삼성화재를 17년간 이끌고 있다.
배구는 물론 전 종목을 통틀어 현역 프로감독 중 최장수 감독으로 군림하는 지도자다.
겉으로는 '곰'에 가까운 전형적인 무뚝뚝한 경상도 사나이지만
치밀한 계략과 철저한 준비로 '코트 위의 여우'라 불린다.

따라다니면 2등밖에 못한다

'나이는 숫자에 불과하다'지만 운동선수에게 나이는 넘기 힘든 벽이다. 골프, 야구, 마라톤과 같은 운동은 선수가 몸 관리만 잘하면 서른은 물론 마흔에도 얼마든지 현역 선수로 뛸 수 있다. 하지만 이 소수의 종목을 제외하면 대부분의 스포츠에서 서른 넘은 선수는 일반인의 나이로 환갑을 지났다는 평가를 받는다. 극심한 경쟁이 펼쳐지는 프로 스포츠에서 선수의 신체 반응 속도가 느려진다는 것은 곧 사형선고를 의미하기 때문이다.

특히 배구 선수의 생명은 유난히 짧다. 구기 종목 중 공중에서 움직이는 볼을 도구가 아니라 인체로 타격하는 유일한 운동이 배구이기 때문이다. 신체에 큰 부담을 주는 수직 상승 동작, 움직이는 볼을 때리기 위해 다양한 각도에서 힘을 주는 몸 동작, 관절에 무리가 가는 점프 후 착지 동작이 필수적이다 보니 다른 종목보다 신체에 미치는 부하가 클 수밖에 없다. 배구에서 노장 선수를 찾아보기 쉽지 않은 이유도 여기에 있다.

하지만 평균 연령이 만 30세가 훌쩍 넘고, 다른 팀 선수보다 평균 신장도 작은 주전 선수들을 이끌고 약 20년간 한국 배구의 정상을 지키는 사람이 있다. 바로 삼성화재 블루팡스의 신치용 감독이다. 삼성화재의 핵심 선수인 석진욱, 여오현은 서른이 아니라 아예 삼십대 중반이다. 2011년 1월 은퇴한 손재홍과 신선호도 마찬가지다. "환갑이 넘은 어르신이 많아 내가 조석으로 문안을 드려야 할 정도"라는 신 감독의 말은 단순한 농담이 아니다.

이런 노장 선수들을 이끌고 신 감독은 엄청난 성적을 냈다. 삼성화재 배구단이 창단된 1995년부터 무려 17년간 감독을 맡고 있는 그는 1997년부터 2004년까지 배구 슈퍼리그 8연패라는 어마어마한 기록을 냈다. 프로배구가 출범한 2005년 이후에는 V리그 7번 시즌 가운데 5회를 우승했다. 17년간 무려 13회를 우승한 셈이다. 삼성화재는 2011~2012년 시즌에도 정규리그 우승을 거뒀다.

오랜 기간 단 한 팀을 맡았고, 그 팀을 이끌며 압도적인 성적을 냈다는 점에서 많은 사람은 그를 한국의 '알렉스 퍼거슨'으로 부르기도 한다. 퍼거슨 감독은 26년간 잉글랜드 프리미어리그의 맨체스터 유나이티드를 이끌며 맨유를 세계 축구계의 정상 팀으로 만들었다.

신 감독에게는 많은 비판도 따라다닌다. 그가 가장 듣기 싫어하는 말은 '선수들 덕으로 우승한다'는 것이다. 삼성화재는 1990년대 후반~2000년대 초반에는 김세진, 신진식이라는 한국 배구계의 걸출한 스타들을 보유했다. 지금도 마찬가지다. 2009년 8월 영입한 외국인 선수 가빈 슈미트는 '삼성화재 배구는 가빈 몰빵 배구'라는 평까지 낳을 정도로 한국 배구계의 최고 스타였다. 물론 우승을 위해서는 좋은 선수가 필요하다. 하지만 좋은 선수만 있다고 누구나 우승을 할 수 있는 것은 결코 아니다. 선수단이 진정한 하나가 되었을 때만 우승이 가능하다. 당연히 이 부분은 감독의 몫이다.

신치용 감독은 "가빈이 절대로 홀로 잘해서 우승을 한 것이 아니다. 그동안 몰빵 배구를 했다고 많은 비판을 받았지만 팀원들의 신뢰와 믿음이 없었다면 결코 가빈이 지금과 같은 활약을 펼치지 못했을 것이다. 동료 중 누구도 가빈의 활약을 시기하지 않고 지원해준 점이 좋은 결과로 나타났다"고 강조한다.

17년간 최고를 유지한다는 것은 아무나 할 수 있는 일이 아니다. 신 감독은 과음하거나, 몸이 아프거나, 심지어 우승을 한 뒤에도 오전 7시에 정확히 체육관으로 출근한다. 퇴근할 때 선수들의 승용차 바퀴에 돌멩이를 괴어놓거나 출근 시에는 쓰레기통을 살피는 일도 다반사다. 선수들이 밤사이 운동을 게을리하고 외출했는지, 컵라면이나 인스턴트식품을 먹었는지 샅샅이 점검하기 위해서다. 훈련도 선수들의 입에서 단내가 날 정도로 시킨다. 스타라고 봐주는 법도 없다. 자연히 선수들은 이 지독한 '성실맨' 신 감독을 따르고 존경할 수밖에 없다.

삼성화재와의 운명적 만남

신치용 감독은 1955년 경남 거제 장승포에서 태어났다. 초등학교 6학년 때 부산 아미초등학교로 전학을 온 그는 특활시간에 배구공을 처음

접했다. 고향 거제도에서 넓은 바다를 보며 바다목장 경영을 꿈꿨던 그는 부산에 오기 전까지 배구가 뭔지도 잘 몰랐다. 하지만 큰 키와 좋은 신체조건을 지닌 그는 곧 두각을 나타냈고 부산의 배구 명문 성지공고로 진학했다.

언뜻 보면 가빈, 김세진, 신진식 등 화려한 공격수의 비중이 높은 듯 보이지만 실제로는 그물 수비, 탄탄한 조직력 등 수비수와 세터의 비중이 큰 '신치용식 배구'의 밑그림은 성지공고 시절 완성됐다. 신 감독은 아시아 최고 거포 강만수 전 KEPCO45(한국전력공사) 감독의 성지공고 1년 후배다. 당시 세터 신치용은 공격수 강만수가 전위에 있건 후위에 있건 무조건 강만수에게만 토스를 줬다. 강만수에게 볼을 줘야 확실하게 점수가 났기 때문이다. 그러자 다른 공격수 선배들의 불만이 폭발했다. 참지 못한 선배들은 경기 후 선수 신치용을 불러 심한 기합을 줬다.

하지만 그는 개의치 않았다. 신 감독은 "그때는 후위공격이란 개념조차 생소했다. 전위에 있던 선배들은 자기를 무시하고 강만수에게 볼을 주는 나를 크게 혼냈다. 그러나 나는 이후에도 똑같이 했다. 확률이 높은 쪽을 선택하는 게 세터의 첫 번째 임무이기 때문"이라고 회상한 바 있다. 삼성화재가 경기의 주요 승부처에서 무조건 가빈에게만 공을 몰아주는 이른바 '가빈 타임'으로 승리하는 방정식이 어디서 탄생했는지 알 수 있는 대목이다.

고교 시절에는 레프트 공격수, 대학에서는 세터와 센터를 맡았다. 대학 졸업 후 한국전력에서 뛸 때는 세터, 남자배구 대표팀에서는 세터와 레프트 공격수를 오갔다. 선수 시절 '컴퓨터 세터'로 이름을 날린 김호철

전 현대캐피탈 감독이 있을 때는 그가 레프트 공격수로 나섰고, 김 전 감독이 없을 때는 센터를 맡는 식이었다. 그 자신은 "어느 포지션도 제대로 한 게 없어서인지, 아니면 다재다능해서인지는 모르지만 아무튼 여러 포지션을 뛰었다"고 웃지만 선수 시절 다양한 포지션을 섭렵한 경험은 오히려 나중에 지도자 신치용의 성공에 큰 도움을 줬다.

신 감독은 삼성화재를 맡기 전까지 15년간 한국전력에서 코치로 활동했다. 한전 코치 시절 그는 스카우트 파문으로 갈 곳 없던 신영철 센터(현 대한항공 감독)를 영입해 명 센터로 조련했다. 신영철 센터가 활약했던 한전은 무명 팀에서 일약 상위권 팀으로 도약했고 신 감독 역시 남다른 지도력을 인정받았다.

1995년 삼성화재는 배구단을 창단하고 그에게 감독직을 제의했다. 하지만 그는 팀을 옮기기까지 많이 고민했다. 탄탄한 공기업 부장 자리를 내놓고 신생 팀으로 가는 모험을 감행한 이유는 단 하나. 이기고 싶었기 때문이다. 한전 시절 현대자동차서비스(현 현대캐피탈)·고려증권(해체) 등에 종종 졌던 그는 "지겹게 져봤기에 새로운 팀에서 과거의 강팀을 이기는 배구를 펼치고 싶다"고 말하며 삼성을 택했다.

선택은 대성공이었다. 그는 창단 2년 만에 팀을 우승시켰고 이후에도 밥 먹듯 우승을 거듭했다. 여기에는 삼성 구단의 전폭적인 지원도 한몫했다. 창단 직후 당시 '월드스타'로 이름을 날리던 김세진을 영입한 삼성화재는 1997년 한국 최고의 레프트 공격수인 신진식도 품에 안았다. 둘은 단순히 삼성화재라는 한 팀의 좌우 공격수가 아니라 국가대표팀의 좌우 쌍포였다. 둘을 다 보유한 삼성화재가 남자 실업배구를 석권하는 건 당연지사였다. 삼성화재는 이에 그치지 않고 1999년에도 당시 대학 최고 스타인 장병철, 최태웅, 석진욱, 명중재를 모두 품에 안았다.

엄청난 훈련으로 77전승의 신화를 쌓다

삼성화재의 선수 싹쓸이에 대해 비판이 많았던 것도 사실이다. 하지만 신 감독의 진가는 오히려 이때부터 발휘됐다. 조직력을 중시한 그는 스타 선수들에게 엄청난 훈련을 강요했다. 단순히 매일 정해진 훈련 프로그램을 소화하는 정도가 아니라 가령 달리기를 한다면 매일같이 선수 개개인이 자신의 기록을 갱신해나가야만 훈련을 끝내는 식이었다.

전술 훈련도 마찬가지였다. 많은 사람이 호쾌한 스파이크 등을 보기 위해 배구장을 찾지만 신 감독은 경기가 있건 없건 선수들에게 개인기 위주의 공격이 아니라 수비나 기본기에 바탕을 둔 훈련을 시켰다. 특히 서브리시브 훈련을 하루도 거르지 않았다. 선수들로부터 "너무 고되다"는 푸념을 자주 듣곤 했다. 선수와 부모 간의 만남도 극도로 제한해 선수 부모나 배우자들이 "여기가 군대냐"며 항의할 정도였다.

신치용 감독 휘하에서 삼성화재의 전성기를 이끌었던 신진식 현 홍익대 감독은 "밖에서는 멤버가 좋아서 삼성화재가 우승했다고 하지만 정말 토할 정도로 열심히 연습했다. 이렇게 열심히 연습하는데 실전에서 지면 너무 억울하다는 생각만 들 정도로 열심히 했다. 그렇게 1승이 쌓이고 쌓여서 77연승이 됐다. 배구 인생 최고의 기억"이라고 당시를 떠올린다. 덕분에 삼성화재는 2002년 시즌에는 시즌의 55경기를 전승했고 이를 77연승까지 확장했다. 아무리 다른 팀보다 우수한 전력을 보유했다

해도 77연승을 달성하기란 쉬운 일이 아니다.

신 감독은 2009년 5월 필자와의 인터뷰에서 "창단 때부터 17년간 팀을 맡다 보니 다른 사람이 그린 그림에 덧칠을 하는 게 아니라 백지에 내가 그리고 싶은 그림을 그릴 수 있었다. 남이 그린 그림을 넘겨받았다면 내가 원하는 조직 문화를 심기가 어려웠을 것"이라고 자평했다. 창단 후 3년간 틀을 다져놓은 게 지금껏 흐름을 유지하는 비결이라고도 덧붙였다.

아무런 성과를 보여주지 못한 신생 팀의 초짜 감독이 스타 선수들을 데려다 혹독한 훈련을 시킨다면 이를 고분고분 따를 선수가 몇이나 될까. 하지만 그는 자신의 소신을 굽히지 않았고 성적으로 이를 입증하며 결국 선수들의 마음을 얻어냈다.

인터뷰 당시 그는 "김응용 한화 이글스 감독이 해태 타이거즈 감독으로 재직하던 시절 18년간 같은 팀의 감독을 맡아 국내 스포츠 지도자 중 단일 팀의 최장수 수장(首長) 기록을 갖고 있다. 내가 그 기록을 깨고 싶다"고 말한 바 있다. 현재대로라면 그가 이 기록을 깨는 건 아무런 문제가 없어 보인다.

노장들과 함께 새로운 전설을 이뤄내다

영원히 끝나지 않을 것 같던 삼성화재의 독주는 프로배구 출범 후 잠시 제동이 걸렸다. 프로배구가 출범한 첫해에는 우승에 성공했지만 2006년과 2007년 김세진과 신진식이 각각 삼성화재 유니폼을 벗고 주전 선수들의 나이가 많아지면서 자연스레 전력이 하락한 것. 이 와중에 최대 라이벌 현대캐피탈은 김호철 감독 취임 후 2005~2006년 시즌, 2006~2007년 시즌 우승을 차지하기도 했다.

하지만 신 감독은 이에 굴하지 않고 노장 선수들을 잘 다독여 2007~2008년 시즌부터 2010~2011년 시즌까지 내리 4연속 우승에 성공했다. 이 중 그의 지략이 특히 빛난 해는 2008~2009년 시즌과 2010~2011년 시즌이다. 2008~2009년 시즌이 개막할 무렵, 삼성화재의 우승을 점친 사람은 거의 없었다. 우승은커녕 챔피언 결정전에도 오르기 어렵다는 비관적인 전망까지 나왔다. 주전 선수들이 줄부상을 당했기 때문이다. 1라운드에서는 약체로 평가받던 KEPCO와 상무를 제외한 나머지 프로 팀에 연패를 당하기도 했다.

신 감독은 2라운드를 앞두고 선수단과 함께 계룡산에 올라 이렇게 다독였다. "너희가 나이가 많은 건 나도 알고, 너희도 알고, 세상이 다 안다. 지금 와서 너희들의 실력이 더 늘지도 않을 거고, 새 선수를 영입할 수도 없다. 결국 우리끼리 팀워크를 발휘하는 방법밖에 없다. 결과가 나쁘면 어쩔 수 없지만 노력도 해보기 전에 나이 많고 키 작다고 우리끼리 변명하지는 말자. 배구도 결국 사람이 하는 일인데 우리끼리 합심해 못할 일이 뭐가 있겠느냐." 1라운드 때만 해도 선수단 내부에 알게 모르게 "이 전력으로 우리가 어떻게 또 우승을…"이라는 자조적인 분위기가 퍼져 있었지만 이 분위기는 곧 반전됐다.

2010~2011년 시즌은 사정이 더 나빴다. 창단 후 처음으로 두 차례나 3연패를 당하는 등 한때 최하위인 7위까지 처졌다. 우승은커녕 플레이오프 진출도 힘들어 보였지만 가빈의 몰아치기로 대역전극을 펼치며 준

플레이오프, 플레이오프를 잇달아 통과했다. 그럼에도 불구하고 우승은 힘들어 보였다. 챔피언결정전에서 맞붙은 대한항공은 프로 출범 이후 처음으로 정규리그 우승을 차지하고 챔피언결정전에 직행해 선수단의 사기는 최고조에 달했고 체력 소모도 적었다.

이에 7전 4선승제의 챔피언결정전이 열리기 전에는 누구나 대한항공의 낙승을 점쳤다. 대한항공이 정규시즌 전적에서도 4승 1패로 삼성화재를 앞선 데다 노장 선수들로 구성된 삼성화재가 준플레이오프, 플레이오프를 거치면서 체력을 방전한 반면 대한항공은 20일 이상 쉬었기 때문이다. 하지만 삼성화재는 이 예상을 깨고 보란 듯이 4연승을 기록하며 4연패를 달성했다.

그 비결은 뭘까. 패넌트레이스와 단기전은 성격이 다르다. 단기전은 무조건 경기 내용보다 결과가 중요한 만큼 '승리 방정식'을 최대한 활용해야만 이길 수 있다. 이 점에서 삼성화재는 확실한 무기를 보유했다. 신 감독 특유의 용병술, 오랫동안 우승하면서 다진 끈끈한 팀 조직력, 해결사 가빈 등이다.

특히 신 감독의 지략이 빛났다. 그는 향수병에 걸린 가빈에게 특별 휴가를 줬고, 나머지 선수들에게는 호된 훈련과 질책을 병행하는 심리전을 고루 활용했다. 경기가 의도대로 풀리지 않으면 작전타임과 비디오 판독 요청 등으로 상대의 흐름을 끊었다. 에이스 가빈을 활용한 공격은 상대 팀으로 하여금 "알고도 막을 수 없다"는 탄식을 자아냈다. 결국 신 감독의 의도대로 삼성화재는 다시 정상을 밟았다.

공과 사를 엄격히 구분하라

읍참마속(泣斬馬謖). 삼국지의 제갈공명이 눈물을 흘리며 아끼는 장수 마속의 목을 베었다는 고사성어다. 마속은 가정(街亭) 싸움에서 제갈공명의 지시를 따르지 않고 산꼭대기에 진영을 세우는 바람에 대패했다. 제 갈공명은 군율에 따라 마속을 처형했다. 조직의 기강과 질서를 위해 아끼는 사람을 버린 제갈공명의 예는 훌륭한 지도자가 그만큼 공과 사에 엄격해야 한다는 점을 잘 보여준다. 리더가 공사를 구분하지 못하면 그 리더를 믿고 따를 조직원은 없기 때문이다. 특히 리더가 스스로 자신의 친인척을 싸고돌기 시작한다면 해당 조직의 기강이 제대로 확립될 리 만무하다.

잘 알려진 대로 신 감독은 현재 사위를 휘하의 선수로 두고 있다. 2011년 신 감독의 차녀 혜인 씨와 결혼한 삼성화재의 공격수 박철우는 2010년 시즌 전까지 현대캐피탈에서 뛰다 자유계약 선수로 풀린 후 삼성 화재에 입단했다. 오랫동안 공개 연애를 한 두 사람이기에 장인과 사위 가 한 팀에서 감독과 선수로 뛴다는 사실에 관심을 갖는 시선이 많았다.

사위를 맞은 신 감독은 누구보다 공과 사를 엄격하게 구분했다. 박철 우의 경기력이 흡족하지 않으면 "빵점 선수"라며 공개적으로 비판했다. 2010~2011년 시즌 챔피언결정전에서 대한항공에 4연승을 거두고 우승 했지만 박철우의 경기력이 흡족하지 않다며 그를 선발로 기용하지 않았다. 결국 신 감독은 2010~2011년 시즌이 끝난 후에는 해당 시즌의 활약도가 나빴다며 직접 나서서 연봉을 5,000만 원이나 깎았다.

사위가 현대캐피탈에 있을 때부터 정신력에 문제가 있다고 지적해온 그는 한 가족이 된 후에는 사위를 냉혹하리만큼 엄격하게 지도하고 있다. 신 감독의 이런 태도는 그가 왜 17년간 정상을 유지하는지를 잘 보여줄 뿐 아니라 친인척과 관련된 문제로 툭하면 구설에 오르는 한국의 정재계 지도자들에게 상당한 교훈을 준다.

전 조직원이 아니라 고참을 길들여라

신 감독은 고참 선수들을 장악하면 팀 선수단 전체를 장악할 수 있다고 믿는다. 이 때문에 그는 어지간한 코치나 선수 본인보다 고참 선수들의 몸 상태를 꼼꼼하게 챙긴다. 경기력이나 몸 상태가 좋지 않은 선수에게는 냉정하다. 팀에 도움이 되지 않는 선수는 고참이라 할지라도 팀에서 내보낸다. 가슴이 아프지만 팀을 위한 일이다. 김세진, 신진식, 김상우 등 스타 선수들도 자신의 몸이 안 되자 신 감독과 논의한 끝에 은퇴를 결심했다.

이런 신 감독의 성격을 잘 아는 고참들은 긴장할 수밖에 없다. 누가 시키지 않아도 스스로 경기장으로 나가 운동한다. 지금도 삼성화재에서 훈련장을 가장 먼저 찾는 선수는 석진욱, 여오현 등 고참들이다. 이들이 제일 먼저 훈련장에 나와 가장 늦게 떠나니 후배 선수들도 따라 나와 운동할 수밖에 없다. 삼성화재의 훈련량이 많은 이유도 여기에 있다.

천하의 신 감독이 석진욱을 버리지 못하는 것도 이 때문이다. 그의 키는 186센티미터로 배구 선수치고는 단신인 데다 몇 년 전 선수로는 치명적인 무릎 십자인대 수술도 했다. 요즘같이 키 큰 선수가 즐비한 상황에서 석진욱은 무리한 공격을 하지 않고 수비에만 치중해 최강 리베로 여오현과 함께 삼성화재의 그물 수비를 완성시킨다. '괴물' 용병 가빈의 '몰빵배구'가 가능한 것도 석진욱이 뒤에서 잘 받아 올리기 때문이다.

사회 전체가 젊은 사람들을 원하고 한시도 성적 압박에서 자유로울 수 없는 프로 스포츠 감독이 노장 선수들을 우대하는 이유에 관해 신 감독은 이렇게 설명했다.

"노장 선수들은 젊은 선수들보다 책임감이 훨씬 뛰어나고 돈을 주고도 살 수 없는 경험과 연륜을 가지고 있다. 나이가 많다는 건 그만큼 경험이 풍부하다는 뜻이고, 키가 작으면 순발력이 좋아 서브와 리시브에서 강점을 지닐 수 있다. 우리 팀 고참들은 굳이 내가 일일이 지시하지 않아도 코트에서나 코트 밖에서나 모범을 보인다."

선배들의 그런 모습을 보면 젊은 선수들의 태도도 달라진다고 신 감독은 강조한다. "후배들이 '나도 열심히 운동만 하면 되겠구나. 나이가 많다고 함부로 내쳐지는 신세가 되지는 않겠구나'라고 생각한다. 다른 팀에 가면 코치를 하고도 남을 선수들이 주전으로 뛰니까 우리 팀 젊은 선수들은 다른 팀보다 2배 많은 조언자를 갖고 있는 셈이다. 저절로 청출어람(靑出於藍) 효과가 생긴다."

정당하게 동원할 수 있는 모든 무기를 동원하라

신 감독이 제갈공명이라는 별명을 얻은 이유는 그만큼 그의 지략이 뛰어나기 때문이다. 그는 TV 중계가 뜨면 마이크 앞에서는 속공을 지시하는 말을 하면서도 세터에게 귀엣말로 후위 공격을 시킨다. 다른 감독들이 30초짜리 타임아웃을 활용해 상대의 좋은 흐름을 끊을 때 그는 비디오 판독이나 포지션 폴트(서브를 할 때 전위는 후위보다 네트 쪽에, 또 레프트는 라이트의 좌측에, 센터는 레프트와 라이트의 중간에 있지 않을 때 선언되는 반칙) 이의 제기 등으로 최소 2~3분, 길게는 10분 이상 시간을 끊는다.

2011년 12월 25일 열린 삼성화재와 KEPCO의 경기에서 삼성화재는 1세트를 내주고 2세트도 밀리고 있었다. KEPCO의 서재덕이 서브를 하려 할 때 신치용 감독은 심판진에게 항의했다. 삼성화재 홍정표가 서브를 넣기 전에 후위에 있던 KEPCO의 김상기가 전위로 오는 포지션 폴트를 범했다는 이유에서다. 승강이가 오가고 신 감독은 비디오 판독을 요청했다. 심판이 이를 받아들이지 않았음에도 불구하고 항의 때문에 경기는 10분 정도 지연됐고 상승세를 타던 KEPCO 선수들의 어깨는 식었다. 항의 이후 삼성화재는 2,3,4세트를 연달아 잡고 손쉽게 경기를 이겼다.

이런 그의 태도를 좋지 않게 평가하는 시선도 있다. 하지만 신 감독은 "규칙을 어긴 것도 아니고, 정당한 규칙을 지킨다면 감독은 그 선 안에서 동원할 수 있는 모든 무기를 동원해야 하는 것 아니냐"고 말한다. 당시 경기에서 진 KEPCO의 신춘삼 감독도 "우리 팀이 그 이의 제기로 흐름을 놓쳤지만 이런 부분도 실력으로 극복해야 한다"고 밝혔다.

신 감독은 언제나 '내가 저 팀 감독이면, 내가 저 선수 입장이라면 어떻게 행동할까'를 연구한다. 바둑을 둘 때 몇 수 앞을 예측하는 것처럼 저쪽에서 A를 선택하면 나는 B를 선택하고, 다시 C로 나오면 나는 D로 대응하는 식이다. "따라다니지 말고 앞서가야 한다. 남을 따라다니면 늘 2등밖에 못한다"고 그가 강조하는 이유다.

그는 예측이 어렵지 않느냐는 질문에 "요즘 같은 시절에 정보를 구하는 일이 얼마나 쉽나. 상대 팀이 경기 후 인터뷰하는 모습만 봐도 그 감독의 습관과 성향을 알 수 있다. 몇 수 앞이 아니라 백 수, 천 수 앞의 움직임도 예측할 수 있다. 작전 지시가 맞아떨어질 때 느끼는 희열은 말로 표현 못한다. 선수들이 감독을 바라보는 눈빛도 '저 감독은 내가 신뢰할 만한 능력을 지닌 사람이구나'라는 식으로 금방 달라진다"고 답변했다.

조직원에게 조직 문화의 중요성을 끝없이 강조하라

신 감독은 "훌륭한 지도자는 훌륭한 조직 문화를 만드는 사람"이라고 정의한다. 전술 하나 잘 만들었다고 그 감독이 훌륭한 감독이고, 경기 한 번 이겼다고 그 팀이 강한 팀이 아니라는 뜻이다. 그가 조직문화를 강조하는 이유는 감독이나 선수가 누구냐에 따라 움직이는 팀이 아니라, 조직문화에 의해 움직이는 팀이 가장 강한 팀이라는 지론 때문이다. 감독이 모든 선수의 움직임과 상황을 일일이 살필 수는 없고, 선수들의 정신을 바꿔놓으면 그 다음에는 자기들이 알아서 따라온다는 이유에서다.

팀 스포츠에서는 특정 선수만 소화할 수 있는 포지션이 분명 존재한다. 때문에 주전과 비(非)주전의 격차가 클 수밖에 없다. 하지만 모든 선수가 주전이 될 수는 없다. 신 감독은 그렇다고 주전이 될 수 없는 선수의 인생을 낭비하게 만들 수는 없으며, 결국 이런 선수에게도 자신의 역할과 임무를 부여하고, 자긍심을 심어주는 게 리더의 할 일이라고 믿는다.

신 감독은 삼성화재의 가장 큰 장점이 훈련 때 선수나 스태프 중 아무도 노는 사람이 없다는 점이라고 강조한다. 그는 훈련에 참가하지 못하는 선수에게 "다른 동료에게 파이팅을 외쳐주거나 청소라도 하라"고 주문한다. "네가 지금 우리 팀에서 하는 일이 뭐라고 생각하느냐? 그 질문에 대한 답을 할 수 없으면 당장 팀을 떠나라. 아니면 네 스스로 일을 찾든가. 운동을 하든, 청소를 하든, 운전을 하든, 어떤 식으로든 팀에 기여하는 사람이 되지 않으면 내가 먼저 너를 버릴 거다"라고도 덧붙인다.

신 감독이 가장 싫어하는 말은 무임승차다. 그는 자신을 희생하는 사람이 많을수록 해당 조직이 발전한다며 조직문화의 중요성을 이렇게 강조했다. "우리 선수들은 시합이나 연습 도중 지칠 대로 지쳐도 감독이나 코치들에게 휴식을 원한다는 신호를 보내지 않는다. 감독이 무서워서가 아니라, 동료들의 눈치가 보여 쉴 수 없다는 문화가 자리 잡고 있기 때문이다. 선수들 스스로 '쉬고 싶지만, 나보다 더 열심히 운동하는 동료도 쉬지 않는데 내가 어떻게 먼저 쉬겠는가. 프로라면 이 정도는 이겨내야 한다'고 마음을 다잡고, 이런 마음이 선수단 전체로 퍼졌기에 삼성화재의 성공이 가능했다."

"리더는 누가 옳은가가 아니라
무엇이 옳은가에 초점을 맞춰야 한다."

존 우든 전 UCLA 농구팀 감독

1910년 미국 인디애나 주 홀 출생. 2010년 사망. UCLA농구팀 감독으로 12년 동안
무려 88연승이라는 미증유의 기록을 달성하고, 전미대학농구선수권대회(NCAA)에서 10차례 우승했다.
'현대 농구의 아버지'로 불리며, 선수와 코치로 농구 '명예의 전당'에 오른 최초의 인물이다.
팀워크, 윤리의식, 인격 수양 등을 강조하는 그의 리더십은 사회 각 분야로 퍼져나갔고
미국 최고의 훈장인 '자유의 메달'을 수상했다

완벽하지 못해도
완벽을 추구하라

한국인에게 '농구' 하면 떠오르는 인물을 물어본다면 열 명 중 아홉은 마이클 조던을 언급할 것이다. 미국인에게 같은 질문을 하면 어떨까. 상당수 미국인이 2010년 100세를 일기로 타계한 존 우든 UCLA 감독을 꼽을 것이다.

우든 감독은 1960~1970년대 UCLA를 미국 대학 최강팀으로 이끈, 그야말로 전설적인 스포츠 지도자다. 그가 오기 전 평범한 대학 팀에 불과했던 UCLA는 전미대학농구선수권대회(NCAA)에서 역사상 최다 우승인 10회 우승을 기록하며 대학 농구의 최강자로 거듭났다. 특히 1967년부터 1973년까지는 무려 7년 연속 우승을 차지했고, 단일 경기 최고 기록인 88경기 연속 승리 기록도 갖고 있다. 우든 감독의 남다른 지도력과 리더십이 지금까지 미국인들에게 존경과 찬사를 받는 이유다.

우든의 NACC 10회 우승 이후 약 40년의 세월이 흘렀는데도 이를 제외한 NACC 최다 우승이 4회에 불과하다는 점을 감안하면 10회 우승이 얼마나 대단한 기록인지 알 수 있다. 많은 농구 전문가가 우든의 기록을 깨는 감독이 나오는 것은 사실상 불가능에 가깝다고 예측하는 이유다. 29년의 지도자 생활 중 통산 664승 162패로 승률 80.4퍼센트의 대기록을 남긴 우든 감독은 1961년에는 선수로, 2006년에는 감독으로 농구 '명예의 전당'에 헌액(獻額)됐다. 선수와 감독으로 명예의 전당에 오른 사람 또한 그가 처음이다.

그는 현대 농구의 기초가 되는 수많은 전술을 창시했고 빌 월튼, 카림 압둘 자바 등 한 시대를 풍미한 슈퍼스타도 직접 지도했다. 이에 사람들은 우든을 UCLA가 위치한 지명을 따 '웨스트우드의 마법사(the Wizard of Westwood)'로 불렀다. 평소 소박하고 겸손한 삶을 살았던 우든은 이 별명을 아주 싫어했다. 자신은 마법사가 결코 아니며 그냥 선수들의 스승일 뿐이라고 늘 강조했다.

사람들이 그를 최고의 지도자로 꼽는 이유는 그가 거둔 성적 때문만이 아니다. 그가 경기의 승리보다 과정을 중요시한 최초의 스포츠 지도자라는 점을 사람들은 높게 평가했다. 한때 고등학교 영어 교사로도 활동했던 우든은 학점이나 경기의 승리로 인정받는 성공과 실패의 기준을 싫어했다. 그는 "나는 최선을 다했고 그것이 바로 성공이다. 성공은 최선의 노력을 다할 때 얻을 수 있는 자기만족과 마음의 평화"라고 말했다.

그는 특정 선수가 경기 중 상대편 선수에게 욕을 하거나 반칙을 쓰면 실력에 관계없이 다음 경기에 그 선수를 기용하지 않았다. 선수들에게 패스, 풋워크 등 농구의 기술적 측면을 가르치기보다 지각하지 않기, 동료를 비난하지 않기, 양말 제대로 신기 등 인생을 대하는 태도를 바꾸는

데 중점을 뒀다. 우든이 농구코트보다 경기장 바깥에서 더 존경받는 사람이 된 이유, 그가 리더십의 교본이 된 이유다.

팀은 가족의 연장이다

존 우든은 1910년 미국 인디애나 주 홀에서 가난한 농장주 조슈아 휴 우든의 아들로 태어났다. 그의 아버지는 존을 포함한 4명의 아들에게 어릴 때부터 정직, 성실, 신앙심, 노동의 가치가 지닌 중요성을 강조하며 훈육했다.

그의 아버지는 우든이 초등학교를 졸업할 때 2달러짜리 우편엽서에 '어떤 상황에서도 지켜야 할 7계명'을 적어 선물했다. 바로 '자신에게 진실하라, 남을 도와라, 매일을 최고의 날로 만들어라, 좋은 책의 내용을 깊이 소화하라, 우정을 예술 작품처럼 아름답게 가꿔라, 만일을 대비하는 계획을 항상 세워둬라, 기도하고 모든 축복에 감사하라'다.

아버지의 신실한 태도는 훗날 그가 훌륭한 리더가 되는 데 큰 영향을 미쳤다. 우든은 훗날 "대공황 시절의 끔찍한 경제적 어려움, 어린 두 여동생의 죽음 등 우리 가족의 불행이 적지 않았지만 아버지는 한 번도 불평하거나 남을 비난한 적이 없다. 부자와 자신을 비교하지도 않았다. 자신이 가진 것에 감사하고 거기에 만족했다. 리더로서 내가 이룬 업적의 대부분은 아버지의 가르침 덕분이었다"고 말한 바 있다.

어릴 때부터 농구에 뛰어난 소질을 보였던 그는 마틴스빌 고등학교 재학 시절 3년 연속 자신의 팀을 인디애나 주 우승팀으로 이끌며 두각을 나타내기 시작했다. 1929년 퍼듀 대학교에 입학한 우든은 '내가 아는 가장 훌륭하고 소신 있는 코치'라고 평가한 또 다른 멘토 워드 피기 램버트 코치를 만난다.

램버트 코치는 우든에게 팀은 가족의 연장이라는 점을 일깨워준 인물이었다. 램버트 코치는 극성스러운 퍼듀 대학교 동문회 및 팬들로부터 팀의 운영에 관한 여러 가지 간섭을 받았지만 그때마다 항상 선수들에게 가장 이익이 되는 결정을 내린 인물이었다. 심지어 대도시의 환락적인 환경이 선수들에게 좋지 않다는 이유로 뉴욕 매디슨 스퀘어가든에서 열리는 경기 참여를 거절할 정도였다. 자신의 자녀에게 권하지 않을 행동들을 선수들에게도 권하지 않는 램버트 코치를 보며 우든은 지도자는 단순히 팀을 이끄는 사람이 아니라 조직원의 부모 역할을 해야 하는 사람이라는 점을 깨닫기 시작했다.

램버트 코치 밑에서 우든의 기량은 무럭무럭 성장했다. 그는 4년 동안 세 번이나 전미 국가대표 선수로 뽑혔고, 퍼듀 대학교 농구팀도 전국 대회에서 우승했다. 선수로 활약하면서 영문학 학사 학위도 딴 그는 대학 졸업 후 영어 교사와 농구팀 코치 중 어떤 직업을 가질지 잠시 고민하기도 했다.

대학 졸업 후 우든은 현 인디애나폴리스의 전신인 인디애나폴리스 카우츠키 등 몇몇 프로팀에서 활동했다. 제2차 세계대전이 발발하자 그는 1942년 해군에 입대했고 3년 동안 해군장교로 복무했다. 종전 직후인 1946년부터 2년간 미국 인디애나 주립대학교 농구팀 감독으로 활동한 그는 1948년 마침내 캘리포니아 주립대학교 로스앤젤레스캠퍼스(UCLA) 농구팀 감독이 되어 본격적인 지도자 인생을 시작한다.

카림 압둘 자바와의 만남

우든은 지도자가 된 후 16년 만인 1964년 NCAA 우승컵을 들어올렸다. 하지만 그가 미국 대학농구계에 UCLA 왕조를 본격적으로 건설한 건 한 해 뒤 한 선수와 조우하면서부터다. 바로 1960~1970년대 미국 농구계의 전설 카림 압둘 자바다. 그가 보유한 특별한 기술, 즉 긴 팔과 큰 키를 이용해 하늘에서 사뿐히 공을 던지는 '스카이 훅 슛(Sky Hook Shoot)' 은 상대 팀이 알면서도 못 막는 무서운 무기였다.

우든과 압둘 자바, 농구계의 두 전설은 어떻게 만나게 됐을까. 1965년 5월 4일 뉴욕 맨해튼에서는 미국 전역의 이목을 모으는 기자회견이 열렸다. 뉴욕 파워메모리얼 고교에 재학 중이던 촉망받는 고교 농구선수 페르디난드 루이스 앨신더 주니어(카림 압둘 자바의 본명)가 자신의 진로를 밝히는 회견이었다. 당시 18세임에도 신장이 무려 219센티미터에 달했던 그는 모교의 71연승을 이끈 괴물이자 고등학교 3년 동안 통산 2,067득점, 2,002리바운드의 성적으로 뉴욕시 기록을 갈아치운 주인공이었다.

미국 전역의 수많은 대학이 그에게 농구 장학생 자격을 제의했지만 뉴욕으로부터 5,000킬로미터 가까이 떨어진 로스앤젤레스로 건너가 UCLA대학교에 입학할 예정이라고 공식 발표했다. 그가 UCLA를 택한 이유는 우든이 선수의 피부색을 차별하시 않는 감독이라는 점을 알았기 때문이다. 선수가 흑인인지 백인인지, 정치적 성향이 어떤지는 그에게 전혀 중요하지 않았다.

1947년 우든이 인디애나 주립대 코치를 맡고 있을 때만 해도 미국 농구계는 흑인 선수들을 심하게 차별했다. 백인 대학생들을 위한 대학 농구 토너먼트에서 흑인 선수는 뛸 수 없었다. 하지만 우든은 이를 개의치 않았다. 그는 주전이 아니었던 흑인 선수 클레어런스 워커를 종종 기용했다. 다른 팀이 이를 문제 삼자 정규시즌 후 유명 대학 농구팀들끼리 벌이는 플레이오프 이벤트에 참가하지도 않았다.

우든이 지도하는 인디애나 주립대 팀은 1948년 정규시즌 27승 7패라는 훌륭한 성적을 냈다. 결국 당시 대학 농구 스포츠연맹은 인종차별 방침을 포기하고 인디애나 주립대학교를 플레이오프 이벤트에 초대했다. 클레어런스 워커는 여기서 뛴 최초의 흑인 선수가 됐다.

선수의 피부색을 차별하지 않는 우든 감독을 택한 앨신더 주니어의 선택은 탁월했다. UCLA에 입학한 그는 우든의 꼼꼼한 지도를 받은 후 미국 농구 역사상 최고의 센터로 성장했다. 앨신더 주니어가 대학 1학년이었을 때만 해도 당시 1학년 농구 선수들은 대학 농구팀의 정규 경기에 나설 수 없었다. 그러던 어느 날 그는 1학년 선수들만을 이끌고 선배들로 구성된 UCLA 정규 팀과 연습경기를 가져 당당히 승리를 거뒀다. 그는 2학년이 되던 해에 UCLA의 30전 전승을 이끌었다. UCLA는 1967~1969년 NCAA에서 3연패했다.

1969년 100만 달러라는 당시로선 천문학적 금액으로 프로팀 밀워키 벅스에 입단한 앨신더 주니어는 바로 신인왕을 수상했다. 이듬해 1970년에는 경기당 평균 31.7득점을 기록하며 소속팀 밀워키를 창단 첫 미국 프로농구리그(NBA) 우승으로 이끌고 자신도 MVP에 선정되는 영광을 누렸다. 1968년부터 이슬람교에 심취한 그는 1971년 영어식 이름을 버리기로 결심했다. 이후 앨신더 주니어라는 이름은 잊히고 '카림 압둘 자바'

가 새롭게 세상에 모습을 드러냈다.

이름이 바뀌었지만 타고난 실력은 변함이 없었다. 1975년 LA 레이커스로 이적한 카림 압둘 자바는 이후 14년간 그곳에서 활약하며 5차례나 NBA 우승 트로피를 LA시에 안겼다.

숨진 아내에게 25년간 연애편지를 쓰다

1975년 10번째 우승을 달성한 우든은 은퇴를 결심했다. 이미 환갑을 훌쩍 넘긴 나이였고 더 이룰 것도 없었다. 처음 NACC 우승을 한 1963년부터 1975년까지 12년간 그는 335승 22패, 승률 0.938 이라는 무시무시한 기록을 세웠다. 그는 여생을 가족에게 좀 더 충실하겠다고 다짐했다.

우든은 16살이던 1926년 부인이 된 넬리 라일리를 처음 만났다. 우든이 퍼듀 대학교를 졸업하던 1932년 결혼한 그들은 2명의 자녀, 7명의 손자, 10명의 증손자를 뒀다.

1985년 3월 21일 아내 넬리가 암으로 사망하면서 우든은 큰 충격을 받았다. 이후 25년간 우든은 매달 21일이면 아내가 묻힌 LA의 포레스트론 공동묘지를 찾았다. 집으로 돌아와선 "넬리, 정말 보고 싶어. 이승에서의 삶이 빨리 끝나야 당신을 만날 텐데. 사랑해, 넬리"라고 쓴 연서를 죽은 아내에게 띄워 보냈다. 25년간 단 한 번도 거르지 않은 일과였다.

2000년대 들어 우든의 체력은 급속히 약화됐다. 입원과 퇴원을 반복하던 우든은 100세 생일을 넉 달 남겨둔 2010년 6월 4일 눈을 감았다. 그의 타계 소식이 전해지자 미국 전역은 큰 슬픔에 빠졌다. UCLA는 우든을 기리기 위해 홈코트의 이름을 '넬리·존 우든 코트'로 명명했다.

팀의 스타는 '팀'이다

우든 감독은 늘 "진정한 리더는 팀원들에게 '우리'가 '나'보다 중요하다는 것을 깨우쳐줘야 한다"고 강조했다. 그는 "사람들은 내게 어떻게 해서 그렇게 많이 우승할 수 있었느냐고 묻는다. 내 대답은 단순하다. '내가 한 일이 아닙니다. 우리 팀이 한 일이죠. UCLA 감독으로 27년간 재직하면서 저는 단 한 번도 득점하지 않았습니다. 전 다른 사람들이 득점하도록 도와줬을 뿐입니다.'"

그는 지도자로서 자신의 능력을 강조하지 않았고 어떤 스타 선수도 특별하게 대하지 않았다. 카림 압둘 자바가 UCLA 소속 선수였을 때 우든 감독은 한 번도 그를 특별하게 대우한 적이 없었다. 우든은 경기에서 승리한 후 기자회견에서 주로 후보 선수들에게 공을 돌렸고, 이들의 이름을 직접적으로 언급하며 칭찬을 아끼지 않았다.

반면 카림 압둘 자바처럼 뛰어난 선수들은 다른 선수들이 보지 않는 곳으로 따로 불러 많은 칭찬을 했다. 우든 감독은 "후보 선수들로 하여금 스스로 가치 있는 존재라고 느끼게 하고, 뛰어난 선수가 자신이 무시당했다는 느낌을 가지지 않도록 하려면 이 방법이 유일했다"고 말했다. 우든 감독은 같은 이유로 유명 선수가 해당 팀을 떠난 후 그 선수의 등

190

번호를 다른 선수들이 쓰지 못하게 하는 영구 결번도 강하게 반대한 바 있다.

시간에 대한 책임감이 없는 사람은 리더가 아니다

우든 감독은 리더가 어떻게 시간을 쓰느냐에 따라 해당 조직과 조직원 전체의 운명이 달라진다고 믿었다. 시간은 거미줄처럼 다른 이들의 시간과 얽혀 있어서 끊임없이 좋고 나쁜 영향을 주고받는다는 이유에서였다.

그는 지도자로서 선수들의 시간을 가장 의미 있게 해줄 책임이 있다고 생각했다. 그의 연습 시간은 쓸데없는 낭비가 전혀 없기로 유명했다. 우든 감독은 항상 작은 카드 한 뭉치를 들고 팀 훈련에 나타났는데, 거기에는 그날의 훈련 계획이 1분 단위로 빼곡히 적혀 있었다. 밤마다 코치들과 머리를 맞대고 각 선수의 특성, 상대 팀의 장단점, 거기에 맞는 전략과 훈련 방향을 고려해서 만든 계획이었다.

우든 감독은 밀도 있게 보낸 일 초, 일 분, 한 시간이 합쳐져서 위대한 인생을 만든다고 믿었다. 그래서 선수들에게도 늘 최선을 다하라고 주문했다. "이 순간 너의 100퍼센트를 나에게 다오. 오늘 최선을 다하지 못하면, 내일 101퍼센트 한다고 해도 메워지지 않는다. 나는 지금 이 순간 너의 100퍼센트를 원한다."

그는 일단 선수들을 모았으면 함께하는 시간을 알차게 채우기 위해 지도자는 정말 철저히 준비해야 한다고 믿었다. 밀도 있게 시간을 쓸 때

60분을 120분으로 늘릴 수 있다. 리더십의 성공은 주어진 시간을 지혜롭게 쓰는 데 달렸다고 생각한 사람이 바로 우든이다.

우든이 철저한 시간 관리를 중시하게 된 건 퍼듀대 시절 은사 램버트 코치의 영향이 크다. 우든은 "램버트 코치는 한 번도 연습 시간에 연습을 중단시키고 선수들 전원을 모이게 한 적이 없었다. 특정 선수를 불러내 필요한 지침을 전달할 뿐이었다. 단체 연습 외에는 각자 포지션에 필요한 훈련을 끊임없이 하도록 해서, 아무도 시간을 대충 보낼 수 없었다. 그분이 지도하는 연습 시간에는 모두가 늘 생산적으로 움직였다"고 말한 바 있다.

이런 맥락에서 그가 가장 싫어한 건 선수들의 지각이었다. 우든이 인디애나 주립대 감독으로 재직하던 당시의 일화다. 경기를 위해 오후 6시 정각에 출발할 예정이던 버스가 두 선수 때문에 출발하지 못하고 있었다. 공교롭게도 두 선수는 팀의 공동 주장이었고, 한 명은 우든 감독을 해고할 수도 있는 교장의 아들이었다. 하지만 그는 개의치 않았다. 우든 감독은 1분도 기다리지 않고 바로 버스를 출발시켰다. 그 사건을 계기로 우든 휘하의 모든 선수는 "지각하지 말라"는 감독의 말이 허언이 아님을 알게 됐다. 우든은 늘 "시간은 시계 이상의 그 무엇이다. 시간을 부주의하게 관리하는 리더는 리더 자격이 없다"고 강조했다.

완벽하지 못해도 완벽을 추구하라

우든 감독은 언제나 첫 번째 팀 미팅에서 선수들을 모아놓고 양말과 신발부터 늘어놓았다. 공격이나 수비 전술은 입에도 올리지 않고 선수들 앞에서 양말을 바로 신는 법, 신발 끈을 제대로 묶고 신는 법을 선보였다. 심지어 선수들로 하여금 자신의 신발을 직접 사지도 못하게 했다. 대신 그는 트레이너로 하여금 선수들의 오른발과 왼발 크기를 정확하게 재라고 지시했다. 각자 딱 맞는 신발을 신어야 경기력이 극대화된다고 생각했기 때문이다.

그의 선수들은 언제나 단정한 차림새를 해야 했다. 윗옷이 밖으로 삐져나오는 일도 용납되지 않았다. 우든 감독이 1948년 UCLA 감독으로 부임한 후 가장 먼저 한 일이 새 유니폼과 운동화를 주문한 일이었을 정도다. 그는 "신발 끈 같은 사소한 것에 주의를 기울여야 실전 경기에서 일어나는 수많은 돌발 상황에 대비할 수 있다. 머리부터 발끝까지 완벽한 상태일 때 선수들이 '나는 특별한 팀의 일원이며 지금 이 순간 이 팀에 소속됐다'는 자아 정체성과 단결심을 느낀다"고 강조했다.

마더 테레사는 "이 세상에는 큰일이란 없습니다. 작은 일들을 사랑으로 할 뿐이죠"라고 말한 적이 있다. 우든 감독도 늘 같은 점을 강조했다. 사소한 일을 완벽하게 하려고 노력할 때 큰일도 성취할 수 있으며 작은 문제가 하나둘 모이다 보면 결국 큰 차이점을 만들어낸다는 사실을.

. . . .
〈참고문헌〉
우든 코치에게 배우는 리더십 개발방법, 존 우든 스티븐 제이미슨 지음, 유영만 옮김,
　　2011, 한양대학교 출판부
리더라면 우든처럼, 존 우든 스티븐 제이미슨 지음, 올냇번역 옮김, 2011, 지니넷

"관중은 즐거워도 선수는 즐거우면 안 된다."

김응용 한화 이글스 야구단 감독

1941년 평안남도 평원 출생. 감독으로 10회, 야구단 사장으로 2회 한국시리즈 우승을 차지하며
전무후무한 우승 경력을 가지고 있다. 야구인 출신으로는 사상 최초로 야구단 사장에 올라
6년간 최고경영자(CEO)로 활동하였다. 2012년 10월 사장보다
서열이 낮은 감독직을 불사하면서 하위 팀 한화 이글스의 현역 감독으로 돌아왔다.

죽을힘을 다하면
절대 질 수 없다

흔히 세상에 태어나 꼭 해볼 만한 직업으로 프로야구 감독, 해군 제독, 오케스트라 지휘자를 꼽는다. 특정 조직에서 무지막지한 권한을 휘두를 수 있는 리더가 된다는 일이 그만큼 매력적이기 때문이다. 하지만 한국 프로야구의 감독 자리는 고작 8개뿐이다. 2013년 프로야구에 새로 입성할 NC 다이노스까지 합해도 고작 9개. 이 9명의 감독 중 한국시리즈 우승을 경험한 감독은 더더욱 적다. 이런 상황에서 22년간 프로야구 감독으로 재직하며 무려 10차례나 한국시리즈 우승을 거머쥔 사람이 있다. 바로 김응용 한화 이글스 감독이다.

그는 KIA 타이거즈의 전신인 해태 타이거즈 감독으로 9차례, 삼성 라이온즈 감독으로 1차례 등 총 10차례 한국시리즈를 제패했다. 1986년에서 1989년까지는 전무후무한 한국시리즈 4연패도 달성했다. 김 감독이 감독을 맡았던 지난 22시즌 동안 거둔 성적은 통산 2,653경기, 1,463승 65무 1,125패, 승률 0.565다. 한국 프로야구 최장수·최다승 사령탑이기도 한 김 감독은 이런 유례없는 성과를 바탕으로 야구인 사상 최초로 야구단 사장직에도 올랐다.

김 감독은 현재 가장 젊은 야구감독인 김기태 LG 트윈스 감독보다 무려 28세가 많다. 그는 모든 사람들이 그가 야구인으로 더 이상 이룰 것이 없다고 생각하고 있을 때, 아들뻘인 다른 감독들과 겨루기 위해 감독직에 복귀하며 세상을 놀라게 했다.

김 감독이 1년도 버티기 힘들다는 감독직을 그토록 오래 유지하면서 계속 우수한 성적을 낸 비결은 무엇일까? 강력한 카리스마, 뛰어난 위기관리 및 커뮤니케이션 능력, 팀워크에 대한 철저한 신봉 등을 꼽을 수 있다.

김 감독은 감독 시절 아무리 스타급 선수라 해도 성의 없는 플레이나 팀워크를 해치는 행동을 하면 '영양가 없는 타자'라거나 '정신병자'라는 험한 말을 쏟아냈다. 심판 판정이 마음에 들지 않으면 코끼리처럼 그라운드에 등장해 육탄전도 불사했고, 더그아웃에서는 의자나 방망이를 예사로 부수곤 했다. 선수들의 동요를 막으면서 결속력과 경기 집중력을 높이기 위한 고도의 노림수였다.

그는 또 팀이 연패에 빠졌을 때는 비판과 지적을 자제하고, 연패에서 탈출할 때 심한 질책을 하는 심리전의 대가이기도 했다. 구단주를 비롯한 선수단 외부의 입김이 아무리 세도 철저히 자기 선수를 보호하는 뚝심도 지녔다.

요즘 세대의 눈으로 보면 그는 모든 면에서 다소 투박한 리더일 수 있다. 하지만 김 감독은 요령과 수완이 아니라 성실과 땀방울을 소중하게 생각해 야구인으로서는 독보적인 커리어를 일궜다. 무엇이 이토록 오랫동안 그를 그라운드 위에 묶어두는 것일까. 왜 야구계는 많고 많은 젊은 피 감독을 놔두고 산전수전 다 겪은 그를 감독으로 원하는 것일까. 그 리더십을 탐구해보자.

코끼리 타자, 야구 선수의 전성기를 맞다

김응용 감독은 1940년 평안남도 평원군에서 출생했다. 6.25를 맞이한 소년 김응용은 1951년 14 후퇴 당시 아버지와 함께 부산으로 피난을 와서 남한에 정착했다. 이때 만든 호적에 나이가 한 살 적게 올라가는 바람에 주민등록상 나이는 1941년이 됐다.

소년 김응용은 어렸을 때부터 다른 소년보다 머리 하나가 더 큰 거구였다. 신체 골격도 남달랐던 데다 한 살 어린 동급생과 학교를 같이 다녔으므로 골목대장을 도맡아 했다. 운동 재능도 뛰어나 처음에는 축구 선수로 활동했다.

야구 선수가 된 것은 부산 개성중학교 1학년 때 학급대항 야구대회에 출전하면서부터. 우월한 신체조건을 가졌던 그는 출전 첫날부터 투수에다 4번 타자까지 겸하며 두각을 나타냈다. 바로 다음날 야구부 선수로 정식 스카우트됐다. 야구부 선수에게 주는 푸짐한 밥과 간식을 배불리 먹을 수 있어 정말 열심히 운동을 했다는 것이 김 감독의 회고다.

김 감독의 부친 고 김식영 씨는 당시 같은 학교의 서무과장으로 근무하고 있었다. 입신양명을 강조하는 전형적인 한국의 아버지였던 그의 부친은 야구에 빠져 공부를 등한시하는 아들이 못마땅했다. 아버지는 "야구를 그만두라"라고 종용했지만 소년 김응용은 굴하지 않았다. 그는 "그럼 학교에 안 가겠습니다"라고 대들며 3일을 버텼다. 결국 아버지도 백기를 들고 말았다.

야구 명문 부산상고를 졸업한 김 감독은 1961년 실업야구팀인 한일은행에서 선수로서 전성기를 보냈다. 당시 한일은행은 누구도 넘볼 수 없는 실업야구의 최강자였다. 선수 시절 김 감독은 홈런 타자였다. 1965년과 1967년에는 실업리그에서 홈런왕도 차지했다. '코끼리'라는 김 감독의 별명도 그때 생겼다. 유독 큰 체구(185센티미터 95킬로그램)의 김 감독이 1루수로 활동하며 조그만 야구공을 받는 모습이 코끼리가 비스킷을 받아먹는 것과 흡사하다고 해서 이런 애칭이 붙었다. 야구계 인사 중에는 지금도 김 감독을 '코 감독(코끼리 감독)'이라고 부르는 사람이 적지 않다.

김 감독은 1973년부터 자신이 몸담았던 한일은행의 감독으로 활동하며 지도자 인생을 시작했다. 1977년에는 국가대표팀 감독을 맡아 니카라과 슈퍼월드컵에서 한국팀을 정상에 올려놓았고, 1980년에는 도쿄 세계 아마야구 선수권대회에서 준우승을 차지하는 등 남다른 지도력도 선보였다.

해태 왕조를 건설하다

강타자로 이름을 날렸고, 지도자 인생도 화려했지만 김 감독은 막상 1982년 프로야구가 출범했을 때 김 감독은 어느 구단에서도 지도자로 낙점받지 못했다. 그가 한국 실업야구의 간판이자 국가대표팀 감독이었다는 점을 감안할 때 상당히 의외의 결과다.

물론 가장 큰 이유는 당시 김 감독이 미국 유학 중이었다는 사실이었지만 그의 실망감은 상당히 컸다. 이대로 지도자 생활을 접어야만 하는 것 아닌가라는 조바심이 들 무렵 해태 타이거즈 야구단이 그를 사령탑으로 초빙했다.

'감독 김응용'의 전성기는 이때부터 시작됐다. 김 감독은 사령탑 첫해였던 1983년 첫해에 해태를 한국시리즈 우승팀으로 만들었다. 이는 시작에 불과했다. 1986~1989년, 1991년, 1993년, 1996, 1997년 등 해태에서만 총 9차례 한국시리즈를 제패했다. 9번 우승보다 더 놀라운 것은 '한국시리즈 진출=우승' 공식이다. 한국시리즈에 진출하기만 하면 상대팀이 누구건 상관없이 단 한 번의 실패도 없이 우승했다. 한국시리즈 경기 내용도 압도적이었다. 삼성 라이온즈와 맞붙었던 1993년 한국시리즈에서 해태는 4승 1무 2패로 우승했다. 단 2패를 한 것이 가장 나쁜 성적이었을 정도로 해태의 위용은 어마어마했다.

특히 1980년대 후반부터 모기업인 해태의 가세가 기울어 구단의 지원이 다른 구단보다 훨씬 빈약했다는 점을 감안할 때 더 대단한 결과가 아닐 수 없다. 사람들이 김 감독을 '해태 왕조의 황제'로 부르는 이유다.

삼성의 수장이 되다

프로야구가 개막한 1982년부터 1990년대 중반까지 한국 야구는 삼성 라이온즈와 해태 타이거즈 두 팀의 대결 구도로 전개됐다. 삼성과 해태는 한국시리즈에서 3차례(1986, 1987, 1993년) 붙은 데다 각각 영남과 호남을 대표하는 기업이라는 상징성까지 있어 두 팀의 라이벌 구도는 무척 치열했다.

기업 규모로만 보면 삼성과 해태는 비교 대상이 아니었다. 선수단 지원 규모도 마찬가지였다. 1998년 외환위기로 해태가 부도를 맞으면서 두 기업의 처지는 더욱 극명하게 달라졌다.

하지만 한국시리즈에서는 늘 해태가 삼성을 꺾었다. 게다가 삼성 라이온즈가 한국 야구가 전기와 후기로 나눠졌던 1985년의 통합 우승 후 단 한 번의 실질적인 한국시리즈 우승을 차지하지 못하자 영남 팬들의 아쉬움과 갈증은 점점 커져만 갔다. '1등 주의'를 표방한 삼성 야구단으로서도 용납할 수 없는 성적이었다.

한국시리즈 우승이 절실했던 삼성은 결국 1999년 시즌이 끝난 직후부터 우승청부사 김 감독을 데려오기 위해 집요한 애정 공세를 펼쳤다. 김 감독의 마음도 삼성 쪽으로 굳어졌고, 언론에서도 그의 삼성행을 기정사실화했다. 하지만 김 감독은 박건배 해태 타이거즈 구단주에게 작별 인사를 하러 간 자리에서 박 구단주의 간곡한 설득과 마주했다. 마음을 접은 그는 2000년 시즌 1년 동안 해태에 더 몸담았다.

하지만 해태 타이거즈는 더 이상 1980년~1990년대의 한국 야구계를 호령하던 팀이 아니었다. 선동렬, 이종범, 조계현, 임창용 등 주축 선수들의 잇따른 이적으로 순식간에 이빨 빠진 호랑이가 된 팀 전력은 물론이고, 빠듯해진 구단 살림은 결국 해태가 야구단 운영을 포기해야만 하는 상황까지 전락하고 말았다. 김 감독도 더 이상 해태 타이거즈에 남을 명분이 없어진 셈이다.

결국 김 감독은 2001년부터 삼성의 사령탑으로 변신해 푸른색 유니폼을 입기 시작했다. 공교롭게도 그가 떠난 지 반 년 만인 2001년 중반 해태 타이거즈는 야구단을 KIA에 매각하고 역사 속으로 사라졌다. 김 감독의 삼성은 2001년 정규시즌 1위를 차지했지만 한국시리즈에서는 정규시즌 3위였던 두산 베어스에게 패해 준우승에 그쳤다.

매번 우승을 문 앞에 두고 놓쳐야 했던 삼성의 악몽이 재연되는 것 아니냐는 우려도 나왔지만 김응용 감독은 자신의 이름값을 증명했다. 삼성은 2002년에도 정규시즌 1위를 차지했고, 한국시리즈에서 당시 '야구의 신' 김성근 감독이 이끄는 LG 트윈스의 거센 추격을 뿌리치고 삼성 구단 최초의 한국시리즈 우승컵을 차지했다. 당시 승장 김응용 감독이 패장 김성근 감독을 치하하며 "야구의 신과 싸우는 것 같아 너무 힘들었다"고 했던 말은 아직도 야구계의 전설적인 어록으로 회자된다.

삼성 라이온즈는 2004년에도 한국시리즈에 진출했다. 하지만 현대 유니콘스와 9차전(한국시리즈는 7차전)까지 가는 혈전 끝에 현대에 패했다. 이에 김 감독은 그해 말 삼성의 사령탑 자리를 애제자 선동열 현 KIA 타이거즈 감독에게 물려주고 스스로 사퇴했다.

야구인 최초의 CEO

삼성 구단은 구단에 첫 한국시리즈 우승을 안긴 김 감독의 공로를 치하해 그를 야구단 사장으로 임명했다. 감독에서 최고경영자(CEO)로 변신한 김 사장은 2005~2006년 선 감독과 힘을 합쳐 2년 연속 한국시리즈 우승컵을 들어올리는 등 사장으로 재임하는 6년간 구단을 안정적으로 이끌었다. 많은 사람들이 감독으로서 산전수전 다 겪은 그가 선동열 신임 감독에게 상당한 영향력을 행사할 것으로 예상했다. 일종의 '상왕' 노릇을 할 것이란 우려가 있었던 셈이다. 하지만 이는 기우에 불과했다.

경기장의 선수 및 코치진을 제외한 야구단의 나머지 모든 업무, 즉 구단 운영, 마케팅, 판촉, 구장 운영, 홍보, 선수단 수급, 트레이닝 등을 담당하는 사람들을 총칭해 프런트라고 한다. 삼성은 전통적으로 프런트의 입김이 강한 구단으로 유명했다. 하지만 김 감독은 사장으로 취임한 후 일절 현장에 간섭하지 않았다.

이와 관련하여 김 감독은 2011년 기자와 가진 인터뷰에서 "사장과 감독은 각자 다른 역할과 임무를 맡았는데 사장이 감독에게 간섭을 한다는 것 자체가 이상한 일이다. 현장을 총괄하는 사람은 오직 감독뿐이며, 감독보다 해당 팀의 야구를 잘 아는 사람도 없다. 나 역시 감독을 할 때 위에서 간섭하는 걸 제일 싫어했는데 내가 사장이 됐다고 간섭하기 시작하면 팀이 어떻게 굴러가겠냐"고 답한 바 있다.

실제 그는 6년간 삼성 라이온즈 사장으로 재직하면서 1년에 선동렬 감독과 얼굴을 마주한 것이 서너 번도 안 될 정도로 철저히 선 감독을 배려했다. 까마득한 선배이자 스승인 그를 선 감독이 어려워할까봐 마주치면 오던 길도 돌아가려고 했을 정도다.

프런트의 간섭이 심하던 한국 야구계에서 당시 김응용 사장의 이런 행보는 매우 파격적이었다. 이 외에도 그는 기업인 출신 야구단 사장 일색인 한국야구위원회(KBO) 이사회에서 야구인 출신답게 오랫동안 자신이 현장에서 느낀 문제점과 개선 방향 등을 밝혀 야구계 운영에 새바람을 불어넣었다.

노감독, 꼴찌 팀의 수장이 되다

사람들이 그를 야구계 최고 원로로만 기억할 무렵, 김 감독은 예고 없이 현장에 복귀했다. 그것도 최근 한국 야구계의 최하위 팀으로 전락한 한화 이글스의 감독을 맡으면서. 선수단 구성이 훌륭했던 해태나 선수단 구성은 물론 구단의 지원도 최상이었던 삼성과 달리 한화는 선수단 구성도 구단의 지원도 썩 좋은 편은 아니다.

한화는 최근 2009년부터 2012년의 4시즌 동안 2011년을 제외한 무려 3시즌을 8개 구단 중 8위를 하는 처참한 성적을 냈다. 2011년의 성적도 공동 6위에 불과했다. '국보급 투수 류현진 혼자서만 야구하는 팀' '다른 팀에 가면 바로 2군 행인 선수들로 1군 선수단이 짜여진 팀'이라는 일각의 비판도 만만치 않다. 아무리 탁월한 지도력과 리더십을 인정받은 그가 한화에서 해태의 기적을 재현하기가 쉽지 않을 것이라는 전망도 많다.

특히 그가 한화에서 일정 이상의 성적을 내지 못하면 이때까지 김 감독이 감독과 사장으로 쌓은 화려한 경력에도 손상이 간다는 점에서 그의 현장 복귀를 우려하는 시선이 여전하다. 하지만 김 감독은 개의치 않는다는 표정이다. 벌써부터 특유의 카리스마로 선수단을 압도하고 있다.

많은 사람들은 그가 감독직을 떠난 지 무려 8년이 흘렀고, 일흔을 넘긴 만큼 이번에 복귀하면서 한결 부드러운 모습을 보일 것으로 내다봤다. 김 감독 역시 "나이도 있으니 더 부드러워지지 않겠냐"는 취지의 말을 했다. 하지만 이는 의례적인 멘트에 불과했다.

김 감독은 2012년 10월 10일 한화 이글스의 홈구장인 대전구장을 방문해 선수들에게 "최근의 한화 성적은 기대에 못 미쳤다. 그렇다고 돈으로 좋은 선수를 마냥 사들일 수는 없는 만큼 젊은 선수를 키우는 방법으로 강해져야 한다. 야구 선수는 못하면 죽는 거지 별수 없다"는 취지의 취임 일성을 날렸다. 해태 시절처럼 선수들을 혹독하게 몰아붙여 죽을 각오로 뛰는 강한 팀을 만들겠다는 출사표인 셈이다. 여든을 바라본다는 망팔(望八)의 나이, 더 이상 부족함이 없는 화려한 경력에도 불구하고 김 감독의 도전은 아직 끝나지 않았다.

김응용 리더십의 키워드

리더는 심리전의 달인이어야 한다

김응용 감독은 큰 덩치에 어울리지 않게 '꼼수'에 능한 감독이다. 자팀 선수는 물론 타팀 선수, 심판진, 때로는 관중과도 교묘한 신경전 및 밀고 당기기를 통해 자신이 원하는 바를 얻어낸다. 만약 그가 '힘'만을 강조해 다른 팀을 이기려 했다면 한국시리즈 10회 우승의 위업은 불가능했을지도 모른다. 선이 굵은 야구를 구사하는 것처럼 보여도 그 속에 감춰져 있는 세밀함이 김응용식 야구의 본질이다. 야구계가 그를 '코끼리의 몸과 여우의 지략을 갖춘 지도자'라고 평가하는 이유다.

1991년 한국시리즈에서 그는 한화 이글스의 전신인 빙그레 이글스와 격돌했다. 당시 김 감독은 '죽은 제갈공명이 살아 있는 사마중달을 잡았던' 삼국지의 그 전법을 앞세워 빙그레를 대파했다. 당시 해태 타이거즈의 에이스이자 한국시리즈 1차전의 승리투수였던 선동열은 1차전의 역투로 인해 손가락에 물집이 잡혔다. 상태가 너무 좋지 않아 남아 있는 경기에 도저히 출전할 수 없는 상태였다.

하지만 김 감독은 매 경기 승부처만 되면 투수 선동렬에게 불펜에서 몸을 풀라고 지시했다. 상대방의 기를 꺾어놓기 위한 고도의 노림수였다. 결국 빙그레는 선동렬이 아니라 해태의 6차전 선발투수였던 문희수에게 완투패를 당하며 2승 4패로 한국시리즈 준우승에 머물렀다.

김 감독의 이런 노림수는 1996년 한국시리즈에서도 이어졌다. 당시 해태는 한국시리즈 4차전에서 현대 유니콘스의 명투수 정명원에게 노히트노런 패를 당했다. 그러자 김 감독은 발끈하며 "(현대의 연고지인) 인천 출신 심판들이 노골적으로 현대 편을 든다. 이들이 계속 주심을 본다면 한국시리즈에 나가지 않겠다"고 선언했다. 김 감독의 말은 상대 팀과 심판을 동시에 흔들었다. 이후 해태는 5~6차전을 잡고 여덟 번째 우승을 했다.

그는 심판 판정이 마음에 들지 않으면 육탄전까지 불사하는 거친 항의로도 유명했다. 이와 관련 김 감독은 "상대팀을 교란한다, 심리전을 편다, 말들이 많았는데 나는 상대팀은 전혀 신경 쓰지 않았다. 승부에서는 상대팀을 신경 쓰는 게 아니라 우리 선수들을 잘 관리하는 게 중요하다"고 강조했다. 감독이 중요한 시합을 앞두고 벌벌 떨고 있고, 불리한 판정이 나왔는데 더그아웃에 가만히 앉아 있으면 선수단이 감독보다 더 긴장한다는 이유다.

김 감독은 "감독의 표정 하나에 우리 팀 전체 선수들의 마음가짐이 달라진다. 선수들이 여유 있는 마음가짐을 갖도록 해주려면 육탄전이 아니라 무슨 일인들 못하겠냐"고도 덧붙였다.

김 감독의 이런 모습은 리더가 심리전 및 커뮤니케이션의 달인이 되어야 하는 이유를 잘 알려준다. 부드러운 분위기에서 좋은 말만 하는 사람이 좋은 리더이자 최상의 커뮤니케이션 방식이 아니라는 뜻이다. 선수단이 흔들린다 싶으면 심판에게 강한 어필을 해서라도 선수단의 단합을 유도하고, 투쟁 심리를 자극하는 사람이 진짜 훌륭한 리더라는 뜻이다.

패배라는 생각 자체를 머릿속에서 지워라

스포츠 종목을 막론하고 최근 등장한 젊은 감독들은 즐기는 야구, 소위 스포테인먼트(스포츠+엔터테인먼트)의 중요성을 많이 강조한다. 화려한 치장과 쇼맨십으로 무장한 선수들도 점점 많이 등장하고 있다. 심지어 일부 감독은 스스로 세리머니의 주인공이 되어 많은 관심을 받기도 한다.

하지만 김 감독은 이런 추세가 달갑지 않다는 관점을 고수하고 있다. 그는 "관중은 즐거워야 하지만 프로 선수는 즐거우면 안 된다"라며 "죽을힘을 다해 진지하게 게임에 임하는 게 프로"라고 강조했다.

김 감독은 "요즘 보면 '질 때는 깔끔하게 지고 다음 경기를 준비하자'라고 말하는 사람들도 있던데 프로에 버리는 경기가 어디 있냐. 구장에 관중이 단 1명이 있더라도 최선을 다하는 게 감독의 임무다. 진다는 생각 자체를 하지 말아야 실제로도 지지 않는다"고 강조했다.

한 시즌에 130경기를 치러야 하는 야구의 특성상 지는 게 뻔한 경기에 선수단을 무리하게 투입하는 것은 자원 낭비가 아니냐는 질문에 대해서도 "교과서적인 폼으로 야구를 하면 부상을 안 당한다"고 밝혔다. 그는

"스타 선수들이 왜 유명해졌겠어. 부상 안 당하고 오랫동안 뛰면서 좋은 성적 냈기 때문에 유명해진 거잖아. 꼭 어중간하게 하는 선수들이 다쳐. 올바른 폼으로 열심히 하면 다칠 이유가 별로 없지"라고 덧붙였다.

같은 맥락에서 김 감독은 9구단, 10구단 등 신설 야구단이 속속 등장하고 있는 현상이 매우 바람직하다고 평가했다. 경쟁할 상대가 많아져야 리그 전체의 수준도 높아진다는 이유에서다. 최근 몇 년간 한국 야구를 보면 삼성, SK, 롯데, 두산 등은 계속 상위권에, LG, 한화, 넥센 등은 계속 하위권에 있는데 이는 관중 동원에도 부정적 요소로 작용하며 한국 프로야구의 수준 향상에도 도움이 되지 않는다고 일침을 가했다.

김 감독은 프로야구가 지금보다 더 발전하려면 문호를 활짝 넓히고, 경쟁을 두려워하지 않아야 한다고 거듭 강조하고 있다. 신설 구단 추가 창설은 물론 외국인 선수들도 더 많이 끌어와야 한다는 것.

경쟁을 두려워하는 것은 진정한 프로가 아니라는 김 감독의 마지막 말은 다음과 같다. "지금 구단마다 외국인 선수를 2명씩 쓰는데 잘하는 선수 있으면 더 많이 데려와서 수준 높은 야구를 보여줘야 한다. 몇몇 팀이 일본인 코치를 쓰는 걸로도 말이 많은데 그런 일로 왈가왈부하는 거 보면 한심해. 능력이 뛰어난 게 중요하지 코치진의 국적이 무슨 상관이야. 야구인들이 자기 밥그릇만 챙기면 절대 발전이 없어. 지금보다 더 많이 개방해야 한다고."

3부

상생의 길을 찾는 혜안

"만약 뭔가 잘못되면 다 내 책임이다. 이상!"

조 토레 전 뉴욕 양키스 감독

1940년 미국 뉴욕 출생. 선수 시절 메이저리그 야구(MLB)에서 9번이나 올스타에 뽑히고,
'최우수선수(MVP)'를 수상했다. 뉴욕 양키스 감독을 맡으며 지도자로 변신한
첫해에 18년 만의 월드시리즈 우승을 비롯해 12년간 양키스의 4회 우승을 일구었다.
'포천'은 "잭 웰치 전 제너럴일렉트릭(GE) 회장에 버금가는 경영자"라는 찬사를 보냈다.

미운 상대도
내 편으로 만들어라

"부하 직원의 잠재된 역량을 최대한 끌어내는 동시에 상사를 만족시키는 전천후 일꾼. 게다가 경쟁에 나서면 십중팔구 승리로 이끈다."

스포츠 지도자에게 이보다 더 큰 칭찬이 있을까. 게다가 경영계의 살아 있는 전설이라 불리는 잭 웰치 전(前) 제너럴일렉트릭(GE) 회장보다 더 훌륭하다는 평가를 받았다면 어떨까. 이 칭찬을 받은 사람이 바로 조 토레 전 뉴욕 양키스 감독이다.

토레 감독과 웰치 회장이 모두 현역으로 활동하던 2001년 미국 경영 주간지 '포천'은 두 사람의 경영 능력을 비교·분석하는 색다른 기사를 내놨다. '포천'은 그 결과 '명감독'이 좀 더 우수하다며 토레의 손을 들어줬다. 토레 감독이 야구팀이 아니라 기업체를 운영하는 인물이었다면 웰치 회장에 맞먹거나 그를 능가하는 걸출한 경영자가 됐을 것이라는 분석과 함께.

토레 감독이 이런 칭송을 받은 이유가 뭘까. 쓰러져가던 양키스 왕조의 부활을 가능케 한 인물이기 때문이다. 잘 알려진 대로 뉴욕 양키스는 메이저리그 최다 우승 횟수, 가장 비싼 구단 가치, 최고로 많은 선수단 전체 연봉(payroll), 홈런왕 베이비 루스가 속했던 전설의 야구팀으로 유명하다.

하지만 1980년대와 1990년대 중반에는 단 한 차례의 월드시리즈 우승도 거두지 못해 '모래알 군단'으로 불리는 치욕을 겪었다. 이 모래알 군단은 1996년 사령탑으로 등장한 조 토레의 부임 후 환골탈태했다. 월드시리즈에서 4차례 우승하고, 1998년부터 2000년까지는 '월드시리즈 3년 연속 제패'라는 전무후무한 기록을 달성하며 최강팀으로 다시 발돋움했다.

이 기간에 그가 전립선암과 싸웠다는 사실이 뒤늦게 알려지면서 토레 감독에 대한 미국 야구계의 칭송은 더 높아졌다. 토레 감독은 감독으로 활동한 29년간 통산 4,329경기에서 2,326승 1,997패(승률 5할 3푼 8리)의 성적을 기록하며 메이저리그 역대 감독 다승 5위를 달리고 있다.

일각에서는 토레 감독의 성공이 소위 선수 '빨'에 기인한다고 폄훼하기도 한다. 영원한 리더 데릭 지터, 홈런왕 알렉스 로드리게스, 특급 마무리 마리아노 리베라, 호타준족의 대명사 게리 셰필드 등 이름만 들어도 쟁쟁한 스타들이 즐비한 양키스에서 우승을 일궈내는 건 어렵지 않다는 것. 하지만 이는 하나만 알고 둘은 모르는 소리다. 특급 선수가 많은 만큼 개개인의 독불장군식 행동이 잦았고, 선수단 전체의 기(氣)도 셌다. 토레 감독은 이런 톱스타를 한 팀으로 아우르고 관리하는 능력이 탁월했다.

토레 감독의 성공은 스타 선수를 대상으로 한 철저한 1대 1 '감성 마케팅'에 기인했다. 본인 역시 스타 선수 출신인 만큼 선수들의 복잡한 감정 변화를 잘 헤아린 토레 감독은 '채찍'보다 '당근'을 중시하는 전략을 썼다. 그는 선수들에게 어지간하면 성을 내거나 목소리를 높이지 않고 어떤 상황에서든 선수들을 믿는다는 자세를 일관되게 유지했다.

'메이저리그의 독재자'로 유명했던 조지 스타인브레너 고 양키스 구단주와도 원만하게 지냈다. 스타인브레너 구단주는 취미가 감독 갈아치우기일 정도로 구단 운영에 시시콜콜 간섭했지만 토레 감독은 특유의 온화한 카리스마를 발휘하며 좋은 성적으로 구단주의 간섭을 잠재웠다.

최근 미국 야구협회는 토레 감독을 '2013 월드베이스볼클래식(WBC)'에 나설 미국 국가대표팀의 사령탑으로 추대했다. 그가 메이저리그 내 최고 선수들로만 구성되는 WBC 감독으로 뽑힌 것 역시 "쟁쟁한 스타급 선수들을 하나로 묶는 데는 조 토레만 한 역량을 지닌 감독이 없다"는 평판 덕분이다.

아홉 차례나 올스타에 선발되다

조 토레 감독은 1940년 미국 뉴욕 브루클린의 가난한 이탈리아 이민자 가정에서 태어났다. 다른 이탈리아 이민자 가계와 마찬가지로 그의 집안은 엄격한 가톨릭 교풍이 지배하는 대가족이었고, 가족 간 우애(友愛)가 유달리 두터웠다. 그의 누나인 마거릿 토레는 수녀였다.

3남 1녀 중 둘째 아들인 토레 감독에게 가장 큰 영향을 미친 가족은 아홉 살 위의 형 프랭크 토레다. 프랭크 토레는 1950~1960년대 밀워키 브루어스, 필라델피아 필리스 등에서 1루수로 뛰었다. 형의 영향을 받아 토레 감독도 어릴 때부터 야구공을 잡았다.

프랭크 토레는 메이저리그에서 8시즌 동안 선수로 활약하며 2할 5푼 8리의 통산 타율을 기록했다. 후하게 평가해도 B급 선수 이상이라고 보기 어려웠다. 하지만 형과 달리 토레 감독은 1960년 밀워키 브루어스에 입단하자마자 두각을 나타냈다.

야구 선수 토레의 존재감이 두드러지기 시작한 때는 1964년이다. 당시 밀워키 브루어스에서 명포수로 이름을 날리던 그는 1964년 타율 3할 1푼 2리, 홈런 12개를 기록하며 올스타에 처음 뽑혔다. 이듬해인 1965년에는 포수 골든글러브를 수상하기도 했다.

1969년 세인트루이스 카디널스로 이적한 뒤에는 야구 인생의 황금기를 맞는다. 3루수로 보직을 바꿨음에도 토레 감독은 1971년 타율 3할 6푼 3리, 홈런 24개, 137타점의 놀라운 성적을 올렸다. 내셔널리그 최우수선수(MVP)로 뽑히며 그야말로 선수 생활의 절정기를 만끽했다.

토레 감독은 선수 생활 말년에 고향인 뉴욕으로 돌아왔다. 1975년부터 1977년까지 뉴욕 메츠에서 활동한 그는 통산 18시즌을 뛴 메이저리그 선수 생활 동안 타율 2할 9푼 7리, 통산 252개의 홈런을 기록했다. 특히 포수, 1루수, 3루수 등 다양한 포지션에서 뛰었음에도 어느 포지션에서건 수준급의 성적을 냈다. 현역 시절 9차례나 올스타에 선발될 정도로 화려한 선수생활을 보낸 이유가 여기에 있다.

스타에서 무능한 지도자로

토레 감독은 1977년 시즌 중 뉴욕 메츠의 선수에서 코치로 변신했다. 이후 1981년까지 메츠 감독으로 활동했지만 그 기간에 낸 성적은 형편없었다. 감독으로 재직한 5시즌 동안 플레이오프 진출은 고사하고, 5할 승률을 기록한 적이 한 번도 없을 정도였다. 결국 1981년 시즌 중반 감독 자리에서 쫓겨나는 수모를 겪었다.

1982년에는 메이저리그의 전설적 명장인 바비 콕스 전 애틀랜타 브레이브스 감독의 뒤를 이어 애틀랜타 사령탑으로 부임했다. 하지만 그는 여기에서도 눈에 띄는 성적을 내지 못했다. 1982년 한때 내셔널리그 서부지구 1위를 차지했지만 내셔널리그 챔피언십시리즈에서는 세인트루이스 카디널스에 3연패해 탈락했다. 이후 성적은 더 나빠졌고 그는 감독 부임 2년 만인 1984년 해고당했다.

결국 1985년부터 1990년까지 무려 5년간 미국 스포츠 전문 케이블 방송인 ESPN에서 야구 해설자로 활동해야만 했다. 오랫동안 야인(野人) 생활을 하던 토레 감독은 1990년 드디어 메이저리그 복귀 기회를 잡았다. 자신의 선수 생활 동안 황금기를 보냈던 세인트루이스 카디널스의 수장(首長)이 된 것. 하지만 1995년까지 6시즌 동안 그는 한 번도 플레이오프에 진출하지 못했다. 미국 야구계는 "스타플레이어 출신은 역시 명감독이 될 수 없다"며 토레의 지도력을 폄하했다. 무려 세 개 구단에서 잇따라 실패를 맛본 그를 데려갈 팀은 어디에도 없어 보였다.

최고 인기팀의 사령탑이 되다

토레 감독은 야구계의 이런 예상을 뒤엎고 1996년 메이저리그의 최고 인기 팀인 뉴욕 양키스의 사령탑으로 부임했다. 그의 영입을 주도한 사람은 '보스(The boss)'라는 칭호로 유명한 고 조지 스타인브레너 양키스 구단주였다.

스타인브레너 구단주는 1973년부터 2007년까지 34년간 양키스를 소유하며 무지막지한 권력을 휘둘렀다. 감독, 단장, 선수, 스태프 등 구단 내 누구라도 자신의 마음에 들지 않으면 가차 없이 내쳤다. 평소 옷차림이나 사생활 등 야구장 밖에서 일어나는 일에 대해서도 간섭이 심했다. 빌리 마틴 전 양키스 감독은 그로부터 무려 5번이나 기용됐다 해임되는 진기록을 남기기도 했다.

토레 감독이 양키스에 발을 담그기 전 10여 년 동안 여러 팀을 전전하며 이렇다 할 성적을 내지 못했기에 많은 사람이 토레의 영입에 의문을 표시했다. 심지어 뉴욕 주요 언론들은 고집불통 구단주가 무능력한 감독을 선택했다고 길길이 날뛰었다. 일부 언론은 '멍청한 조 토레(Clueless Joe)'라는 자극적인 헤드라인을 달기도 했다.

하지만 토레 감독은 이에 굴하지 않았다. 그는 선수단에게 "나를 믿으라"는 판에 박힌 말 대신 "너희가 나를 믿을 수 있도록 증명해 보이겠다"는 다짐으로 무명 지도자를 의심의 눈초리로 쳐다보던 선수단의 불안을 잠재웠다. 슬럼프에 빠진 선수에게는 "너는 곧 살아날 것"이라며 따뜻한 격려를 아끼지 않았다. 이를 통해 선수들과 신뢰를 쌓아간 그는 1996년 애틀랜타 브레이브스를 꺾으며 뉴욕 양키스에 우승컵을 안겼다. 1978년 우승 이후 18년 만의 쾌거였다. 스타인브레너 구단주는 뛸 듯이 기뻐했고 뉴욕 언론도 앞 다퉈 그를 칭송했다.

1996년의 우승은 토레 감독 개인에게도 재기의 발판이 됐지만 지금도 양키스의 상징으로 군림하는 주장 데릭 지터를 발굴했다는 점에서 더 큰 의미를 지닌다. 그해 처음으로 풀타임 메이저리거가 된 지터는 타율 3할 1푼 4리, 홈런 10개, 78타점을 기록하며 심사위원 만장일치로 메이저리그 신인상의 주인공이 됐다.

특히 그는 포스트시즌에서 맹활약해 월드시리즈 우승에 기여했다. 텍사스 레인저스와의 디비전시리즈에서는 4할 1푼 2리의 타율을 올리고, 볼티모어 오리올스와의 챔피언십시리즈에선 4할 1푼 7리를 기록했다.

메이저리그에서 넘쳐나는 유망주 중 한 명이었던 지터는 이를 통해 전국구 스타로 발돋움했고 지금도 미국 야구계를 대표하는 선수로 군림하고 있다.

월드시리즈 3연패

1997년 뉴욕 양키스는 플레이오프에서 클리블랜드 인디언스에게 패해 월드시리즈에 진출하지 못했다. 하지만 이는 그야말로 2보 전진을 위한 1보 후퇴였다. 1998년부터 2000년까지 3시즌 동안 뉴욕 양키스는 압도적인 승률을 올리며 전무후무한 월드시리즈 3연패에 성공했다.

특히 1998년 양키스는 시즌 전체로 114승 48패의 성적을 기록하며 무려 7할이 넘는 어마어마한 승률을 기록했다. 10경기 중 6경기만 이겨도, 즉 6할대의 승률만 기록해도 페넌트레이스 1위를 기록하는 프로야구에서 7할대 승률의 우승팀이 나왔다는 것은 130년이 넘는 역사를 지닌 메이저리그에서도 매우 드문 사건이었다.

메이저리그 역대 최다승 팀은 116승을 올린 1906년의 시카고 컵스(116승 36패)와 2001년의 시애틀 매리너스(116승 46패)다. 하지만 두 팀은 모두 월드시리즈 우승에 실패했다. 1906년의 시카고 컵스는 월드시리즈에서 시카고 화이트삭스에게 패했다. 2001년의 시애틀 매리너스는 리그 챔피언십시리즈에서 뉴욕 양키스를 넘지 못해 월드시리즈에 아예 나가지도 못했다.

하지만 1998년의 양키스는 달랐다. 양키스는 첫 85경기에서 무려 65승을 따내면서 다른 팀들의 의욕을 완전히 꺾어놓았다. 하반기에는 경기를 상당히 느슨하게 운용했음에도 다른 팀이 따라오지 못할 정도로 멀리 달아났다.

1998년 양키스에 이어 아메리칸리그 2위를 차지한 팀은 보스턴 레드삭스였다. 양키스는 레드삭스와 무려 22경기 차로 페넌트레이스 우승을 차지했다. 당시 2위였던 보스턴 레드삭스가 올린 92승은 어지간한 해라면 우승을 하고도 남을 성적이었다. 덕분에 토레 감독은 첫 우승을 차지한 1996년에 이어 1998년에도 '올해의 감독상'을 수상했다.

2001년 뉴욕 양키스는 월드시리즈에서 애리조나 다이아몬드백스와 맞붙었다. 1901년 창단된 100년 역사의 양키스와 1998년 창단된 3년차 구단 다이아몬드백스는 선수단의 두께 자체가 다른 팀이었다. 게다가 양키스는 지난 3년의 월드시리즈를 모두 이겼고, 애리조나는 월드시리즈에 처음 진출한 팀이었다. 누가 봐도 양키스의 낙승이 점쳐지는 상황이었다.

실제 상황도 양키스에 유리하게 전개됐다. 5차전까지 양키스는 3승 2패로 다이아몬드백스에 앞섰다. 특히 월드시리즈 4차전과 5차전에서 잇달아 역전 홈런을 터뜨리며 승기를 잡았다. 당시 홈런을 맞은 애리조나 다이아몬드백스의 투수가 바로 지금 넥센 히어로즈에서 뛰고 있는 김병현이다.

우여곡절 끝에 6차전을 패한 양키스는 2001년 11월 4일, 미국 애리조나 주 피닉스의 뱅크원 볼파크에서 운명을 가를 월드시리즈 마지막 승부, 즉 7차전을 치렀다. 9회 초까지는 양키스가 2대 1로 앞서면서 우승이 눈앞에 있는 듯했다. 하지만 애리조나의 마지막 공격을 막기 위해 등판한 양키스의 마무리 투수 마리아노 리베라가 아웃카운트 3개를 잡아내지 못하면서 역사가 뒤바뀌었다. 메이저리그의 초특급 소방수로 이름을 날리던 리베라는 마운드에 올라오자마자 동점을 허용했고, 이후 역전타를 맞고 패전투수가 됐다.

불과 3년의 역사를 가진 초짜 팀에 믿을 수 없는 패배를 당한 양키스는 이후 8년이 지나서야 다시 월드시리즈 우승을 거머쥔다. 그사이 양키스의 부활을 이끌던 토레 감독의 화려한 나날은 서서히 저물기 시작한다.

2001년 월드시리즈에서 안타깝게 패한 후 양키스는 한동안 명문 팀에 걸맞은 성적을 내지 못했다. 내셔널리그와 아메리칸리그의 우승팀이 겨루는 월드시리즈에서 우승하지 못한 것은 물론이고 2003년 이후에는 아메리칸리그에서조차 우승을 놓쳤다.

양키스와의 이별

  성질 급한 스타인브레너 구단주는 조바심을 내기 시작했다. 특히 2004년 텍사스 레인저스에서 엄청난 돈을 들여 홈런왕 알렉스 로드리게스까지 영입한 뒤에도 양키스가 월드시리즈 우승은커녕 변변한 성적도 내지 못하자 스타인브레너 구단주는 토레 감독에게 자주 언성을 높였다. 4번의 월드시리즈 우승으로 연봉이 어지간한 스타 선수 못지않게 비싸진 토레 감독이 몸값에 걸맞은 성적을 내지 못한 데 대한 분풀이었다.

  결국 스타인브레너 구단주는 토레 감독의 몸값을 후려치는 전략으로 자연스레 그를 해고했다. 2007년 가을 플레이오프를 앞두고 스타인브레너 구단주는 언론을 통해 "토레 감독은 메이저리그에서 최고 연봉을 받는 감독인 만큼 그에 걸맞은 성적을 내야 한다"며 "올해도 만약 디비전시리즈에서 탈락한다면 재계약은 없을 것"이라고 엄포를 놓았다.

  이 말이 악재로 작용했는지 양키스는 클리블랜드 인디언스에 패하며 또다시 디비전시리즈에서 탈락했다. 월드시리즈의 문턱은 밟아보지도 못했다. 양키스와 토레 감독의 이별은 기정사실화되는 듯했다.

  그러나 예상치 못한 변수가 생겼다. 바로 양키스 선수단과 팬들의 강한 반대에 부딪힌 것이다. 1996년 토레 감독이 처음 양키스에 부임했을 때 "멍청한 토레"라고 비난했던 뉴욕 언론들은 연일 "토레는 여전히 최고의 감독"이라는 양키스 팬들의 목소리를 전하며 스타인브레너 구단주를 압박했다.

  스타인브레너 구단주는 울며 겨자 먹기로 토레 감독에게 재계약 조건을 제시했다. 계약 기간 1년에 연봉 500만 달러였다. 500만 달러도 적은 돈은 아니지만 그가 이전에 받던 연봉보다는 적었고 굴욕적인 조건까지 붙었다. 바로 디비전시리즈, 챔피언 결정전, 월드시리즈에 진출할 때마다 각기 100만 달러씩을 얹어 최대 800만 달러(약 74억 원)를 준다는 것.

양키스 감독이 되고 난 후 연봉이 깎인 적이 없던 그에게 연봉 삭감과 굴욕적인 옵션계약은 참기 힘든 것이었다. 계약 내용으로만 보면 구단이 토레 감독에게 "우리는 당신의 능력을 더는 믿지 못하겠다"는 속내를 드러낸 셈이었다.

선수와 지도자로 모두 최고의 자리를 경험한 토레 감독은 돈보다 자존심을 택했다. 그는 이미 양키스를 위해 수많은 공을 세운 데다 '명예의 전당' 입성까지 노리는 자신에게 어울리지 않는 계약 내용이라고 판단해 구단주의 제의를 거절했다. 양키스 감독이라는 자리와 수십억 원의 연봉보다는 자존심과 명예를 택한 토레 감독은 대중과 평단의 지지를 받았다. 뛰어난 지도력과 품위 있는 언행으로 존경받아온 그다운 결정이었기 때문이다. 뉴욕타임스는 토레 감독이 양키스를 떠나겠다고 밝힌 직후 "그의 퇴장은 한 시대의 종언을 의미한다"고 보도했다.

다저스 감독에서 WBC 사령탑으로

2007년 10월 정들었던 양키스와 이별을 고한 그는 한 달 뒤인 11월 LA 다저스와 계약을 맺었다고 발표했다. 한국 야구팬에게는 박찬호 선수가 전성기 시절 뛰었던 팀으로 유명한 다저스는 3년간 총액 1,300만 달러를 주는 조건으로 토레 감독을 영입했다. 1년 연봉으로 치면 양키스 시절보다 오히려 낮은 액수였지만 새로운 팀에서 뛰겠다는 그의 뜻을 말릴 수는 없었다.

양키스의 줄무늬 유니폼을 벗고 다저스의 푸른색 유니폼으로 갈아입었지만 월드시리즈 그라운드를 밟을 기회는 좀처럼 오지 않았다. 결국 토레 감독은 2010년 말 다저스와의 계약이 끝난 후 사실상 감독직에서 물러났다. 통산 2,326승을 기록한 메이저리그의 5번째 최다승 감독이라는 기록과 함께.

하지만 그는 야구와 동떨어진 삶을 살 수 없었다. 2011년 2월 메이저리그 사무국은 그를 운영 담당 부사장으로 영입했다. 선수, 지도자에 이어 행정가로 활동하던 그는 최근 야구장에 복귀할 기회를 잡았다. 메이저리그가 2013 WBC에 나설 미국 국가대표팀 사령탑으로 토레 감독을 지명했기 때문.

토레 감독이 다시 선수단을 맡는 건 약 2년 만이다. 2010년 LA 다저스 사령탑에서 스스로 물러난 뒤 지난 3월부터 메이저리그 운영 담당 부사장으로 일했다. 다시 지휘봉을 잡게 된 그는 "미국 국가대표팀을 이끄는 건 처음"이라며 "너무도 영광스럽고 기대된다"고 소감을 밝혔다.

그가 짊어진 임무는 막중하다. 세계 최고 선수들로 WBC 팀을 꾸린 미국은 지난 두 차례 대회에서 기대 이하의 성적을 남겼다. 최고 성적이 2009년에 기록한 4위일 정도로 보잘것없다. 메이저리그 대표 지도자 반열에 올랐지만 마지막에 지도자 인생의 빛이 살짝 바랜 토레 감독이 이번 WBC에서 미국과 그의 자존심을 동시에 일으켜 세울 수 있을지 귀추가 주목된다.

감성지능의 중요성을 깨달아라

흔히 마음을 움직이는 힘 혹은 능력을 '감성지능'이라 한다. 지능지수
(IQ)에 대비되는 의미의 감성지능(EQ)은 1990년대 초 미국의 심리학자 피
터 샐로베이와 존 메이어가 처음으로 사용했다.

이 감성지능이 리더십과 조직 경영에 엄청난 영향을 미친다는 점을 발
견한 이는 미국의 유명 심리학자이자 하버드 대학교 교수인 대니얼 골먼
이다. 골먼 교수는 감성지능이 자신의 감정에 대한 이해 능력, 다른 사람
에 대한 감정이입 능력, 감정 조절 능력, 타인에게 영감을 불러일으키는
관계관리 능력 등 4가지로 구성된다는 점을 밝혀냈다. 특히 골먼은 성
공한 리더와 그렇지 못한 리더 간의 차이는 기술적 능력이나 지능지수의
차이에서 나오는 게 아니라 감성지능의 차이에 있다고 지적했다. 즉 감성
지능이 뛰어난 리더가 조직을 운영할 때 해당 조직의 업무 능력이 극대
화한다는 것.

토레 감독은 스포츠계 지도자에게 감성지능의 중요성을 알려준 최초
의 지도자라고 해도 과언이 아니다. 그렇다면 현대 조직에서 감성지능이
왜 중요할까. 경영 환경이 급변하면서 위계질서를 중시하는 수직적인 조
직문화에서 탈피해 구성원 간의 협력과 창의성을 강조하는 수평적인 네
트워크가 대세를 이루고 있다. 강력하고 카리스마 넘치는 리더가 이끄는
조직보다 구성원 개개인의 자발적인 협조와 동기부여가 넘쳐나는 조직이

더 큰 성과를 거두기 때문이다. 즉 기업 간 경쟁이 치열해질수록 역설적으로 타인을 배려하고, 협력과 팀워크를 중시하는 기업문화가 절실하다. 감성지능이 높은 토레 감독과 같은 지도자가 필요한 이유다. 잘 알려진 대로 토레 감독은 콧대 높은 스타 선수들의 총 집합소인 양키스 구단의 감독으로 12년간 재직하면서 큰소리 한 번 내지 않았다.

특히 그의 온화한 카리스마는 한때 잘나갔지만 현재는 성적이 부진한 노장 선수들 앞에서 빛을 발했다. 상당수 노장 선수는 몸값이 비싸지만 성적이 신통치 않아 언제 은퇴나 트레이드를 당할지 모른다는 불안감을 안고 하루하루를 버틴다.

토레 감독은 일부러 고참선수들에게 슬그머니 다가가 이렇게 격려했다. "너 절대 트레이드 안 시켜. 그러니 열심히 해봐." 해당 선수를 불러내 속삭이듯 전하는 이 한마디가 고참 선수는 물론 선수단 전체에 활력소가 됐음은 말할 나위가 없다. 토레 감독이 스타플레이어가 많은 양키스 구단의 팀워크를 위해서는 채찍보다 따뜻한 격려를, 경쟁보다 화합을 중시해야 한다는 점을 일찍이 간파한 덕분이다.

상사를 내 편으로 만들어라

"관리자로서 상사를 다루는 일이 얼마나 중요한지를 깨닫기는커녕 상사를 다룰 수 있다는 자체를 믿는 사람조차 거의 없다. 관리자는 상사에 대해 불평만 늘어놓을 뿐 그를 다루려고 애쓰지 않는다."

현대 경영학의 아버지라 불리는 피터 드러커가 한 말이다. 많은 직장인이 상사 때문에 울고, 사표를 쓰기도 한다. 직장을 떠나는 주된 이유가 업무가 아니라 상사 때문이라는 것이 여론조사에서도 밝혀졌다. 그렇다면 지금 CEO의 자리에 오른 이들은 마음이 하해와 같이 넓은 상사만 거쳤을까. 결론부터 말하자면 당연히 아니다. 좋은 상사를 만나는 것보다 더 중요한 것은 그를 내게 좋은 상사가 되도록 만드는 것이다. 토레 감독은 이런 면에서도 탁월한 능력을 지닌 리더였다.

많은 인기를 누리며 천문학적인 액수의 연봉을 받는 메이저리그 감독들 역시 구단주 앞에서는 파리 목숨일 뿐이다. 스타인브레너처럼 독불장군형 구단주는 더 말할 것도 없다. 토레 감독 이전에 양키스를 맡았던 빌리 마틴, 벅 쇼월터 등 쟁쟁한 감독들도 모두 스타인브레너와의 불화 때문에 팀을 떠났다.

토레 감독은 모시기 부담스러운 이 상사를 잘도 요리했다. 비결은 바로 자신의 영역을 침범할 때는 절대 굽히지 않는 대신 그 외의 영역에서는 상사의 체면을 세워준 데 있다. 토레 감독이 첫 월드시리즈 우승을 이끈 1996년, 뉴욕 양키스는 애틀랜타 브레이브스와의 월드시리즈 1차전에서 대패했다. 애틀랜타는 그렉 매덕스, 톰 글래빈 등 특급 투수로 무장한 강팀이었다.

화가 난 스타인브레너 구단주는 1차전이 끝난 후 선수단을 찾아가 잔소리를 해댔다. 하지만 토레 감독은 대뜸 "내일 또 질지 모른다. 그렇게 되더라도 걱정 말라"고 태연하게 말했다. 실제 토레 감독의 말대로 양키스는 이튿날 2차전에서 또 패했다. 하지만 이후 내리 4게임을 승리해 18년 만의 월드시리즈 우승에 성공했다.

만약 스타인브레너 구단주가 1차전 패배의 책임을 물어 토레 감독에게 성질을 부렸을 때 그가 똑같이 맞받아쳤으면 어땠을까. 손뼉도 마주쳐야 소리가 난다고, 상사의 공격에 즉각 감정적인 반응을 보이거나 방어 태세를 취하거나 변명을 늘어놓는다면 문제는 더 커지게 된다.

반면 욱하는 심정을 누르고 자극적인 반응을 보이지 않는다면 상사는 오히려 자신의 과잉행동과 흥분을 민망해하며 땅을 치고 후회할 것이다. 즉 상사와의 갈등으로 인한 불을 끄려면 맞서기보다는 한발 물러서기가 낫다. 즉각 반응을 보이기보다는 상사의 이야기를 듣고 난 뒤 방법을 모색하는 게 유리하다.

말로는 쉽지만 실천하기는 어려운 이 방법을 토레 감독은 잘 지켜냈다. 그는 늘 "스타인브레너 구단주는 장점이 있는 반면 단점도 있는 인물이다. 그의 일부만을 취하려 하지 말고 전체로 받아들여야 한다"고 말하곤 했다. 심지어 성적이 나쁠 때마다 넌지시 해고 의사를 비치는 스타인브레너 구단주에게 "만약 당신이 변화가 필요하다고 느끼면 그렇게 하라"는 말도 먼저 건넸다. 토레 감독이 메이저리그 역사상 가장 까다로운 구단주 밑에서 최장기간인 12년을 버틴 원동력이 여기에 있다.

야구장 밖에서도 모범을 보여라

가난한 이민자 가정에서 자란 토레 감독은 스타가 된 후 사회공헌 활동에도 열심이다. 특히 2002년에는 가정폭력을 추방하고 피해 어린이를 보호할 목적으로 '조 토레의 가정안전재단(The Joe Torre Safe at Home

Foundation)'을 설립했다. 토레 감독은 이 재단을 통해 미국에 진출한 삼성 전자와도 손을 잡았다. 삼성은 2002년부터 양키스 팀이 정규시즌 중 뉴욕 양키스 구장에서 1개의 홈런을 칠 때마다 기부금 1,000달러를 조 토레 재단에 내고 있다. 스포츠 스타를 이용한 자선 마케팅이 어느 나라보다 활발한 미국에서 미국식 방법으로 미국 소비자를 공략하겠다는 삼성의 전략적 판단과 다양한 기부금 납부자가 필요한 토레 재단의 욕구가 맞아떨어진 셈이다.

야구장 안에서나 밖에서나 모범을 보인 토레 감독이 팬들로부터 높은 인기를 누린 것은 어찌 보면 당연하다 하겠다. 2007년 메이저리그 사무국이 실시한 팬 투표에서 토레 감독은 무려 25퍼센트의 지지율을 얻어 '메이저리그 최고 감독' 1위를 차지했다.

양키스 감독 시절 말년에 부진한 성적을 냈음에도 양키스 팬과 주요 언론이 한 목소리로 '조 토레 연임'을 외친 것은 실력과 인품을 두루 갖춘 덕장(德將) 토레의 진가를 알아봤기 때문이다.

〈참고문헌〉
양키스는 왜 강한가, 이종률 지음, 2003, 한국능률협회

"당신의 용기를 믿어라. 이것이 리더십의
제1법칙이다. 일단 출발을 했으면 당신의 결정을
고수하고, 그 결과에 책임을 져야 한다."

필 잭슨 LA레이커스 감독

1945년 미국 몬태나 주 출생. 마이클 조던, 샤킬 오닐 등 콧대 높은
스타들에게 신기에 가까운 용병술을 발휘해 팀워크의 중요성을 각인시켰다.
자신이 맡은 LA레이커스를 11번이나 NBA 정상에 올렸다. 평생 단 하나를 얻기도 힘들다는
미국 프로농구(NBA) 우승 반지를 무려 13개(감독으로 11개, 선수로 2개)나 가지고 있다.

휘둘리지 말고
원하는 것을 얻어내라

20년의 감독 생활 동안 11번 우승, 해마다 단 한 번도 빠지지 않고 NBA 플레이오프 진출, 통산 승률 7할, 플레이오프 승률은 6할 8푼 8리로 사상 최고, 역대 최단기간 1,000승 돌파, 정규리그에서 단 한 번도 승률이 5할 밑으로 떨어진 적이 없음….

과연 사람의 힘으로 가능한 성적일까. 하지만 이 기록은 모두 한 사람의 손에서 만들어졌다. 주인공은 최근 은퇴를 발표한 필 잭슨 전 LA 레이커스 감독이다. NBA 전설로 불리는 그는 양 손가락에 다 낄 수도 없는 무려 11개의 우승 반지를 보유해 NBA 최다 우승 감독이란 타이틀을 지니고 있다.

1989년부터 감독직을 수행해온 잭슨 감독은 시카고 불스 사령탑 시절 특유의 '트라이앵글 오펜스(삼각 공격)' 전술을 통해 6번이나 챔피언(1991~1993년, 1996~1998년) 자리에 올랐다. LA 레이커스로 팀을 옮긴 후에도 5개의 우승 반지(2000~2002년, 2009~2010년)를 수집했다.

NBA 역사에서 한 팀이 3시즌 이상을 연속 우승한 사례는 총 5번이다. 이 중 절반이 넘는 3번을 잭슨이 만들어냈다. 하지만 보스턴 셀틱스와 미네소타 레이커스가 이룬 3연패는 NBA 전체 팀이 10팀이 안 되던 시절에 달성한 것이다. 즉 지금처럼 NBA 소속 팀이 20개 이상으로 늘어난 1960년대 이후 한 팀이 3연속 이상 우승한 사례는 잭슨 휘하의 시카고 불스와 LA 레이커스뿐이다. 그의 진가를 잘 알 수 있는 대목이다.

 일각에서는 잭슨 감독의 이런 업적을 자신의 능력만으로 올린 성과가 아니라고 폄하한다. 실제 그는 시카고 불스 감독 시절 '농구 황제' 마이클 조던을 포함해 스코티 피펜, 데니스 로드맨, 호레이스 그랜트 등의 슈퍼스타와 함께했다. LA 레이커스에서도 코비 브라이언트, 샤킬 오닐 등을 선수로 두고 있었다. 잭슨 감독의 전매특허 작전으로 알려진 '트라이앵글 오펜스' 역시 오랜 파트너였던 텍스 윈터 코치의 아이디어였다.

 하지만 그가 단순히 좋은 선수와 강력한 전술만으로 11회의 우승을 차지한 건 아니다. 슈퍼스타와 함께했음에도 좋은 성적을 거두지 못한 감독이 한둘이 아닌 게 현실이다. 잭슨이 가진 강력한 무기는 뛰어난 용병술이었다. 마이클 조던, 코비 브라이언트, 스코티 피펜, 데니스 로드맨, 샤킬 오닐 등 과거 잭슨 감독이 지도했던 선수들은 실력이 뛰어났지만 그만큼 강한 개성과 자존심을 지닌 선수들이었다. 감독이 통제하기 힘들었고 성깔도 만만치 않았다. 잭슨 감독은 이 콧대 높은 스타들에게 신기에 가까운 용병술을 발휘해 11번이나 NBA의 정상에 올라섰다.

 심리전에 능해 '젠 마스터(Zen master, 禪師)'로도 불렸던 잭슨 감독은 선(禪)과 같은 동양사상에 심취했다. 그는 선수들에게 운동 외에 요가·명상·독서를 권유해 팀워크의 중요성을 각인시켰다. 즉 잭슨의 농구를 한 마디로 요약하면 전략과 전술이 아닌 심리다. 선수들의 심리와 성격 파악에 뛰어나고 그에 따라 다양한 방법으로 선수들을 지도해 경기력을 최상으로 이끌어내기 때문이다. 잭슨을 거친 수많은 스타 선수 중 유독 그와 많이 다퉜던 코비 브라이언트도 "잭슨 감독이 다른 감독과 다른 점은 용병술이다. 그가 있어 우리가 하나로 뭉칠 수 있었다"고 칭찬한 바 있다.

목사를 꿈꾸던 소년

잭슨 감독은 1945년 미국에서 가장 조용하고 한적한 곳으로 꼽히는 몬태나 주의 디어로지에서 태어났다. 그의 부모는 순복음 교리에 심취한 사람들로, 자녀들을 종교적 규율에 따라 엄격하게 길렀다. TV 시청이나 춤추기는 전혀 허용되지 않았고 주말에는 반드시 교회에 가야 했다. 잭슨은 고등학생 때 처음 영화를 볼 수 있었다.

어릴 적 목사를 꿈꾸던 소년 잭슨이 농구를 처음 접한 건 고등학교 때였다. 몬태나 주와 인접한 노스다코타 주의 윌리스턴에서 고등학교를 다닌 그는 농구, 축구, 야구, 육상 등 다양한 스포츠에서 두각을 나타냈다. 무엇보다 2미터가 넘는 신장이 뒷받침이 됐다.

잭슨은 고등학교 시절 학교를 방문한 애틀랜타 브레이브스의 스카우터 빌 피치의 눈에 띄어 본격적인 농구인의 길을 걷기 시작했다. 빌 피치는 노스다코다 주립대학교 감독에게 잭슨을 유망주라고 추천했고, 덕분에 잭슨은 쉽게 대학에 입학해 심리학, 종교학, 철학을 전공했다. 그때만 해도 그는 '언젠가는 목사가 되어야 한다'는 생각을 갖고 있었다.

농구 선수 필 잭슨이 NBA에 첫발을 들인 시기는 대학을 졸업한 1967년이다. 그는 그해 신인 드래프트에서 뉴욕 닉스로부터 2라운드 지명을 받았다. 하지만 당시 잭슨은 결코 뛰어난 공격 능력을 가진 선수가 아니었다. 그는 부족한 자신의 공격 능력을 영리한 플레이와 뛰어난 수비 능력으로 채우며 팀의 핵심 벤치 선수로 맹활약했다.

당시 잭슨은 능력보다 외모로 더 많은 주목을 받았다. 히피를 떠올리게 하는 장발과 콧수염, 유난히 큰 키와 넓은 어깨가 팬들을 사로잡았다. 당시 잭슨의 별명은 '헤드 앤드 숄더(Head and Shoulders : 머리와 어깨)'였다.

심리전의 대가로 거듭나다

잭슨이 농구 지도자로서의 가능성을 보이기 시작한 건 1969~1970년 시즌이다. 부상과 연이은 수술로 코트 위에 나설 수 없었던 잭슨은 벤치에서 임시 보조 코치로 활약하며 코치 경험을 쌓기 시작했다. 당시 뉴욕 닉스의 레드 홀즈맨 감독은 상대팀 전력 분석을 위해 잭슨을 다른 지역으로 파견하는 등 적극 활용했다. 홀즈맨 감독은 "농구에 대한 잭슨의 이해도와 안목이 매우 뛰어나다"고 호평한 바 있다.

그해 잭슨은 보조 코치 겸 전력 분석가로 뉴욕 닉스의 우승에 일조했다. 1973년에도 다시 우승의 영광을 누렸다. 잭슨은 1979~1980년 시즌 뉴저지 네츠에서 선수와 코치의 역할을 동시에 수행하는 플레잉 코치로 활동했다. 이 시즌을 마친 잭슨은 선수 생활을 완전히 마감했다. 이후 뉴저지 네츠의 보조 코치로 정식 고용돼 지도자로서 새 삶을 시작한다. 하지만 이듬해 뉴저지 감독으로 부임한 브라운 감독은 "실력이 없다"며 잭슨을 코치직에서 해임했다. 당시까지 내세울 만한 경력이 없던 잭슨은 더 이상 NBA에서 자리를 잡지 못했다.

결국 그는 1982년 NBA 하위리그인 CBA의 알바니 패트룬스로 옮길 수밖에 없었다. 그리고 2년 뒤인 1984년 알바니 패트룬스에서 감독으로서 생애 첫 우승을 맛본다. 당시 그는 시즌 중에는 패트룬스의 감독으로 활동하고, 비시즌에는 푸에르토리코 등지에서 코치로 활약하며 지도자 경험을 쌓았다. 자랄 때 접한 엄격한 기독교 문화와 불교, 선 등의 동양 문화는 그를 심리전의 대가로 만드는 데 큰 영향을 끼쳤다.

트라이앵글 오펜스를 창시하다

1987년 잭슨은 자신의 삶에서 가장 큰 전환점을 맞이했다. 그는 NBA 인기 팀인 시카고 불스의 보조 코치로 임명되어 NBA에 화려하게 복귀했다. 시카고 불스 구단은 1989년 시카고가 플레이오프에서 디트로이트 피스톤스에 패하자 덕 콜린스 감독을 해고하고 잭슨을 감독으로 승격시켰다. 당시 잭슨의 나이는 42세였다.

감독이 된 잭슨은 보조 코치 시절 자신과 같이 보조 코치로 활동했던 텍스 윈터(1922년생)를 중용했다. 윈터는 바로 그 유명한 '트라이앵글 오펜스(삼각 공격)'의 창시자다. 윈터가 '트라이앵글 오펜스'를 가지고 불스에 온 시기는 1985년이었다. 하지만 시카고 불스라는 팀이 이 전술의 가치를 진심으로 이해하고 적절하게 활용하기 시작한 시점은 잭슨이 감독에 오른 1989년이었다.

트라이앵글 오펜스는 3명의 선수가 삼각형을 이뤄 좋은 슛 기회를 노리는 공격 방식이다. 또는 다섯 명의 선수가 두 개의 삼각형을 만들 수도 있다. 공격수들이 이 공격 방식에 익숙해지면 상대 수비는 이를 막아 내기가 매우 힘들다. 한 선수가 앞에 나가 있는 상태에서 나머지 두 명이 선두 선수를 보조하면서 공을 주고받아 상대를 혼란스럽게 만들기 때문이다.

이 전술의 또 다른 장점은 전체의 호흡을 맞춘다는 점이다. 이 공격법은 특정 슈터에게 의존하지 않는다. 어떤 공격수건 공간 확보가 잘된 선수가 슛을 할 수 있는 시스템이다. 스타 선수가 아니더라도 시스템의 움직임에 따라 슛을 할 수 있는 자유를 얻는다. 스타가 아닌 선수가 슛을 많이 던지면 눈총을 받는 게 보통인데 이 전술에서는 그렇지 않다.

잘만 활용하면 스타 선수는 겸양과 팀워크의 중요성을 배울 수 있고, 스타 선수가 아닌 선수는 자신감과 적극성을 기를 수 있다. 즉 팀워크가 약한 팀에서는 효과를 보기 어렵지만 일단 팀워크가 다져진 팀에서는 이 전술을 통해 선수들의 단결력이 더 강해지는 선순환 구조가 정착된다.

이 공격법은 단순히 공격에만 국한되지 않는다. 사실 트라이앵글 오펜스 전술의 효과를 극대화하려면 아이러니하게도 공격수들이 이기심부터 버려야 한다. 모든 공격자가 득점 지역 내에서 유기적으로 움직이고 모두가 패스와 득점이 가능해야 하기 때문이다. 또 팀 동료와 협력하는 공격을 하다 보면 수비에서의 협동심도 자연히 길러진다. 이는 선수들로 하여금 내가 맡은 상대팀 선수는 오직 1명이라는 생각에서 벗어나게 만들어 수비에 더 적극적으로 가담하게 한다.

당시 시카고는 마이클 조던과 스코티 피펜이라는 리그 최고의 콤비를 보유하고 있었다. 하지만 득점력이 떨어졌다. 5명의 선수 중 이 둘을 제외한 나머지 선수는 공격력이 극히 부족했다. 게다가 당시 NBA 동부 지구의 최강자였던 디트로이트 피스톤스는 마이클 조던만을 봉쇄하는 '조던 룰' 전략으로 시카고의 앞길을 번번이 가로막았다. 디트로이트를 꺾지 않고서는 우승은 절대 불가능했다.

시카고 불스의 전설을 만들다

잭슨 감독은 디트로이트를 꺾기 위해 팀이 더 효율적인 공격을 펼쳐야 한다고 생각했다. 그 생각은 트라이앵글 오펜스를 통해 실현됐다. 잭슨이 감독으로 부임한 첫 시즌에 시카고 불스는 동부 지구 결승에서 7차전 끝에 디트로이트에 또 한 번 무릎을 꿇었다. 하지만 이듬해인 1991년 플레이오프에서 디트로이트를 4전 전승으로 물리쳤다. NBA 파이널에 진출해서는 서부 지구의 강자 LA 레이커스마저 꺾으며 구단 역사상 첫 우승을 일궈내는 데 성공했다. 잭슨 감독의 트라이앵글 오펜스 도입이 우승으로 향하는 해답이었음이 증명된 셈이다.

이후 시카고 불스의 행보는 워낙 유명해서 굳이 설명할 필요가 없다. 시카고 불스는 1991년부터 1993년, 1996년부터 1998년까지 두 번의 3연패를 기록하며 명실상부한 1990년대 최고의 팀이자 NBA 최고의 왕조로 군림했다. 한 팀이 3회 이상 연속 우승을 기록한 건 1966년 보스턴 셀틱스 이후 처음이었다.

하지만 첫 3연패를 달성했을 때부터 잭슨의 능력에 대한 논란이 가열되기 시작했다. 잭슨을 폄하하는 측은 마이클 조던, 스코티 피펜, 호레이스 그랜트라는 3명의 스타 선수가 있으면 누가 감독이어도 우승이 가능하다고 주장했다. 그들은 우승을 견인한 전술인 트라이앵글 오펜스의 창시자가 잭슨이 아닌 윈터라는 점도 강조했다.

그러나 이런 비판은 잭슨에게 지나치게 가혹한 면이 있다. 텍스 윈터는 캔자스 주립대학교 감독 시절에 만든 트라이앵글 오펜스를 들고 1972년 휴스턴 로케츠의 감독으로 부임했다. 하지만 윈터는 당시 지역방어 자체가 허용되지 않았던 NBA에서 이를 정착시키는 데 실패했다. 휴스턴 로케츠의 감독으로 재직하는 2시즌 동안 윈터가 올린 성적은 고작 51승 78패였다.

로드맨의 영입과 두 번째 3연패

즉 트라이앵글 오펜스는 분명 잭슨 전에도 그리고 후에도 존재했지만 그 누구도, 심지어 이 전술의 창시자조차 이를 잭슨만큼 효과적으로 활용하지 못했다. 또한 앨런 아이버슨, 찰스 바클리, 칼 말론 같은 뛰어난 선수들을 보유한 감독이나 팀도 단 한 번의 NBA 우승 타이틀을 차지하지 못했다는 점을 감안하면 잭슨의 성공을 단순히 선수 덕, 전술 덕으로 보기에는 무리가 있다.

1993년 팀의 핵심 선수인 마이클 조던이 아버지를 잃으면서 시카고 불스 왕조에도 문제가 생겼다. 조던의 아버지인 제임스 조던은 1993년 7월

노스캐롤라이나 주에서 두 명의 십대에게 피살됐다. 이 일로 마이클 조던은 큰 충격을 받았다. 더구나 아버지를 잃기 전부터 도박으로 경력 관리에 문제가 있었던 조던은 급기야 은퇴를 선언했다.

조던이 팀을 떠나자 모든 언론과 농구계 인사들은 조던을 잃은 시카고 불스를 과소평가하기 시작했다. 그리고 1993~1994년 시즌, 시카고 불스는 NBA 챔피언 타이틀을 차지하지 못했지만 여전히 우승 후보로 군림할 만한 성적을 냈다. 진짜 시련은 1994년에 찾아왔다. 호레이스 그랜트마저 올랜도 매직으로 이적했기 때문이다. 팀의 주연인 마이클 조던도 없고, '주연 같은 조연'이었던 호레이스 그랜트까지 이적하자 스코티 피펜 하나만으로 버티기에는 한계가 있었다.

크게 흔들리던 시카고 불스는 1995년 마이클 조던이 복귀하면서 재정비 기회를 잡았다. 이때 잭슨은 대단한 모험에 뛰어들었다. NBA 어느 팀에서도 쉽게 받아들이지 않던 당시 최고의 악동이자, 팀 내 핵심 선수인 스코티 피펜과 극도의 갈등 관계에 있던 데니스 로드맨을 시카고 불스로 불러들인 것이다.

심리학을 전공한 만큼 잭슨은 자신이 로드맨을 충분히 제어할 수 있으리라 확신했다. 잭슨은 조던의 몸 상태가 예전 같지 않은 상황에서 로드맨의 리바운드 능력이 팀에 꼭 필요하다고 강조했다. 그의 예상은 맞아떨어졌다. 조던-피펜-로드맨은 환상적인 팀워크를 선보이며 눈부신 성과를 이뤄냈다. 3명이 합작해 한 경기에서 50점 이상을 득점하는 일도 잦았다. 이 3명은 현재까지 NBA 역대 최고의 삼각편대로 불린다.

이를 바탕으로 시카고 불스는 재기에 성공했다. 1995~1996년 시즌 시카고 불스는 정규시즌에서 72승 10패를 기록하며 정규시즌 역대 최고 승률 기록을 경신했다. 이 시즌 플레이오프 성적까지 합친 시카고의 성적은 무려 87승 13패였다. 역시 역대 최고 승률 기록이었다. 잭슨은 이 같은 공로를 인정받아 1996~1997년 시즌 중 열린 NBA 출범 50주년 행사에서 NBA의 명장들인 레드 아우어바흐, 팻 라일리 등과 함께 NBA 역사상 가장 위대한 감독 10인에 선정되는 영광을 누렸다. 시카고 불스는 1995~1996년 시즌부터 1997~1998년 시즌까지 다시 한 번 3연속 우승에 성공하며 과거의 명성을 되찾았다. 잭슨의 리더십에 대한 논란도 수그러들었다.

특히 영입 당시 많은 우려를 낳았던 데니스 로드맨은 이 기간 NBA 최고의 리바운드 능력을 보여줬다. 코트의 악동은 순식간에 영웅으로 변했다. 앙숙이던 스코티 피펜과도 잘 지냈다. 피펜은 한 인터뷰에서 "조던이 득점을 하고, 로드맨이 리바운드를 하면, 나는 그 나머지를 하면 된다"고 말한 바 있다. 세 사람의 역량이 팀 내에서 얼마나 잘 어우러졌는지를 증명하는 발언이다.

LA 레이커스에서 밀레니엄 왕조를 만들다

시카고 불스의 1998년 우승 직후 NBA는 역사상 두 번째 파업에 돌입했다. 임금 문제를 둘러싼 선수 노조와 각 구단의 입장 차이가 워낙 컸기 때문이다. 양측은 당시 무려 7개월 동안 합의점을 찾지 못했다. 결국 1998~1999년 시즌에는 불과 50경기만이 치러졌다. 직장 폐쇄 기간이 너무 길었던 탓에 이미 30대 후반으로 접어든 마이클 조던은 2번째 은퇴를 선언했다. 조던 외에도 숀 켐프 등 베테랑 스타플레이어들이 코트를 떠났다.

1999년 1월 잭슨 감독도 은퇴를 선언했다. 그러나 은퇴를 선언한지 채 1년도 되지 않아 그는 LA 레이커스와 5년 계약을 맺으며 감독직에 복귀한다. LA 레이커스 구단주가 그를 영입한 이유는 시카고 불스에서 슈퍼스타를 다루는 능력이 입증됐기 때문이다. 당시 LA 레이커스에는 샤킬 오닐과 코비 브라이언트라는 슈퍼스타 듀오가 있었다. 샤킬 오닐과 코비 브라이언트는 개성이 매우 강한 선수들이었고 서로 잘 어울리지 못했다.

잭슨 감독은 이 까다로운 두 선수를 잘 조율하며 LA 레이커스의 전성시대를 만들었다. 두 선수는 최고의 '원투펀치'를 구축하며 팀 내 에이스로 자리매김했다. 공룡 센터 샤킬 오닐이 경기를 지배했다면, 재간둥이 코비 브라이언트는 승부처에서 어김없이 진가를 발휘했다. 오닐은 안에서, 브라이언트는 밖에서 활약하며 최고의 콤비네이션으로 자리잡았다.

그 결과 LA 레이커스는 1999~2000년 시즌부터 2001~2002년 시즌까지 3연속 우승에 성공했다. 잭슨은 명실 공히 최고 감독 반열에 올랐고, 오닐과 브라이언트도 마찬가지였다. 특히 오닐은 3번 우승하는 동안 챔피언전 MVP를 독식했다. 그야말로 오닐의 전성시대였다. 사람들은 두 선수를 밀레니엄 듀오, LA 레이커스를 밀레니엄 왕조라 불렀다.

LA 레이커스는 3연패를 달성하면서 엄청난 위용을 뽐냈다. 밀레니엄 왕조의 시작을 알린 1999~2000년 시즌에는 무려 67승을 달성했다. 특히 2000년 2월 4일부터 4월 16일까지 치른 35경기에서 무려 33승 2패

(19연승-1패-11연승-1패-3연승)라는 놀라운 기록을 냈다. 이때 우승은 LA 레이커스가 무려 11년 만에 달성한 우승이었다.

NBA 최다 우승 감독이 되다

2000~2001년 시즌에도 LA 레이커스의 기세는 엄청났다. 1999~2000년 시즌이 정규시즌에서의 기세가 대단했다면, 2000~2001년 시즌에는 플레이오프에서의 위력이 두드러졌다. 챔피언 결정전 1차전에서 앨런 아이버슨이 이끄는 필라델피아 세븐티식서스에 1차전을 내줬지만, 이후 내리 4연승을 거두며 플레이오프에서 전무후무한 승률을 올렸다. 2001년의 우승은 플레이오프 역대 최고 승률 우승(15승 1패)이었다. LA 레이커스는 2001~2002년 시즌에도 챔피언 결정전에서 뉴저지 네츠를 손쉽게 꺾고 대망의 3연패를 달성했다.

영광 뒤 다시 시련이 찾아왔다. 2001~2002년 시즌 직후 오닐은 브라이언트와 팀 내 주도권을 놓고 본격적으로 다투기 시작했다. 잭슨 감독의 용병술로 다루기 힘들 정도로 둘의 사이가 벌어졌다. 둘의 다툼은 칼 말론과 게리 페이튼이 합류하며 사상 최고의 라인업이라는 평가를 받았던 2003~2004년 시즌에도 수그러들지 않았다. 급기야 이런 우수한 전력으로 NBA 챔피언 결정전에서 디트로이트 피스톤스에 패하자 둘의 관계는 최악으로 치달았다.

1990년대 후반 샤킬 오닐이 LA 레이커스로 막 이적했을 때, 브라이언트는 이제 막 NBA에 데뷔한 고졸 신인이었다. 당시 오닐은 자신이 코비의 큰형이 되겠다고 얘기했지만 정작 코비는 누군가의 어린 동생이 되길 원하지 않았다. 이에 오닐은 코비가 자신의 리더십과 경험을 무시한다고 여겼다. 둘의 갈등은 2001~2002년 시즌 초반부터 본격적으로 불거지기 시작했다. 당시 오닐은 발가락 부상으로 시즌 초반에 결장을 계속하고 있었다. 브라이언트는 오닐의 부상 원인을 그의 불성실한 훈련 태도 때문이라고 언론에 공개적으로 비판했다. 2003~2004년 시즌에도 둘의 갈등은 계속됐다. 당시 브라이언트는 무릎 부상으로 시즌 전 트레이닝캠프에 불참했다. 이때 오닐은 "트레이닝캠프에 팀 전체가 빠짐없이 참여하고 있으며 브라이언트는 팀에 별로 중요한 존재가 아니다"라고 말했다. 이어 "브라이언트의 무릎 부상이 완전히 회복되기 전까지 브라이언트가 더 이타적인 플레이를 하는 선수가 되어야 한다"고 말했다.

코비 브라이언트가 가만히 있을 리 없었다. 그는 인터뷰에서 "오닐의 리더십에 문제가 있으며 오닐이 지나치게 뚱뚱하고 자기 관리를 하지 못하는 선수"라고 얘기했다. 이런 와중에서 발생한 2003~2004년 시즌 챔피언 결정전의 패배는 둘의 갈등에 완전히 기름을 부은 사건이었다.

성격이 괄괄한 오닐은 LA 레이커스에 자신이나 브라이언트 둘 중 하나를 선택하라고 종용했다. 결국 구단은 거액의 잔여 계약이 남은 오닐 대신 더 젊고 몸값이 더 낮은 브라이언트를 택했다. 샤킬 오닐은 마이애미 히트로 트레이드됐다.

브라이언트 중심으로 재편된 팀에서 잭슨 감독은 과거의 명성을 회복하지 못했다. LA 레이커스가 2002~2003년 시즌과 2003~2004년 시즌에 연이어 우승에 실패하자 잭슨은 2004년 감독직을 사퇴한다. 연이어 우승에 실패한 것도 문제였지만, 오닐이 떠난 팀에서 혼자 황제 노릇을 하던 코비 브라이언트와의 사이가 좋지 않았던 게 더 큰 문제였다.

스타 선수들을 잘 길들이기로 소문난 잭슨 감독이었지만 코비 브라이언트는 달랐다. 특히 브라이언트는 2003~2004년 시즌 도중 강간 혐의로 기소당해 법원을 들락날락하며 팀에 큰 해를 입혔다. 당시 잭슨 감독은 그를 두고 "지도할 수 없는 상태(uncoachable)"라고 평가하기도 했다.

하지만 레이커스 구단은 2005년 6월 다시 그를 감독으로 고용한다. 복귀한 잭슨은 LA 레이커스를 브라이언트에 좌지우지되지 않는 팀으로 만드는 데 전력을 다했다. 그는 결국 2008~2009년 시즌과 2009~2010년 시즌 2연속 LA 레이커스의 우승을 달성했다. 2008년 12월 잭슨 감독은 통산 1,000승을 달성했다. 2009~2010년 시즌 우승으로 통산 11회 우승 기록을 세우며 통산 10회 우승의 존 우든 감독을 제치고 NBA 역사상 가장 많은 우승 반지를 차지한 감독이 됐다.

**필 잭슨
리더십의
키워드**

리더는 심리전의 달인이어야 한다

1994년 시카고 불스는 뉴욕 닉스와 플레이오프에서 격돌했다. 마이클 조던이 첫 번째로 은퇴한 직후여서 시카고 불스는 스코티 피펜 위주로 돌아가고 있었다. 경기 종료를 몇 초 남겨놓지 않은 동점 상황에서 잭슨은 작전 시간을 요청했다. 그는 피펜에게 승패를 결정하는 마지막 골을 넣으라고 지시했다. 하지만 피펜은 감독의 지시에 화를 내며 코트를 떠나버렸다. 해당 시합에서는 1점 차이로 간신히 이겼지만 피펜의 행동은 큰 문제를 낳았다.

잭슨 감독은 피펜이 이전에 단 한 번도 자신의 리더십에 도전하지 않은 선수라는 걸 잘 알고 꾀를 썼다. 그는 직접 피펜을 꾸짖지 않았다. 대신 고참 선수인 BJ 암스트롱, 빌 카트라이트 등을 부추겨 그들로 하여금 피펜에게 노골적 비난을 퍼붓게 했다. 당연히 피펜은 이들과 심각하게 싸웠다. 이때 구경만 하는 척하던 잭슨 감독이 나섰다. 그는 피펜을 달래는 한편 팀 동료 전원에게 사과해야 한다고 피펜을 타일렀다. 잭슨의 유연한 조치 덕분에 피펜은 팀원들과의 관계를 회복했다.

데니스 로드맨도 마찬가지다. 잭슨은 모든 팀이 거부한 로드맨을 우승을 위해 데려왔다. 당시 팀의 주축인 피펜과 최악의 관계였던 로드맨을 데려온 것은 말 그대로 도박이었다. 하지만 그는 조던, 피펜, 로드맨을 한 팀에서 뛰게 하는 마법을 부리며 72승 10패라는 기록적인 시즌을 만들어냈다.

LA 레이커스로 이적할 때는 각 선수를 위한 책을 선수의 특성에 맞게 가져갔다. 그는 샤킬 오닐에게는 프리드리히 니체의 자서전 '이 사람을 보라'를, 배우를 꿈꾸는 릭 폭스에게는 할리우드 감독 엘리아 카잔의 자서전을 선물했다. 이는 그가 한 팀의 감독으로서 선수를 이해하려고 얼마나 노력하고 있으며, 얼마나 이해하고 있는지 시사하는 부분이다. 사람을 잘 다루는 잭슨의 마법은 선수에 그치지 않았다. 트라이앵글 오펜스 전술의 창시자인 텍스 윈터 코치는 자신을 고용해준 제리 크라우스를 버리고 잭슨을 따라 LA 레이커스로 자리를 옮겼다.

이처럼 그는 각 팀원을 잘 이해하고, 그들을 어떠한 전략으로 이용해야 그들의 역량을 가장 잘 끌어낼 수 있는지 알았다. 선수들을 능수능란하게 다루기 위해 그가 사용한 또 다른 방법이 바로 젠(Zen)이다. 시카고 불스 시절 그는 시합 전 라커룸에 선수들을 불러 모아 명상과 대화의 시간을 가졌다. 이러한 시간은 선수들이 마음을 진정시키고, 서로를 이해하게 하는 데 크게 작용했다. 또한 잭슨은 경기 동영상 중간에 영화 장면들을 삽입해 선수들에게 보여주곤 했다. 영화를 통해 선수들의 머리가 아닌 가슴에 메시지를 전달하기 위해서였다.

잭슨은 종종 심판 판정에 거칠게 항의하며 욕설을 퍼붓기도 했다. 이 때문에 그가 낸 벌금만 수억 원이 넘는다. 그의 언론 플레이는 상대 팀의 비난을 낳기도 했다. 하지만 그의 말 한마디가 사람들의 이목을 집중시키며, 자기 팀 선수를 보호하고, 상대팀의 경쟁력을 약화시키는 작용을 한 것도 사실이다.

리더가 스타 선수에 휘둘리면 팀워크는 사라진다

농구는 팀 스포츠다. 5명 중 어느 한 명만이 잘한다고 승리할 수 있는 운동이 결코 아니다. 오히려 실력이 출중하고 주장이 강한 선수들끼리는 충돌을 일으킬 소지가 많다. 전략만 좋아서도 성공할 수 없다. 잭슨 이전에 개발됐던 트라이앵글 오펜스 전술이 오랫동안 빛을 보지 못한 것도 그러한 이유에서 찾을 수 있다. 선수 한 명의 역량이 최적의 전술을 만나 서로의 역량이 시너지 효과를 낼 때만 우승이 가능하다. 감독은 이러한 관계를 이해하고 최상의 전략을 실행할 줄 알아야 한다.

잭슨은 농구가 팀 스포츠라는 점을 언제나 강조했다. 그는 선수들을 훈련시킬 때도 개인 성적보다 선수들 간의 유기적 조화와 협력을 중시하는 쪽으로 훈련 계획을 짰다. 시카고 불스 시절에는 항상 "불스 왕조의 비결은 조던이라는 걸출한 선수의 힘에 지나치게 의존하지 않고, 선수 개개인이 팀을 위해 열심히 뛰었던 것"이라고 강조했다.

잭슨은 1989년 시카고 불스 감독으로 취임하자마자 조던에게 다음과 같이 말했다. "자네의 실력보다 중요한 건 팀 동료의 성적이네. 동료들의 실력이 좋아진다면 우승도 멀지 않을 거야"라고 강조했다. 당시 불스는 조던이라는 선수를 보유하고 있었음에도 5년간 우승을 하지 못하고 있었다. 당시 팀의 고참 선수였던 BJ 암스트롱은 "잭슨 감독이 조던 같은 대선수에게도 팀 동료와 함께 뛴다는 것이 무엇인지를 가르치려 하는 모습을 보고 놀랐다"고 말한 바 있다.

같은 맥락에서 그가 경계한 건 자만심이었다. 특히 우승 직후를 우려했다. 잭슨은 "승리를 하고 나면 우쭐한 기분에 도취해 현실을 왜곡하는 선수가 많다. 선수나 코치 모두 자신이 승리에 가장 기여했다고 착각한다. 승리를 만든 사람이 우리가 아닌 나라는 오해를 하기 시작하면 해당 팀은 끝장이 난다"고 말한 바 있다. 이 때문에 그는 연습에 지각하거나 연습 경기에서 기량이 부족한 선수는 아무리 스타라 해도 가차 없이 주전 명단에서 제외했다.

그렇지 않아도 훌륭한 선수였던 마이클 조던은 잭슨 감독 휘하에서 더욱 성장했다. 특히 잭슨이 주입시킨 팀워크의 중요성을 아는 슈퍼스타로 거듭났다. 잭슨도 이 점을 인정했다. 1999년 마이클 조던이 두 번째로 은퇴할 때 잭슨은 이런 말을 남긴다.

"요즘 수많은 어린 선수들이 건방진 태도를 갖고 NBA에 온다. 그들은 덩크슛 이후 자신의 가슴을 두들기고 상대방 선수를 약 올리거나 화를 내며 경기한다. 하지만 조던은 자신의 멋진 플레이에 우쭐하지 않았으며, 다른 사람을 무너뜨림으로써 자신을 세우려는 사람이 아니었다. 그는 오로지 팀 동료를 위해 헌신했다. 조던의 코치가 된다는 건 큰 즐거움이었고 나는 그를 제자가 아니라 친구로 생각한다. 그랜트 힐, 코비 브라이언트 같은 미래의 선수들이 조던의 품행과 그의 이타적인 경쟁심(unselfish competitiveness)을 본받길 바란다. 그게 바로 우승 반지보다 더 중요한 그의 유산이다."

"오직 진정한 챔피언만이 패배 후
자신의 진가를 입증한다."

알렉스 퍼거슨 맨체스터 유나이티드 감독

1941년 영국 글래스고 출생. 카리스마와 냉철한 판단력,
젊은 인재를 육성하는 능력을 바탕으로 세계 최고의 축구 감독이 됐다.
26년 넘게 '맨체스터 유나이티드'를 이끌며 맨유를 세계 최고의 인기 구단이자 감동적인
스토리 콘텐츠를 보유한 기업으로 만들었다. 2009년 국제축구역사통계재단
지난 12년간 최고의 감독 1위. 2011년 잉글리시 프리미어리그 올해의 감독상.
2012년 FIFA 발롱도르 공로상을 수상했다.

젊은 인재를 발굴하라

"앞으로 얼마나 오랫동안 맨체스터 유나이티드(맨유)에 있을지 모른다. 하지만 내가 항상 감독직을 즐기고 있다는 사실만은 변함이 없다. 즐거움이 사라질 때까지 이 직업을 그만두지 않을 것이다."

엄청난 돈이 오가는 프로 스포츠계에서 감독의 목숨도 파리 목숨에 불과할 때가 많다. 제아무리 명장이라 해도 현재 성적이 좋지 않으면 시즌 도중 경질되는 수모를 겪어야 한다. 하지만 강산이 거의 세 번이나 바뀔 시간인 만 26년간 세계 최고의 팀을 이끌고 있는 감독이 있다.

한국 축구 팬에게는 박지성이 뛰었던 팀으로 유명한 맨유의 알렉스 퍼거슨 감독이다. 1986년 11월 맨유 감독으로 부임한 그는 무려 26년간 그 자리를 유지하고 있다. 프리미어리그 감독들의 평균 수명이 1년 7일이라는 통계를 감안할 때 놀라운 일이 아닐 수 없다. 그는 맨유 감독으로 총 1,428경기를 치러 이 중 847경기에서 승리했다. 대부분의 감독이 승률 50퍼센트 미만인 점을 감안할 때 59.3퍼센트의 승률 또한 대단한 기록이다.

　이뿐만 아니라 퍼거슨은 맨유에서 영국 프로 축구팀 사상 최초의 트리플 크라운 달성을 비롯해 헤아리기 힘들 만큼 많은 우승컵을 들어 올렸다. 데이비드 베컴, 웨인 루니, 크리스티아누두 호날두, 폴 스콜스, 게리 네빌, 라이언 긱스, 에릭 칸토나, 박지성, 로이 킨 등 나열하기 힘들 정도로 많은 스타 선수도 발굴하며 그 자신을 그 어떤 스타 선수보다 유명한 사람으로 만들었다.

맨유와의 운명적 만남

　퍼거슨은 1941년 영국 스코틀랜드 지방의 주요 도시 글래스고에서 태어났다. 그의 아버지는 선박장에서 일하는 전형적인 영국 노동자 계층의 일원이었다. 집안 형편은 가난했지만 퍼거슨과 한 살 아래인 그의 동생 마틴 퍼거슨은 모두 축구에 재능을 보여 일찌감치 축구선수가 됐다.

　선수 알렉스 퍼거슨의 경력은 감독 퍼거슨에 비해 보잘것없었다. 퍼거슨은 1958년 퀸스파크에서 정식 선수로 데뷔했다. 주 포지션은 포워드였다. 이곳에서 2년을 보낸 뒤 1960년 세인트 존스턴으로 이적한다. 가능성을 인정받긴 했지만 당시만 해도 그를 주목하는 사람은 거의 없었다. 하지만 1964년 던퍼민 애슬레틱에서 선수 퍼거슨은 축구계의 주목을 받기 시작했다. 그는 세 시즌 동안 88경기 66골을 기록하며 두각을 나타냈고 스코틀랜드의 최고 명문팀인 글래스고 레인저스로 이적했다. 스타 선수가 많았던 레인저스에서 퍼거슨은 기대에 미치는 활약을 보여주지 못했다. 결국 1969년 폴커크로 이적해 선수 겸 코치로 활약하며 지도자

인생을 준비하기 시작했다.

퍼거슨은 1974년 은퇴한 후 이스트 스털링셔라는 아마추어팀에서 정식 감독으로 데뷔했다. 주전 골키퍼도 없는 악조건, 주급 7만 원에 불과한 열악한 현실에서도 특유의 지도력을 보인 그는 그 성과를 인정받아 세인트 미렌으로 자리를 옮겼다. 이곳에서도 2부 리그의 약체팀이었던 세인트 미렌을 1부 리그로 승격시키는 활약을 보였다. 그 성과로 그는 명문팀 애버딘의 감독직을 맡았다. 지금도 그렇지만 1970년대 당시에도 스코틀랜드 축구의 양대 산맥은 퍼거슨이 선수로 뛰었던 레인저스와 셀틱 두 팀이었다. 하지만 퍼거슨 휘하의 애버딘은 이 양강 구도를 깨뜨리며 주목을 받기 시작했다. 1983년에는 스코틀랜드 팀 역사상 최초로 유러피안컵 우승까지 차지했다. 퍼거슨은 애버딘에서 지내는 8시즌 동안 프리미어 우승을 포함한 총 10개의 우승컵을 들어 올리며 감독으로서의 자질을 인정받았다.

애버딘에서 명장의 기반을 닦은 퍼거슨을 탐내는 팀은 많았다. 영국 프리미어리그는 물론 스페인, 이탈리아, 독일 등 다른 유럽 빅 리그의 명문 클럽들로부터도 러브콜을 받았지만 그는 1986년 맨유를 택했다. 퍼거슨이 맨유를 택했을 때 맨유 구단과 팬, 심지어 그 자신도 맨유에서 26년간 수장으로 근무할 것이라고 상상하지는 못했을 것이다.

퍼거슨이 오기 전 맨유에는 제2차 세계대전을 전후로 25년간 감독으로 근무한 명장 매트 버스비 경의 색채가 짙게 남아 있었다. 1968년 버스비가 감독을 그만둔 후 무려 5명의 감독이 맨유를 거쳤지만 뚜렷한 성과를 내지는 못했다. 퍼거슨 역시 맨유 감독을 맡은 초기에는 팬들의 기대만큼 빨리 맨유에 프리미어리그 우승컵을 안겨주지는 못했다. 퍼거슨의 부임 첫해 맨유의 리그 성적은 11위에 불과했다. 1987~1988년 시즌에는 리그 2위에 올라가 우승에 한 발짝 다가섰으나 1988~1989년 다시 7위로 미끄러졌다. 1989~1990년 시즌 초반에도 별다른 성적을 내지 못하자 분노한 팬들은 그의 사퇴를 요구했다.

위기의 순간을 돌파할 수 있었던 계기는 결국 성적이었다. 1989~1990년 시즌 맨유는 퍼거슨 부임 후 최초로 FA컵에서 우승을 차지했다. 첫 우승 후 퍼거슨은 팀 전력을 더욱 탄탄하게 만들며 성공 가도를 달려나갔다. 1990~1991년 시즌에는 스페인의 명문팀 FC 바르셀로나를 꺾고 UEFA컵 위너스컵 우승을 차지했다. 이 우승은 맨유가 23년 만에 이뤄낸 유럽 클럽 대항전 우승이었기에 맨유 팬들의 기쁨은 더 컸다.

1992~1993년 시즌에 퍼거슨 감독은 드디어 프리미어리그 첫 우승을 달성했다. 시즌 초반에는 리그 10위까지 떨어졌으나 이탈리아 출신 에릭 칸토나를 영입한 후 상승세를 타면서 결국 우승을 차지했다. 이 우승은 잉글랜드 1부 리그가 프리미어리그로 이름이 바뀐 첫해에 달성한 것이어서 그 의미가 더 컸다.

퍼거슨이라는 날개를 단 맨유는 단순히 프리미어리그의 주요 팀이 아니라 세계적인 명문 클럽으로 발돋움하기 시작했다. 1993~1994년 시즌에는 팀 설립 후 최초로 리그 우승과 FA컵 우승을 동시에 거머쥐었다. 이를 더블 크라운이라 한다. 당시만 해도 보잘것없는 신예였던 데이비드 베컴, 라이언 긱스, 게리 네빌, 폴 스콜스 등을 대거 중용한 퍼거슨은 1995~1996년 시즌 또 한 번 더블 크라운을 이뤄냈다. 영국에서 더블 크라운을 두 차례 달성한 감독은 퍼거슨이 최초였다.

'트레블 신화'로 세계적 명장의 반열에 오르다

트레블 혹은 트리플 크라운은 한 클럽 팀이 동일 시즌에 자국 정규 리그, 자국 축구협회(FA : Football Associations), 유럽 축구의 왕중왕전이라 할 수 있는 유럽 축구협회(UEFA : Union of Euro-pean Football Associations), 챔피언스리그 이 3개 대회에서 모두 우승하는 일을 말한다. 1955년 UEFA 챔피언스리그가 시작된 후 공식적으로 트레블을 달성한 클럽은 6개에 불과하다.

퍼거슨은 프리미어리그 팀을 지휘해 트레블을 달성한 최초의 지도자다. 맨유는 1998~1999년 시즌 리그와 FA컵 우승을 달성한 후 UEFA 챔피언스리그 결승전에서 독일의 바이에른 뮌헨과 맞붙었다. 스페인 FC 바르셀로나의 홈구장 누캄프에서 열린 이 경기에서 맨유는 기적의 역전승을 달성했다. 종료 직전까지 0대 1로 뒤졌지만 후반 추가 시간 3분에 테디 셰링엄과 솔샤르가 연속 골을 터뜨리며 2대 1로 역전승했다.

이 경기는 아직까지 유럽 축구 최고의 명승부로 꼽히고 있다. 다 잡았던 우승컵을 눈앞에서 놓친 바이에른 뮌헨 팬들은 이를 '누캄프의 비극'이라고 표현하기도 한다. 퍼거슨은 트레블을 달성한 직후 영국 여왕 엘리자베스 2세로부터 기사 작위를 수여받으며 국민적 영웅으로 떠올랐다.

트레블을 달성한 후에도 퍼거슨은 탁월한 지도력을 바탕으로 맨유를 이끌면서 여러 개의 우승컵을 추가로 들어 올렸다. 특히 데이비드 베컴, 폴 스콜스, 게리 네빌 형제 등 소위 '퍼기의 아이들'로 불리는 유망주들

을 세계적인 축구 선수로 키워내며 맨유의 브랜드 가치를 높이는 데도
큰 기여를 했다. 현재까지 퍼거슨 휘하의 맨유는 19번 프리미어리그 우
승을 차지해 기존 18회 우승을 차지했던 리버풀의 기록을 깬 상태다.

다만 맨유는 지난해 5월 UEFA 챔피언스리그 결승전에서 FC 바르셀
로나에 3대 1로 패했다. 이 경기를 포함해 최근 FC 바르셀로나와의 역대
전적에서 열세를 보이면서 유럽 최고의 축구팀이라는 명성은 살짝 빛이
바래기도 했지만 맨유가 여전히 프리미어리그를 비롯해 세계 축구 역사
상에 남을 명문 팀이라는 사실에는 의문을 제기할 사람이 없다.

리더는 '영건' 발굴의 귀재여야 한다

퍼거슨이 명장으로 추앙받는 이유는 가장 큰 이유는 그가 끊임없이
유망주를 발굴해 맨유의 장기 전성시대를 열어왔다는 점이다. 경쟁팀인
첼시는 로만 아브라모비치라는 러시아 재벌 구단주의 막대한 자금력으
로 세계적인 스타급 선수들을 불러 모아 정상에 올랐다. 하지만 퍼거슨
은 베컴, 네빌, 긱스, 스콜스, 나니, 호나우두는 물론이고 박지성에 이르
기까지 재능 있는 유망주를 발굴해냈다.

과거 "맨유의 자랑이 무엇인가?"라는 질문에 퍼거슨 감독은 이렇게 대
답한 바 있다. "맨유의 강점은 단연 유소년시스템이다. 1999년 트레블의
주축이었던 베컴, 스콜스, 네빌형제, 버트 등은 1992년 청소년컵 우승

멤버였고, 이들이 성장해 1998~1999년 시즌의 트레블 우승 주역이 됐다. 최고의 스카우팅 시스템을 갖춰 유능한 영재를 많이 뽑아오는 게 무엇보다 중요하다."

퍼거슨은 1986년 맨유에 부임하자마자 유소년 시스템을 점검하고 정비하는 데 많은 신경을 썼다. 퍼거슨 직전 맨유를 맡았던 론 애킨슨 감독이 완성된 선수만을 선호하는 것과 무적 대조적이었다. "현재의 실적도 중요하지만 미래의 강팀을 만드는 게 더 중요하다"는 신조를 지닌 퍼거슨은 맨유의 정식 경기가 끝나면 유소년 팀의 경기를 보러 다녔다.

이런 퍼거슨의 노력이 빛을 발한 때가 바로 1995~1996년 시즌이다. 당시 팀의 간판선수들이 시즌 전 갑작스러운 은퇴를 발표하자 퍼거슨은 자신이 발탁하고 육성한 유소년 팀 선수들을 대거 1군 무대로 등록시켰다. 당시 수많은 사람이 이를 무모한 도전이라고 했으며, 어린 선수들은 아무것도 할 수 없을 것이라고 퍼거슨의 결정을 비난했다. 당시 한 기자는 "아이들을 데리고 이길 수는 없다"고 퍼거슨을 조롱했다.

퍼거슨의 안목과 결정은 그해부터 바로 성과를 거뒀다. 프리미어리그 우승을 차지한 것이다. 이때 뛰었던 어린 선수들은 '퍼기의 아이들'이라는 애칭을 얻으며 잉글랜드 프로축구를 이끌어가는 주역이 되었다. 최초의 트리플 크라운 달성 멤버의 주축도 이 '퍼기의 아이들'이다. 그중 폴 스콜스, 게리 네빌, 라이언 긱스 등은 아직까지 팀에서 중요한 역할을 하며 퍼거슨 감독과 함께 맨유를 이끌고 있다.

그는 될성부른 떡잎들과 성장 가능성이 있는 선수들을 고루 영입하며 팀을 강하게 만들어왔다. 박지성, 에릭 칸토나, 로이 킨, 드와이트 요크,

야프 스탐, 반 니스텔루이, 크리스티아누두 호날두 등은 모두 영입 당시 비판도 받고 우여곡절도 겪은 선수다. 하지만 퍼거슨은 자신의 선택을 믿었고 이들 모두를 자신의 사람으로 만들었으며 또한 최고로 이끌고 있다.

인재 발굴과 육성 능력이 리더에게 얼마나 중요한지는 굳이 말할 나위도 없다. 특히 젊은 인재를 발굴하는 안목과 예지 능력은 반드시 갖춰야 할 요소다. 훌륭한 리더는 훌륭한 구성원이 될 사람을 선택하고 그들을 발전시킬 줄 알아야 하기 때문이다. 또한 감독으로서 자신의 입지를 굳히기 위해 단기 성과에만 집착하다 보면 결코 퍼거슨처럼 수많은 선수를 길러내고 그 자신도 26년간 장기 집권할 수 없다.

리더는 조직원을 끝까지 믿어야 한다

퍼거슨 감독은 다혈질 성격과 독설로 유명하다. 화가 나면 세계적인 스타였던 베컴에게도 축구화를 던질 만큼 불같은 성질로 유명하지만 리더 퍼거슨에게 이런 무서운 면모만 있었던 건 아니다. 선수 개개인의 개성과 장단점을 존중하고 한 번 믿은 선수는 끝까지 믿는 신뢰를 바탕으로 한 인간관계를 중시하는 따뜻한 면도 있다는 것이 그가 감독으로서 가지는 두 번째 장점이다. 대표적인 예는 1992년부터 1997년까지 맨유에서 뛰었던 프랑스 출신의 스트라이커 에릭 칸토나에서 찾아볼 수 있다.

칸토나는 퍼거슨만큼이나 다혈질적인 성격을 지닌 야생마 같은 선수였다. 퍼거슨은 칸토나의 재능을 간파하고 다른 이들이 실패한 칸토나 길들이기에 성공해 그의 잠재력을 폭발시켰다. 칸토나는 걸핏하면 훈련시간에 늦었고 복장 또한 불량할 때가 많았다. 퍼거슨은 다른 선수들이 같은 행위를 했을 때 거침없이 육두문자를 날리고 혼을 냈지만 칸토나에게는 채찍 대신 당근을 썼다. 당근을 쓸 때 더 유용한 선수라는 점을 알았기 때문이다.

퍼거슨의 칸토나에 대한 배려는 1995년 1월 크리스털 팰리스와의 경기에서 벌어진 '쿵푸 킥' 사건에서 잘 드러난다. 이 경기에서 칸토나는 크리스털 팰리스의 수비수 리처드 쇼를 발로 차 심판으로부터 퇴장명령을 받았다. 칸토나가 경기장을 나오는 순간 크리스털 팰리스의 팬 한 명이 칸토나에게 모욕적인 말을 퍼부었다. 이에 격분한 칸토나는 그 팬에게 달려들어 이단 옆차기를 날렸다. 안전요원에게 끌려 나갈 때까지 칸토나는 몇 차례 더 주먹질을 했다.

퍼거슨은 이 사건으로 칸토나가 선수 생명이 끝날 수도 있는 징계를 받을까 우려했다. 이에 퍼거슨은 프리미어리그 축구협회가 칸토나에게 징계를 내리기도 전에 자체적으로 4개월 출장정지를 결정했다. 영국 축구협회의 중징계를 완화하고자 한 조치였다. 결국 칸토나는 축구협회로부터 8개월 출장정지 처분을 받았다. 칸토나에게도 큰 손실이었지만 당시 블랙번과 프리미어리그 우승을 다투던 맨유 역시 상당한 전력 손실을 감수해야 했다. 결국 맨유는 블랙번에 우승을 내주고 말았다.

칸토나는 영국에서 선수 생활이 끝났다는 생각에 짐을 싸 프랑스로 돌아가버렸다. 퍼거슨은 칸토나를 설득하려 프랑스로 건너갔다. 그는 밤을 새우며 "너에게는 아직 미래가 있다. 너의 재기를 위해 내가 할 수 있는 모든 것을 하겠다"고 칸토나를 달랬다. 퍼거슨의 노력 덕분에 칸토나는 다시 마음을 추슬러 영국으로 돌아왔다. 그는 징계가 풀린 후 첫 경기였던 리버풀 전에서 골을 넣으며 퍼거슨의 신뢰에 보답했다.

1997년 5월 공식적으로 은퇴를 발표한 칸토나는 은퇴 전 퍼거슨에게 자신의 은퇴 계획을 말하고 당분간 비밀로 해줄 것을 요청했다. 매스컴의 주목을 받고 있는 퍼거슨이 당시 맨유 최고의 공격수였던 칸토나의 갑작스러운 은퇴를 끝까지 비밀로 하는 것은 쉬운 일이 아니었다. 그러나 퍼거슨은 자신과 절친한 친구 사이인 몇몇 기자의 집요한 취재에도 공식발표 때까지 이 사실을 함구하며 칸토나와의 약속을 지켰다.

리더는 조직원보다 더 성실해야 한다

퍼거슨은 이미 일흔이 넘었다. 이미 은퇴를 하고 노년을 즐길 나이건만 그는 여전히 축구장을 누비며 팀을 이끌고 있다. 오래전에 연금을 받을 나이가 된 그는 고 바비 롭슨 감독에 이어 프리미어리그 감독 중 노인연금을 받을 수 있는 두 번째 감독이 되기도 했다.

퍼거슨에게 은퇴 유혹이 없었던 건 아니다. 실제 그는 2002년 한 차례 은퇴를 선언했다 번복한 바 있다. 퍼거슨은 종종 1999년 5월 트레블을 달성한 직후 바로 은퇴했어야 한다는 점을 언급한 바 있다. "나는 내 자식들이 성장하는 것을 보지 못했다. 내가 팀을 떠난다면 아마 그것이 가장 큰 이유일 것이다. 가끔 1999년 5월 바르셀로나의 그 밤으로 돌아가고 싶다. 그날이 내 감독 경력의 마지막 날이었으면 얼마나 좋을까……."

구단의 만류로 은퇴 계획을 접은 그는 이후 10년이 넘는 세월 동안 변함없이 맨유를 지키고 있다. 또한 아직도 매일 오전 7시에 훈련장에 나와 일과를 시작한다. 선박장에서 고된 육체노동을 하며 가족을 부양했던 아버지를 통해 배운 일찍 일어나는 습관이 그의 몸에 철저히 배어 있기 때문이다.

퍼거슨의 중요한 무기는 바로 젊은 지도자들에게 결코 뒤지지 않는 성실함이다. 약 40년간 감독으로 재직하며 쌓아온 부로 얼마든지 노후를 즐길 수 있지만 그는 현장을 떠나지 않았다. 그가 얼마나 축구와 맨체스터를 사랑하는지 알 수 있다. 리더가 먼저 성실한 모습을 보여주지 못하면 그 리더가 아무리 훌륭한 성과를 내도 조직원들은 그 리더를 따르지 않을 것이다.

〈참고문헌〉
맨유를 최고의 글로벌 기업으로 키운 퍼거슨 리더십, 심재희 한화철 지음,
    2007, 메가트렌드
알렉스 퍼거슨 열정의 화신, 데이비드 미크톰 티렐 지음,
    최보윤 옮김, 2007, 미래를 소유한 사람들

"삶에서 가장 위대한 것들은 다른 사람들이
미쳤다고 평가하던 사람들에 의해 이뤄졌다."

아르센 벵거 아스날 감독

1949년 프랑스 스트라스부르 출생. 감독으로 부임하자마자 전략을 수립하는 대신
선수들의 식단에서 적색 육류부터 없앴다. 찐 생선과 삶은 채소 위주의 식단을 밀어붙이고
커피의 설탕 양까지 점검했다. 그리고 유망주들을 발굴해 세계적인 선수로 키워냈다.
100년이 넘은 프리미어리그 역사상 처음으로 '49연승'과 '시즌 무패 우승'까지 달성하며
아스날을 세계 축구계의 대표 구단으로 만들었다.

조직원의 건강이
조직 경쟁력이다

주변국과 사이좋게 지내는 나라가 어디 있으랴만 영국과 프랑스는 세계사에서도 유례가 없는 앙숙이다. 각각 섬(영국)과 대륙(프랑스)을 대표하는 두 나라는 환경, 기후, 역사, 국민성, 행동 양식, 생활 습관이 확연하게 다르다. 영국인은 프랑스인이 옷과 음식만 중시한다고 비판하고, 프랑스인은 영국 음식과 날씨는 세계 최악이라며 조롱한다.

이런 상황에서 1996년 영국 프리미어리그(EPL)의 명문 구단 아스날에 과묵한 프랑스인 아르센 벵거가 감독으로 부임했다. 1886년 창단한 아스날이 외국인 감독을 영입한 건 110년 만으로 최초였지만 그를 반기는 사람은 아무도 없었다. 축구의 종주국이라는 자부심이 하늘을 찌르는 영국 축구계는 그를 대놓고 무시했다. 벵거가 무명 선수 출신인 데다 세계 3대 프로 축구 리그인 영국 프리미어리그, 스페인 프리메라리가, 이탈리아 세리에리그 등에서 유명 구단의 감독을 지내본 경험도 없었기 때문이다. 지금과 달리 EPL 내에 외국인 감독 자체가 거의 없었던 터라 아스날

선수들도 팬들도 불안감을 감추지 못했다.

영국 언론은 거의 매일 "아르센이 누구?(Arsene Who?)"라는 제목을 단 기사를 내보냈다. 아스날의 감독이 되기 직전 벵거는 일본 J리그 나고야 그램퍼스의 감독을 지냈다. 지금도 크게 달라지지 않았지만 1990년대 중반 당시 영국 축구계가 아시아 축구계를 보는 시선은 미국 메이저리그의 유명 야구팀 감독이 마이너리그의 싱글A 팀 감독을 보는 시선과 비슷했다. "당신은 우리가 노는 물에 낄 자격조차 안 된다"는 싸늘한 시선 말이다.

EPL의 최고 구단인 맨체스터 유나이티드를 이끌고 있는 독설가 알렉스 퍼거슨 감독은 벵거를 대놓고 비웃었다. "일본에서 온 사람이 영국 축구에 대해 무엇을 안단 말인가?" 팀의 상황도 좋지 않았다. 벵거가 오기 전 아스날의 전성기를 이끌었던 조지 그레이엄 전 감독은 9년간 7개의 우승 트로피를 선사했지만 뇌물수수 혐의로 불명예 사퇴했다. 이후 분위기가 어수선해지면서 일부 선수의 술과 코카인 중독, 체계적인 선수 관리 실종, 구단의 엄격하지 못한 대처 등으로 인해 선수단 전체의 기강이 극도로 해이해져 있었다. 당연히 성적도 나빴다.

이런 상황에서 부임한 풋내기 감독의 행보는 다소 야릇했다. 영국인이 보기에 프랑스리그는 프리미어리그보다 몇 단계 낮은 리그였지만 그는 AS 모나코 감독으로 일하던 시절부터 "영국 축구는 훈련 방식에 문제가 있다. 그래서 진화 속도가 더딘 것 같다. 경기가 끝난 후 감독은 선수들이 어느 정도 긴장감을 유지하도록 독려해야 한다. 하지만 그들은 그냥 쉽게 내버려둔다"라며 영국 축구의 우수성을 인정하지 않았다.

게다가 벵거는 선수단을 파악하고 전략 및 전술 훈련을 하기도 바쁜 시간에 선수단의 식단까지 직접 짰다. 영국인들이 보기에 이는 영양사가 할 일이지 감독이 할 일이 아니었다. 벵거는 개의치 않았다. "영국 사람들은 고기를 너무 많이 먹고 채소는 지나치게 조금 먹는다"라는 말과 함께. 영국 축구계가 부글부글 끓어올랐다.

하지만 벵거는 우수한 성적으로 이 모든 비판과 우려를 잠재웠다. 부임 첫해인 1996~1997년 시즌에 그는 아스날을 리그 3위 팀으로 올려놨다. 1997~1998년 시즌에는 강력한 라이벌 맨체스터 유나이티드를 꺾고 리그 우승을 차지했다. 2003~2004년에는 아직까지 깨지지 않은 기록인 '49경기 무패'도 이뤄냈다. 벵거가 누구냐며 무시하던 영국 언론들은 그가 '프랑스발(發) 혁명(French Revolution)'을 이뤄냈다며 그를 영국 축구 대표팀 감독으로 앉혀야 한다고 칭송하기에 이르렀다.

영국 정부까지 동참했다. 2003년 영국 정부는 그에게 외국인 대상 명예 훈장인 OBE 훈장을 수여했다. 아스날이 2004~2005년 시즌 FA컵 우승 이후 6시즌 넘게 우승컵을 들어 올리지 못하면서 "벵거의 리더십이 한물간 것 아니냐"는 평가도 심심찮게 나오고 있다. 특히 프랑스리그에서 주전으로 뛰던 박주영을 영입한 후 벤치에만 앉혀뒀던 했던 터라 한국 축구팬들이 그를 바라보는 시선은 더욱 차갑다. 하지만 최근의 이런저런 논란에도 불구하고 벵거가 훌륭한 축구 지도자이며, 그만의 고유한 방식으로 명문 구단을 만들었다는 점을 부인할 수는 없다.

5개 국어에 경제학 석사 학위를 갖춘 축구 선수

아르센 벵거는 1949년 프랑스 알자스 지방의 도시 스트라스부르에서 자동차 부품업과 요식업을 겸업하는 부모 밑에서 태어났다. 알자스 지방은 프랑스와 독일의 국경지대에 있다. 교과서에 등장해 한국인이 너무나 잘 아는 소설 '마지막 수업'에도 나오듯 이곳은 한때 독일 영토였다. 이 때문에 알자스 사람들은 프랑스 프로축구는 물론 독일 프로축구(분데스리가)에도 많은 관심을 지니고 있다.

소년 벵거는 프랑스 프로축구 클럽보다 바이에른 뮌헨, 보르시아 도르트문트 등 분데스리가 클럽을 더 좋아했다. 그가 분데스리가의 매력에 빠져든 이유는 속도감 있는 경기 전개와 선수들의 왕성한 운동량 때문이었다. 당시 그가 흠모한 축구 영웅도 독일의 축구황제 프란츠 베켄바우어였다. 벵거의 부모는 그가 가업을 이어받기를 바랐다.

어릴 때부터 부모의 레스토랑 및 바에서 술꾼들을 자주 접한 벵거는 술이라면 질색했다. 이는 그가 아스날에 부임하자마자 당시 EPL의 관행을 깨고 선수들에게 맥주 금지령을 내린 것과 무관하지 않다. 벵거의 재능을 처음 알아본 사람은 AZ 뮈치크의 감독 맥스 힐트다. 당시 더틀렌하임에서 뛰고 있던 10대 소년 벵거는 더틀렌하임과 AZ 뮈치크의 경기에서 맥스 힐트의 눈에 들었다. 영민한 플레이를 하는 벵거를 눈여겨본 힐트 감독은 그에게 자신의 밑으로 오라고 제의했고 다음해 벵거는 AZ 뮈치크의 선수가 됐다.

힐트 감독 밑에서 벵거의 축구 실력은 꾸준한 향상을 보였다. 하지만 어린 시절부터 벵거는 다른 축구 선수들과 여러 면에서 다른 행보를 보였다. 벵거는 축구장 안에 자신의 인생을 올인하지 않았다. 지금과 달리 당시 유소년 축구 선수들은 축구와 학업을 병행하지 않았다. 반면 벵거는 유달리 학구열이 높았고 외국어 공부에도 열심이었다. 독일어와 영어는 모국어인 프랑스어 수준으로 유창하게 구사했고 스페인어와 포르투갈어도 상당한 실력을 뽐냈다. 스트라스부르 대학교에서 경제학 석사 학위도 땄다. 벵거의 별명이 '교수'인 이유다.

그러나 축구 선수 벵거의 재능은 곧 한계를 드러냈다. 경기의 흐름을 읽는 눈은 탁월했지만 스피드와 파워가 부족했다. 주 포지션인 스위퍼를 지키지 못하고 여러 포지션을 전전하거나 벤치를 지키는 일이 점점 잦아졌다. 선수 생활을 이어가야 하느냐 말아야 하느냐를 고민하던 시점에 힐트 감독이 그에게 새로운 길을 제시했다.

가난한 구단에서 '최소비용 최대효과'의 중요성 터득

1970년대 중반 알자스의 인기 구단 스트라스부르의 감독으로 부임한 힐트는 벵거를 스트라스부르의 2군팀 플레잉코치(선수와 코치 생활을 병행하는 사람)로 초빙했다. 1981년 스트라스부르 구단은 힐트 감독 밑에서 착실하게 지도자 수업을 받은 벵거를 유소년팀 감독으로 임명했다. 전략, 전술, 선수관리, 언어 등 다방면에서 지식을 지닌 벵거는 구단의 미래 재산인 유소년팀 선수들을 훌륭하게 키워내며 실력을 인정받았다.

1983년 AS 칸 구단은 그를 수석 코치로 영입했다. 불과 1년 후인 1984년 AS 낭시는 벵거를 1군 감독으로 임명했다. AS 낭시는 프랑스의 축구 영웅 미셸 플라티니 현 유럽축구연맹 회장이 몸담았던 구단으로 유명했다. 1970년대 후반에는 프랑스리그에서 우승컵도 차지했지만 벵거가 부임할 당시 성적은 당장 2부 리그로 강등될지도 모를 정도로 나빴다. 게다가 초짜 감독의 능력을 반신반의한 구단은 돈이 없다며 벵거의 선수 영입 요청을 일언지하에 거절했다.

선수도 없고, 돈도 없는 구단의 감독인 벵거가 할 수 있는 유일한 일은 이적 시장에 나온 저가의 유망주들을 발굴하는 일뿐이었다. 새벽까지 유망주들의 플레이 모습이 담긴 비디오를 틀어보고 전술 및 선수관리 프로그램을 개발하기 위해 크리스마스에도 쉬지 않았다. 여전히 AS 낭시의 성적은 별로였지만 구단주가 돈 한 푼 내놓지 않은 하위권 팀에서 고군분투하는 벵거의 능력은 프랑스 축구계의 주목을 받기 시작했다.

1987년 프랑스 최고의 인기 구단 AS 모나코는 그를 감독으로 영입했다. AS 낭시 구단주는 1부리그 잔류 정도의 성적을 원했지만 AS 모나코는 프랑스리그 우승을 기대하는 팀이었다. 저평가 유망주를 발굴해 슈퍼스타로 키우는 벵거의 능력은 이때부터 본격적으로 발휘됐다. 프랑스에 넘쳐나던 아프리카 출신 유망주에 불과하던 라이베리아 출신의 스트라이커 조지 웨아는 벵거의 휘하에서 놀라운 성장을 보이며 1990년대 세계 축구계를 주름잡았다. 1995년에는 세계축구협회가 수여한 올해의 선수상까지 탔을 정도다. 팀 성적도 좋았다. AS 모나코는 1987~1988년 프랑스리그 우승컵을 들어 올렸다.

국제전에서도 벵거는 진가를 발휘했다. 그간 프랑스 구단들은 유럽 최고의 클럽들이 겨루는 UEFA 챔피언스리그에서 영국, 독일, 스페인, 이탈리아 클럽에 비해 우수한 성적을 내지 못했다. 하지만 벵거가 이끄는

AS 모나코는 1993~1994년 시즌 챔피언스리그 4강에 진출했다. 하지만 챔피언스리그에 다소 치중한 나머지 그 다음해 자국 리그에서의 성적은 좋지 못했다. 1994~1995년 시즌 초반 극심한 성적 부진에 시달린 AS 모나코는 벵거와의 결별을 선언했다.

일본에서 새로운 지도자 상을 정립하다

그간 쌓아올린 좋은 평판이 있었기에 많은 사람은 벵거가 AS 모나코와 비슷한 명문 구단에서 새롭게 자리를 잡을 것으로 여겼다. 하지만 벵거는 세계 축구계의 변방인 아시아, 게다가 당시 일본 내에서도 무명 클럽인 나고야 그램퍼스의 감독직을 택했다.

학구열이 높고 호기심이 많은 벵거는 이제껏 살아온 환경과 완전히 다른 문화권에서 생활해보고 싶었고, 축구에 관한 견문도 넓히고 싶었다. 비록 유럽 축구보다 떨어지는 리그지만 일본 축구에서도 분명히 뭔가 배울 게 있을 거라고 확신했다.

그의 선택은 옳았다. 벵거는 절제된 사생활과 음식 습관, 엄격한 선수 관리, 상하관계가 분명하고 리더에게 복종하는 일본 스타일에 매료됐다. 나고야 그램퍼스의 오너인 도요타 그룹은 그에게 전권을 주겠다고 약속했고 이를 실천했다. 결과물은 곧 나타났다.

벵거 이전 리그 하위권이었던 나고야 그램퍼스는 1995년 시즌 일왕컵에서 우승했다. 1921년 시작된 이 경기에서 나고야가 우승한 건 사상 처음이었다. 다음해인 1996년 시즌에는 정규리그 2위 및 슈퍼컵 우승을 이뤘다. "사람들은 내가 일본에 간다고 했을 때 다들 미쳤다고 말했다.

하지만 일본에서의 생활은 축구에 대한 열정을 되찾아줬다." 벵거의 말이다.

아무도 가지 않는 길을 선택한 벵거의 행보를 비웃는 사람이 많았지만 벵거의 일본행은 축구 감독으로서 그의 이력을 상당히 독특하게 만들었다. 20개월간 벵거가 일본에서 이뤄낸 성과는 곧 일본 밖으로 퍼졌다. 세계 각국의 명문 구단이 그를 주시했다. 아스날, 토튼햄, 스트라스부르 등이 물밑 작업을 벌이기 시작하자 벵거는 아스날을 택했다. 그의 성과에 흡족했던 나고야 그램퍼스는 계약기간이 4개월가량 남았음에도 벵거를 풀어줬다. 1996년 10월 벵거는 아스날 최초의 외국인 감독이 됐다.

괴짜 감독, 영국 축구계에 새바람을 불어넣다

변방에서 세계적인 구단의 감독으로 금의환향했지만 벵거 앞에 놓인 현실은 참담했다. 아스날의 미드필더 폴 머슨은 술과 코카인에 중독됐고 부인과도 이혼해 선수생활을 할 수 있을지 의심스러웠다. 다른 주전 선수인 토니 애덤스, 레이 팔러 등도 음주 문제로 골머리를 앓았다. 당시 아스날뿐 아니라 프리미어리그 구단은 대부분 선수들의 음주 문제를 눈 감고 모르는 척했다.

벵거는 "술과 축구는 친구가 될 수 없다"며 당장 맥주 금지령을 내렸다. 과자, 햄버거, 적색 육류 등도 입에 대지 못하게 했다. 대신 그는 선수들에게 찐 생선, 닭고기, 삶은 채소 등을 먹으라고 지시했다. 당시 선수들은 기름이 줄줄 흐르는 베이컨과 소시지, 튀긴 생선, 짠 맥주, 설탕이 가득 든 커피 등을 즐겼기에 벵거의 지시를 못마땅해하는 선수가 한

둘이 아니었다. 주장 애덤스는 노골적으로 반기를 들었고 "내가 왜 브로 콜리를 먹어야 하느냐"며 징징대는 선수도 나왔다.

점핑 훈련인 플라이오메트릭스에 대한 반발은 더 심했다. 힘과 기동성 향상을 위해 고안된 플라이오메트릭스는 벵거가 1970년대 후반~1980년 대 초반 파리의 대중스포츠교육센터(CREPS)에서 지도자 수업을 받을 때부 터 시도했던 훈련법이다. 벵거는 자신이 몸담는 구단마다 근력 향상에 탁 월한 효과가 있는 이 훈련법을 시도했지만 영국 축구계에서 이를 도입한 지도자는 드물었다. 고참들은 "축구 선수인 우리가 왜 에어로빅을 해야 하느냐"며 황당함을 감추지 못했다. 어쩔 수 없이 감독의 명령에 따르긴 했지만 이언 라이트는 "빌어먹을. 이게 무슨 짓거리람"이라고 내뱉었다.

고참들이 반발하건 말건 벵거는 개의치 않았다. 그는 영양사, 정신과 의사 등과 선수들의 체력, 정신력을 향상하는 프로그램 개발에도 매진 했다. 선수들에게 과음을 피하고 휴식과 수면을 충분히 취하도록 하면 서 규칙적인 식사와 체계적 훈련을 통해 새롭게 태어난 팀을 만들겠다는 벵거의 전략은 어찌 보면 당연한 얘기지만 당시 영국 축구계에서 이는 대대적 혁신이었다. 요즘이야 선수들이 자신의 몸값을 높이기 위해 스스 로 술과 흡연 등을 자제하지만 당시 분위기는 그렇지 않았기 때문이다. 달리 말하면 그만큼 선수단 관리가 주먹구구였다는 뜻도 된다.

아스날의 전성기를 열다

이방인 감독의 요상한 방식에 반신반의하던 선수들도 성적이 좋아지 자 벵거의 말에 순응하기 시작했다. 벵거는 부임한 지 두 번째 해인 1997

~1998년 시즌에 맨체스터 유나이티드를 꺾고 프리미어리그 우승을 차지했다. 2003~2004년 시즌에는 26승 12무의 성적으로 무패 우승이라는 신화도 만들었다. 100년 전인 1888~1989년 시즌 프레스턴 노스엔드가 18승 4무로 무패 우승을 달성하긴 했지만 당시 축구계의 경쟁이 지금처럼 치열하지 않았다는 점, 아스날이 프레스턴 노스엔드보다 16경기나 더 치렀다는 점을 감안할 때 아스날의 무패 우승은 사실상 최초라고 봐도 무방하다.

저가의 유망주를 발굴해 슈퍼스타로 만든 후 부자 구단에 최고로 비싼 값에 파는 벵거의 능력도 최고조에 달했다. 벵거는 1997년 당시 17세에 불과하던 스트라이커 니콜라 아넬카를 파리 생제르맹에서 아스날로 데려왔다. 비용은 단돈 50만 파운드(약 10억 원). 하지만 불과 2년 후인 1999년 아넬카는 무려 2,230만 파운드(446억 원)에 레알 마드리드로 이적했다. 당시 레알 마드리드가 선수 영입에 지불한 돈 중 최고 금액이었다. 2년 만에 45배의 투자 차익을 올린 셈이다. 마크 오베르마스와 에마뉘엘 프티를 800만 파운드(160억 원)에 영입해 FC 바르셀로나에 3,200만 파운드(640억 원)에 이적시킨 사례도 있다.

전설적인 스트라이커 티에리 앙리도 빼놓을 수 없다. 앙리는 1999년 아스날에 왔다. 하지만 이전 소속팀인 이탈리아 유벤투스 FC에서는 벤치 선수로 지낼 때도 있었기에 "앙리가 과연 아스날에 얼마나 기여할까" 우려의 시선을 보내는 사람도 존재했다. 하지만 앙리는 역대 아스날 선수 중 가장 많은 226골을 넣은 후 두둑한 이적료를 팀에 안겨주고 2007년 FC 바르셀로나로 떠났다.

2011년 8월 4,000만 유로(약 616억 원)에 FC 바르셀로나로 떠난 미드필더 세스크 파브레가스도 마찬가지다. 벵거는 파브레가스가 불과 17세이던 2003년 그를 영입해 세계적인 선수로 키워냈다.

벵거는 자국 리그에서는 강하지만 국제전에서는 다소 약했던 아스날의 팀 컬러도 확 바꿔놓았다. 아스날은 2007~2008년 시즌 챔피언스리그 8강에 올랐고 2008~2009년 시즌에는 4강에 올랐다. 한 해 뒤에도 8강에 올랐다. 그 사이에 수많은 선수가 빠져나가고 새로 들어오기를 반복했지만 아스날은 여전히 강팀으로 군림하고 있다. 최근 몇 년간 우승컵을 들어 올리지 못했지만 벵거 부임 후 아스날은 프리미어리그 4위 밑으로 떨어진 적이 거의 없다.

조직원의 건강관리는 리더의 최우선 과제다

"강한 놈이 오래가는 게 아니라 오래가는 놈이 강한 거다." 류승완 감독의 영화 〈짝패〉에서 배우 이범수가 남긴 명대사다. 무한 경쟁 시대를 이보다 간결하고 명확하게 설명한 말이 있을까. 오래가기 위한 첫 번째 조건은 건강이다.

직원 건강관리는 조직의 형태와 업종을 불문하고 모든 리더의 첫 번째 책임이자 의무다. 핵심 인재를 뽑는 일도 중요하지만 기껏 뽑아놓은 핵심 인재가 질병이나 스트레스에 시달려 능력을 제대로 발휘하지 못한다면 기업에 이보다 더 큰 손해는 없기 때문이다.

하지만 선수 개개인의 몸이 조직의 핵심 자산인 데다, 100년이 넘은 역사를 지닌 EPL에서 이 명제는 통하지 않았다. 벵거 이전에는 선수단 건강관리에 대해 체계적인 접근을 시도하는 지도자가 전무했다는 뜻이다.

축구 종주국이라는 전통에 엄청난 자부심을 가진 영국 축구계가 낯선 프랑스인의 변혁을 받아들인 것도 벵거가 이 점을 포착하고 개혁에 착수한 첫 번째 인물이었기 때문이다. 1990년대 후반 아스날의 주전 선수였던 토니 애덤스, 리 딕슨, 나이젤 윈터번 등 노장들은 벵거의 부임 이후 자신의 몸에 큰 변화가 나타났으며, 덕분에 선수 생활을 연장할 수 있었다고 칭송하고 있다.

프랑스 출신 이방인에게 적대적이었던 영국 감독들도 결국 그의 방식을 인정하기 시작해 이제 EPL 구단의 대부분은 지방 및 염분을 엄격히 제한한 식단을 내놓고 있다. 히딩크 감독도 한국 대표팀을 지도하던 시절 염분이 많다는 이유로 김치찌개와 고추장 등을 금지하려고 시도한 바 있다.

이런 추세는 비단 축구계에만 국한된 일이 아니다. 세계적 기업들은 직원의 건강관리를 위해 다양한 전략을 구사하고 있다. 구글은 사내 음식점에서 건강에 유익한 정도에 따라 음식을 녹색, 노란색, 빨간색으로 분류해 판다. 유기농 식품 업체 홀푸드마켓은 비흡연자나 적정 수치의 혈압을 가진 직원이 매장에서 물건을 사면 할인 혜택을 준다. 인텔, 파파존스 피자 등도 직원이 살을 빼고 콜레스테롤 수치를 낮추면 인센티브를 주고, 다양한 운동관리 프로그램도 운영한다. 조직원의 건강이 곧 조직 경쟁력인 시대에 벵거의 성공 사례는 상당한 시사점을 준다.

역(逆)혁신의 중요성을 깨달아라

중국의 의료 인프라는 매우 열악하다. 국토가 워낙 넓고 서부 내륙과 동남부 중공업 지대의 생활 격차도 어마어마하다. 이 때문에 시골 주민의 대부분은 현대식 의료 시스템의 혜택을 받지 못한다. 미국 제너럴 일렉트릭(GE)은 2009년 이런 사람들을 대상으로 등에 가볍게 메고 다닐 수 있는 휴대용 심전도 기계를 개발했다. 심전도 측정을 위한 필수 기능만 탑재한 이 제품의 대당 가격은 단돈 500달러(약 55만 원)이다. 가벼워서 휴대하기도 좋다. 선진국 병원의 심전도 기계가 대당 1만 달러(1,100만 원)가 넘는다는 점을 감안할 때 상당히 싼 편이다.

GE가 개발도상국 소비자를 타깃으로 개발한 이 상품은 선진국에서도 날개 돋친 듯 팔리고 있다. 교통사고 현장에서 유용성이 입증됐기 때문이다. 병원과 달리 신속한 대응이 중요한 교통사고 현장에서 병원 내 심전도 기계처럼 복잡한 기능을 갖추고 무거운 기계는 소용이 없다.

이처럼 신흥시장 소비자를 공략하기 위해 제품을 개발하고, 이를 선진국 시장에서도 판매하는 경영 전략을 '역혁신(reverse innovation)'이라고 한다. '역'이라는 말이 붙은 이유는 과거 세계적인 기업들이 채택했던 성장 방식과는 정반대이기 때문이다. 즉 과거에는 선진국 시장의 부유한 소비자를 대상으로 값도 비싸고 질도 우수한 상품을 개발한 다음, 이를 개발도상국 현지 상황에 맞게 변형한 상품을 내놓았다면 이제는 개발도상국 시장에서 성공을 거둔 뒤 여기서 얻은 경험, 지식, 노하우를 토대로 선진국 시장에 진출하는 방법이 먹히고 있다는 뜻이다.

뱅거는 세계 스포츠계에 역혁신의 중요성을 입증한 거의 유일무이한 지도자다. 한국과 일본이 각각 월드컵 4강과 16강에 진출하고, 박지성이 맨체스터 유나이티드의 주전 선수로 활약하고, 유럽 축구계가 막대한 경제력과 인구를 지닌 아시아 시장의 가치를 주목하고 있지만 유럽 축구계가 보기에 여전히 아시아 축구는 변방에 불과하다. 21세기인 지금도 상황이 이러할진대 1990년대 중반에는 어땠을까.

당시 유럽 축구계에서는 유럽 구단의 축구 감독직을 포기하고 아시아 구단의 감독이 된다는 것은 미친 짓이었다. 언어와 문화가 다른 낯선 땅에서 적응하는 일도 쉽지 않았지만 뱅거는 이 모든 우려를 뒤로하고 일본으로 떠났다. 일본에서 그 어떤 축구 감독도 해내지 못한 일, 즉 절제된 일본식 생활습관과 자신의 축구 철학을 접목시키는 전략을 만들어냈다. 일본에서의 성공을 바탕으로 선진국 시장인 프리미어리그에 진출했고 일본식 성공 방식이 프리미어리그에서도 통한다는 점을 보여줬다.

스타를 사지 말고 스타를 만들어라

돈이 모든 것을 결정하는 프로 스포츠 세계에서 자본의 위력은 갈수록 그 위세를 더해가고 있다. 종목과 국가를 막론하고 구단 재정이 넉넉하고 스타 선수가 많은 팀일수록 해당 업계에서 최고의 성적을 낸다. 야구의 뉴욕 양키스, 축구의 맨체스터 유나이티드나 레알 마드리드, 농구의 LA 레이커스 등이 대표적이다. 하지만 벵거는 아스날이 최소 비용으로 최대 효과를 내도록 하는 데 그 누구보다 앞장섰다.

그가 아스날에 부임한 후 실제 사용한 이적료는 연간 약 200만 파운드(약 40억 원)에 불과하다. 전 세계에서 유망주를 수집해 그들을 유럽 정상급 선수로 키운 후 비싼 이적료를 받고 다른 구단에 팔았기 때문이다. 프리미어리그 내에 있는 아스날의 경쟁팀들이 지출한 선수 영입 비용을 보면 벵거의 위력을 잘 알 수 있다. 주제 무리뉴가 첼시 감독을 맡았을 때 그는 연평균 4,400만 파운드(약 880억 원)의 이적료를 썼다. 아스날의 22배다. 더한 감독도 있다. 마크 휴즈 감독은 맨체스터시티를 지휘한 1년 6개월 동안 무려 2억 1,200만 파운드(약 4,240억 원)를 썼다.

단지 몸값이 싸다는 이유만으로 그가 유망주를 선호하는 건 아니다. 벵거는 왜 젊은 선수를 좋아하느냐는 물음에 이렇게 답한 바 있다. "베테랑 선수들은 이미 자신만의 축구를 완성했기에 비교적 고집이 세다. 하지만 젊은 선수들은 자신들의 단점이 무엇인지를 알려주면 이를 보완하려고 애쓴다. 동료, 코치진과의 팀워크가 훌륭하다는 의미다." 이는 이방인인 그가 텃세 심한 프리미어리그에서 살아남을 수 있는 유일한 방식이자 원동력이기도 하다. 스타 선수 출신 감독도 아니고, 내로라하는 유명 클럽의 감독 경력도 없는 그가 몸값 수천만 달러짜리 스타 선수들을 단번에 휘어잡기는 힘들기 때문이다.

. . . .
〈참고문헌〉
아르센 벵거, 톰 올드필드 지음, 고수정 서준형 옮김, 2010, 여우별

"슬럼프가 와서 슬럼프가 아니라 슬럼프라고
생각한 바로 그 순간 슬럼프가 온다."

서거원 대한양궁협회 전무

1956년 전남 순천 출생. 1984년 미국 로스앤젤레스(LA) 올림픽 이후
2012년 런던 올림픽까지 무려 28년간 세계 최정상으로 군림하고 있는
한국 양궁 대표팀을 이끌고 있다. 타고난 카리스마로 선수들에게 피도 눈물도 없는 듯한
독한 훈련을 시켜 한국 양궁의 오늘을 있게 한 주인공이다. 현재 대한양궁협회 전무.

철저한 공정성이
인재를 만든다

양궁은 하계올림픽에서 우리나라에 가장 많은 금메달을 안겨준 전통적인 효자 종목이다. 우리 양궁 대표팀 선수들은 2012년 런던 올림픽에서도 전체 4개 금메달 중 3개를 싹쓸이하며 세계 최정상의 실력을 다시 한 번 뽐냈다.

한국 양궁이 처음 금메달을 딴 것은 대표팀을 올림픽 무대에 첫 출전시킨 1984년 LA 올림픽에서다. 당시 서향순 선수가 여자 개인전 금메달을 딴 후 이제까지 양궁 대표팀은 무려 19개의 금메달을 획득했다. 특히 여자양궁 대표팀은 1988년 서울올림픽부터 2012년 런던 올림픽까지 올림픽 여자 단체전을 무려 7연패했다. 이번 런던 올림픽에서는 오진혁 선수가 남자양궁 개인전에서 우승하며 28년 '노 골드(No Gold)'의 한도 풀었다.

한국 양궁이 세계 정상의 위치를 무려 30년 동안 굳건히 지키면서 다른 나라의 견제도 날로 심해지고 있다. 런던 올림픽의 개인전 방식이 점수 총합산제에서 세트제로 바뀌었듯 세계양궁협회는 하루가 멀다 하고 경기 규칙을 개정하고 있다.

게다가 한국 양궁의 영향력이 점점 강해지자 각국 양궁 팀에서는 '한국인 지도자 모시기' 붐이 일고 있다. 이로 인해 한국 출신 양궁 지도자가 한국 양궁의 최대 적수가 되는 기현상도 빚어졌다. 런던 올림픽에 출전한 40개국 중 12개국의 감독이 한국인이라는 점, 여자 개인전 결승에서 기보배 선수와 마지막까지 경쟁했던 멕시코 아이다 로만 선수를 조련한 사람이 한국 출신의 이웅 감독이라는 사실만 봐도 잘 알 수 있다.

그럼에도 한국 대표팀은 이에 굴하지 않고 런던 올림픽에서 다시 3개의 금메달을 가져오며 '양궁 강국'임을 다시금 입증했다. 날로 심해지는 견제, 하루가 멀다 하고 바뀌는 규칙, 전 세계 선수의 상향평준화 속에서 딴 금메달이기에 그 어느 때보다 값지다.

도대체 무슨 비결이 있기에 한국 양궁은 강산이 세 번이나 바뀌는 30년간 세계 정상의 위치를 지키고 있을까. 믿을 수 없는 신화(神話) 뒤에는 1988년 서울올림픽부터 현재까지 대표팀 코치, 감독, 대한양궁협회 임원 등으로 일하며 "독종 중 독종" "곁에 있기만 해도 숨이 막힌다"는 평가를 들어온 서거원 대한양궁협회 전무이사 겸 계양구청 양궁팀 감독이 있다.

서 전무는 일각에서 한국 양궁의 성공을 타고난 기질 덕분이라고 주장하는 것에 대해 사실을 전혀 모르는 소리라고 지적한다. 그는 우리 민족이 동이족(東夷族), 즉 동쪽의 활을 잘 쏘는 민족이라서 양궁에서 승승장구하는 게 아니라 뼈를 깎는 노력과 치밀한 전략의 결과 오늘날의 성공이 있었다고 주장한다. 넘치는 카리스마와 불같은 추진력으로 '서칼'이라는 별명까지 얻은 서 전무의 리더십 비결을 탐구해보자.

축구선수에서 양궁선수로

서 전무는 1956년 전남 순천에서 태어났다. 어릴 때부터 각종 스포츠에 두각을 나타내던 그였지만 정작 그가 활을 잡은 것은 만 열아홉 살이던 1975년이었다. 당시만 해도 양궁은 전문적인 스포츠라는 평가를 전혀 받지 못했다. 정신 수양을 위한 취미 정도로 여기는 사람이 대부분이었고, 선수층도 매우 얇았다. 당연히 국제대회에서 특출한 성적을 거두지도 못했다.

고등학교 때까지 축구팀에서 축구선수로 활약했던 그는 대학에 입학한 후에야 양궁의 매력에 흠뻑 빠져들었다. 다른 청년들과 마찬가지로 젊을 적에 질풍노도의 시기를 겪은 그는 활만 잡으면 마음이 차분해지고 집중력이 높아지는 자신을 발견하고 양궁에 매진하기 시작했다. 이는 곧바로 성적 향상으로 이어졌다. 늦깎이 양궁선수였지만 1977년 처음 출전한 전국 대학부 종별 선수권대회에서 단체전 준우승의 주역 멤버로 활약했다. 그는 대학을 졸업한 1978년 국내 최초의 양궁 실업팀인 삼익악기 양궁팀에 무난히 입사할 수 있었다.

하지만 양궁선수로 생활하기란 쉽지 않았다. 지금과 달리 국산 활이 아닌 외제 활만 사용하던 시절이라 장비도 고가였고, 그나마 몇 달씩 기다려야만 새 장비를 만질 수 있었다. 돈을 많이 벌 수 있는 인기 종목도 아니라서 부모님을 비롯한 주변의 반대가 이만저만이 아니었다. 하지만 이미 양궁의 매력에 흠뻑 빠진 그의 귀에 반대의 목소리가 들릴 리 만무했다.

1985년 그는 선수 생활을 끝마치고 본격적으로 지도자의 길을 걷기 시작했다. 운동선수에 대한 체계적인 관리 시스템이 존재하는 요즘에는 만 스물아홉 살에 선수 생활을 그만두는 사람이 별로 없지만 당시만 해도 운동선수에게 서른이란 환갑이나 다름없는 나이였다. 그 역시 선수 생활을 계속 하고 싶었지만 "나이가 몇인데 아직도 선수를 하느냐"는 주변의 시선을 견디기 어려웠다.

자의반 타의반으로 시작한 지도자 생활은 순탄치 않았다. 그는 1986년 서울 아시아 경기대회 직후 국가대표팀 코치가 됐고, 1988년 서울올림픽에서 처음 남자양궁 대표팀 감독에 올랐다. 서른둘의 젊은 나이에 대표팀 감독을 맡았다며 부러워하는 사람이 많았지만 그의 속은 바짝바짝 타들어갔다.

여자선수들이 1984년 LA 올림픽에서 이미 금메달을 획득하고 정상에 올랐던 것과 달리 남자선수들의 성적은 여자선수들에 미치지 못했기 때문이다. 남자양궁이 1988년 서울올림픽에서 금메달을 따내지 못한다면 향후 남자대표팀에 대한 지원이 끊길 수도 있는 절박한 상황이었다

스포츠심리학에 심취하다

서울올림픽에서 금메달을 따지 못하면 한국 남자양궁의 미래는 물론 자신의 지도자 인생도 끝날 수 있는 위기상황은 역설적으로 서 전무의 도전의식을 자극했다. 그는 선수들이 화장실 가는 시간까지 일일이 기록하며 엄청난 훈련을 시켰다. 선수들은 물론 그 자신도 "너무 힘들어서

차라리 죽는 게 낫겠다"는 말을 입에 달고 살 정도로 힘든 훈련을 거듭
하자 효과가 바로 나타났다.

서울올림픽에서 남자양궁 대표팀은 단체전 금메달을 땄고, 개인전에
서도 아쉽게 금메달은 놓쳤지만 은메달을 목에 걸 수 있었다. 개인전과
단체전을 휩쓴 여자대표팀에 뒤지지 않는 성적이었다. 이때부터 한국 양
궁이라면 항상 여자양궁만 거론되던 분위기도 달라져 남녀 대표팀 모두
세계 정상임을 인정받기 시작했다.

당시 서 전무는 올림픽에서 우승한 초보 감독이라는 유명세 외에 또
다른 유명세를 탔다. 바로 그가 스포츠심리학을 양궁에 접목한 최초의
지도자였기 때문이다. 선수들의 정신건강 관리나 스포츠심리학의 중요
성이 부각되지 않았던 1980년대 당시 서 전무는 사람들 눈에 꽤나 기이
한 지도자로 비쳤다. 선수들과 같이 양궁 연습장에서만 살아도 모자랄
판에 태릉선수촌 스포츠과학연구소 건물을 뻔질나게 드나들었기 때문
이다.

1980년대 중반 286컴퓨터가 처음 나왔을 때 서 전무는 사비로 컴퓨터
를 장만했다. 동료 지도자들 대부분은 운동 감독이 왜 비싼 돈을 들여
컴퓨터를 장만하느냐며 그를 만류했다. 그는 컴퓨터를 배울 곳이 없어
컴퓨터를 다룰 줄 아는 연구원이 많은 태릉선수촌 스포츠과학연구소를
처음 찾았다. 그리고 이곳에서 스포츠심리학의 중요성을 깨달았다.

연구원들을 괴롭히면서 컴퓨터 다루는 법을 익힌 서 전무가 286컴퓨
터로 한 일은 선수에 대한 체계적 기록이었다. 개별 선수의 성적, 특성,
훈련 일지 및 결과, 그에 따른 통계 등 선수관리를 위한 모든 것을 컴퓨

터에 입력해 데이터베이스로 만들었다. 대다수의 지도자가 관련 기록을 일일이 종이에 손으로 쓰고 그리던 시절, 서 전무의 이런 시도는 혁명에 가까웠다.

서 전무가 스포츠과학연구소를 드나들기 시작할 때 연구소와 태릉선수촌 사람들 모두 그를 이상하다는 눈빛으로 바라봤다. 연구소 쪽 사람들은 "운동선수가 심리학의 '심' 자를 알겠느냐"며 내심 코웃음을 쳤다. 태릉선수촌 쪽 사람들은 "양궁이나 잘할 것이지 먹물 냄새나는 샌님들하고 어울려서 뭘 하겠느냐"며 혀를 찼다.

하지만 그는 개의치 않고 연구소를 줄기차게 찾았다. 스포츠심리학의 기본을 배우고, 단계별 심리 훈련을 도입했다. 그 덕에 선수들의 미묘한 심리 변화에 대응할 수 있게 됐음은 물론 지도자로서 그 자신의 시야도 훨씬 넓어졌다.

기약 없는 실업자 생활

서울올림픽에서 선전한 이후 서 전무는 승승장구했다. 1990년 베이징 아시아 경기대회와 1994년 히로시마 아시아 경기대회에서 남자대표팀 감독을 맡아 보란 듯이 금메달을 따냈다. 특히 히로시마에서 한국 양궁팀은 전 종목 금메달 석권 및 세계 최고기록 수립이라는 쾌거를 이뤄냈다.

영광은 오래가지 않았다. 아시아 경기대회가 끝나자마자 당시 그가 실업팀 감독으로 있던 삼익악기 양궁팀이 해체 작업에 들어가 1994년 12월 말 정식으로 해체됐기 때문이다. 1978년 선수로 입사해 16년간 선수 겸 감독으로 있던 팀이 해체된다는 것은 그에게 큰 충격이었다. 당시 삼익악기 소속 선수는 총 6명으로 이 중 2명이 국가대표팀 선수일 정도로 실력도 뛰어났다. 이 때문에 서 전무는 새로운 실업팀 창단이 그리 어렵지 않을 것이라고 생각했다.

이에 그는 무모하게도 국가대표 감독직을 반납하기로 했다. 자신은 삼익악기 팀이 해체돼도 국가대표팀 감독으로 편안하게 살 수 있었지만 월급이 끊기고 졸지에 오갈 곳이 없어진 선수들을 모른 척할 수는 없었다. 오랫동안 동고동락하던 선수들을 저버리느니 당분간 힘들더라도 실업팀을 다시 만드는 게 우선이라고 생각했다.

하지만 상황은 녹록치 않았다. 비인기 종목인 양궁 실업팀을 창단하려는 기업은 거의 없었다. 수많은 기업을 찾아다녔지만 선뜻 팀을 만들겠다는 기업은 없었고, 그간 모아뒀던 돈은 순식간에 줄어들기 시작했다.

세 명의 자녀를 둔 서 전무 가족의 기본 생활비, 팀 창단 섭외를 위해 사람들을 만나고 다니는 데 드는 비용은 예상외로 엄청났다. 삼익악기 양궁팀이 해체되면서 받은 퇴직금은 곧 흔적도 없이 사라졌고 약간의 저축과 유산, 1988년 서울올림픽 금메달 획득 후 받은 포상금으로 샀던 땅까지 다 팔아야만 했다. 이것도 모자라 당시 거주하던 넓은 아파트를 팔고 다섯 식구가 6,500만 원짜리 작은 빌라로 이사를 했다. 신용카드 돌려막기까지 해야 할 정도로 극심한 생활고가 이어졌다.

앞길이 보이지 않는 상황이었지만 그와 선수들은 동지애와 의리 하나로 버텼다. 팀이 없어졌다고 활을 놓을 수는 없었기에 선수들은 계속 대회에 출전해야만 했다. 숙소가 없어 다른 팀 숙소를 임시로 빌려 쓰고, 때로는 샤워장도 없는 중고교생의 숙소도 마다하지 않았다.

결국 삼익악기 양궁팀이 해체된 지 1년 반 만인 1996년 5월 인천 계양구청이 양궁팀 창단을 발표했다. 만 1년 반 동안 서 전무와 함께 고생하던 선수 6명이 그대로 계양구청 선수가 됐다. 국가대표 선수가 2명이나 포함되어 있는 팀이 1년 반 동안 월급 한 푼 받지 못하고 고생했지만 한 명의 낙오자도 없이 새 팀을 꾸린 것이다.

서 전무는 "인생에서 가장 큰 고통을 맛본 시절이었지만 지도자로서나 자신을 한 단계 올려놓은 시간이었다"고 회고한다. 자신이 선수들을 믿고, 선수들이 자신을 믿지 못했다면 폭풍우를 만나고서도 모두 함께 살아남지 못했을 것이라는 의미다.

당시 서 전무와 동고동락한 선수들은 이제 한국 양궁을 이끄는 지도자로 성장했다. 대표적인 예가 이번 런던 올림픽 남자대표팀을 맡은 박성수 코치. 1988년 서울올림픽 단체전 금메달 및 개인전 은메달을 딴 박코치는 서 전무와 20년 넘게 호흡을 맞춰온 사이다. 선수 시절부터 다른 팀에서 "더 많은 돈을 줄 테니 우리 팀으로 오라"는 스카우트 제의가 빗발쳤지만 이를 거부하고 서 전무 옆에 남았다.

번지점프로 따낸 아테네 신화

서 전무에게 지도자 인생의 황금기를 가져다준 올림픽은 2004년 아테네 올림픽이다. 서 전무는 2004년 아테네 올림픽에서 남녀 선수단을 총괄하는 대표팀 총감독을 맡아 남녀 단체전 금메달, 여자 개인전 금·은메달을 휩쓰는 좋은 성적을 냈다.

결과적으로는 좋은 성적을 냈지만 올림픽을 앞두고 서 전무의 걱정은 이만저만이 아니었다. 두 팀의 성적을 모두 신경 써야 했기에 남자대표팀만 맡았던 과거보다 성적에 대한 압박이 훨씬 심했다. 이에 아테네 올림픽을 두 달 앞두고 그는 다른 감독 및 코치진까지 입이 떡 벌어지게 만든 놀라운 일을 감행했다.

올림픽 두 달 전 그리스를 찾은 서 전무는 한국 남녀 대표팀 6명을 아테네 근처 코린트 운하로 데려갔다. 코린트 운하는 폭 45미터, 깊이 120미터에 길이가 6킬로미터가 넘는 좁고 긴 운하다. 폭이 좁아서 운하 벽이 상할까봐 배들은 모두 무동력으로 운행하며 예인선이 배를 끌고 간다. 에게 해에서 불어오는 골바람이 거센 이곳에는 절벽과 절벽을 잇는 조그마한 다리가 있다. 바로 이곳에 번지점프대가 있다. 줄 길이가 무려 95미터로 다리 위에서 절벽을 내려다보면 오금이 저릴 정도다.

바로 이곳에서 그는 자신을 포함한 선수단 전원에게 번지점프를 지시했다. 밤에 공동묘지 가기, 휴전선 철책 경계 서기, 한라산 야간 산행, 태풍 부는 날이나 야구장처럼 시끄러운 장소를 택해서 하는 훈련법 등 그가 개발한 훈련 방식은 어느 하나 독특하지 않은 게 없었지만 절벽 위의 번지점프는 그야말로 기상천외 그 자체였다.

당연히 선수들은 기절초풍했다. 까마득한 높이, 조금만 삐끗해도 절벽에 부딪혀 온몸이 산산조각날 것 같은 좁은 너비, 서 있기도 힘든 거센 바람과 직면한 선수들은 벌벌 떨었다. 이에 굴할 서 전무가 아니었다. 그는 "너희만 번지점프를 시키려고 이 먼 곳까지 너희를 데려온 줄 아느냐. 나부터 뛰어내리겠다"며 95미터 절벽에서 몸을 날렸다. 그 역시 죽을 것 같은 공포를 느꼈지만 '지도자인 내가 핑계를 대고 뛰어내리지 않으면 어떤 선수가 나를 믿고 따라오겠느냐'는 생각에 죽기를 작정하고 뛰어내렸다.

다음은 선수들 차례. 순서를 정해주지 않고 남녀 선수를 통틀어 먼저 뛰고 싶은 사람부터 뛰게 했다. 서 전무가 "누가 먼저 뛸래?"라고 물었을 때 1번으로 나선 건 여자 대표팀의 박성현 선수였다. 박성현 선수는 "감독님. 저요. 잠시 후 뵙겠습니다"라는 씩씩한 말을 남긴 채 순식간에 다리 위에서 뛰어내렸다. 지켜보던 다른 선수들이 더 놀랐다. 이후 이성진 선수가 두 번째, 세 번째가 바로 윤미진 선수였다. 남자 선수들은 여자 선수들에 이어 번지점프를 했다.

공교롭게도 뛰어내린 순서대로 성적이 나왔다. 가장 먼저 뛴 박성현은 여자 개인전에서 금메달을 땄고, 두 번째로 뛴 이성진은 은메달을 획득했다. 하지만 시드니 올림픽 개인전 금메달리스트였던 윤미진은 메달 획득에 실패했다.

여자 선수들보다 뒤늦게 번지 점프를 한 남자 선수들도 마찬가지였다. 남자 선수 3명은 단 한 명도 개인전 메달을 따지 못하고, 단체전에서만 금메달을 땄다. 후일 박성현 선수는 "절벽을 쳐다보기만 해도 무서워 빨리 집에 가고 싶은 마음에 먼저 뛰어내렸는데 아니나 다를까 좋은 성적이 나왔다"고 회고한 바 있다.

서 전무는 절벽 번지점프의 순서가 실제 올림픽 성적과 일치한 것은 결코 우연이 아니라고 강조한다. 95미터 높이의 절벽에서 남자 선수보다 먼저 뛰어내린 여자양궁 대표팀 선수들의 성적이 그간 남자 대표팀의 성적을 압도한 것만 봐도 알 수 있듯이, 주어진 과제와 목표를 대할 때 적극적이고 능동적으로 임하는 사람과 부정적이고 수동적으로 임하는 사람의 차이는 클 수밖에 없다는 것. 어차피 해야 할 일이라면 즐겁고 적극적으로 하는 게 성과 향상과 직결된다는 의미다.

**서거원
리더십의
키워드**

철저한 공정성만이 인재를 살린다

흔히 한국 양궁대표팀 선발전을 통과하기란 올림픽에서 금메달을 따는 것보다 더 어렵다고 말한다. 사실 스포츠계에서는 파벌 때문에 종종 문제가 일어난다. 쇼트트랙 등 일부 종목에서는 파벌 문제 때문에 국가대표 선발 때부터 잡음이 이는 일도 잦았다.

하지만 양궁은 다르다. 한국의 모든 스포츠 종목 중 거의 유일하게 파벌이 없으며, 선수 선발전에서 잡음이 없는 종목이 바로 양궁이다. 서전무는 이런 시스템의 공정성이 조직원에게 꿈을 부여하고, 평범한 조직원도 인재로 탈바꿈하게 만드는 비결이라고 강조한다.

올림픽 대표팀은 보통 열 달 동안 열 번 정도 경기를 치러 남자 3명, 여자 3명의 대표팀 선수를 선발한다. 이 3명 안에 들어가기란 여간 힘든 일이 아니다. 양궁협회는 먼저 대표선발전에 참가할 선수 100명을 선발한다.

이때 전형적인 다면평가가 이뤄진다. 1차전은 체력훈련을 열심히 한 사람이 합격하도록 만들고, 2차전은 정신력, 3차전은 담력, 4차전은 집중력, 5차전은 승부근성, 6차전은 환경변화에 대한 적응력, 7차전은 극기력, 8~10차전은 실제 현장에 투입됐을 때 국제대회에서 기량을 발휘할 수 있을지를 검증하는 식이다. 때로는 기상대에 전화를 걸어 태풍이 올 가능성이 높은 날짜에 일부러 경기 일정을 잡기도 한다.

중요한 점은 이 10번의 평가가 매 차전이 끝날 때마다 제로베이스에서 출발한다는 점이다. 예를 들어 1차전에서 36명이 떨어지고 64명을 선발하면 2차전에서는 1차전 기록이 완전히 무시된다. 살아남은 64명을 32명으로 추리고, 이 32명을 16명으로 추릴 때도 마찬가지다.

이 때문에 체력은 좋지만 담력이 약한 선수, 환경변화에 대한 적응력은 뛰어나지만 극기력이 부족한 선수 등 어느 한 부분이 부족한 선수는 절대 좁디좁은 대표팀 선발 문턱을 통과할 수 없다.

서 전무는 "기존 성적을 누진해서 최종 평가에 반영하면 공정성에 문제가 생길 수밖에 없다. 마찬가지로 과거 대회에서 우수한 성적을 거둔 선수에게 우선권을 주면 나머지 선수들이 '나도 얼마든지 실력만 갖추면 된다'는 식의 동기부여를 하기 어렵다"고 강조한다.

2008년 베이징 올림픽 대표팀 선수 선발전에서는 과거 국제대회에서 우수한 성적을 거둔 한 선수가 막판에 탈락했다. 태풍이 몰아치는 어느 여름날 실시된 경기에서 이 선수는 마지막 발을 쏘지 못해 0점을 얻었다. 천둥번개가 '콰쾅' 하고 몰아치는 시점에 활을 쏴야 했기 때문이다.

이런 상황에서 많은 사람은 천재지변에 의한 어쩔 수 없는 상황 아니냐, 다른 선수도 아니고 한국 양궁의 간판선수인데 한 번 더 발사하게 해줘야 하지 않느냐고 말할 수 있다. 하지만 양궁대표팀에서는 어림도 없는 소리다. 서 전무는 "한국 양궁이 30년간 세계를 제패하는 동안 제 아무리 뛰어난 금메달리스트라 해도 개인전 2연패를 한 적이 없다. 고정된 한두 명의 스타에 의존하지 않고 비슷비슷한 실력을 갖춘 선수 중 최고만을 뽑았기 때문"이라고 설명한다.

한국 양궁이 늘 정상을 놓치지 않지만 매번 새로운 얼굴을 통해 정상을 정복하는 비결이 여기에 있다. 1위를 차지하기 어렵지만, 실력만 있으면 누구나 1위를 할 수 있는 시스템, 그가 "실력과 원칙에 의한 공정한 선수 선발이 오늘날의 한국 양궁을 만들었다"고 강조하는 이유다.

10년 후 내다봐야 진짜 리더다

앞서 언급한 대로 세계양궁협회는 30년간 독주하는 한국 양궁을 견제하기 위해 경기 방식을 수시로 바꾸고 있다. 특히 단체전에 이어 개인전 모두 한 발에 승패가 엇갈리는 세트제로 바뀐 런던 올림픽에서는 한국 대표팀이 금메달을 못 딸 수도 있다는 전망이 많았다.

그럼에도 한국이 오랫동안 독주한 이유는 뭘까. 바로 서 전무를 비롯한 양궁 지도자들이 끊임없이 변화를 준비하기 때문이다. 양궁협회는 2004년 아테네 올림픽이 끝나자마자 4년 뒤 베이징 올림픽을 준비하기 시작했다. 특히 한국 양궁을 견제하기 위해 도입 가능성이 있는 새로운 경기 규칙을 여러 개 연구했고, 단체전 경기가 세트제로 바뀔 것이라는 예상도 여기 포함돼 있었다.

베이징 올림픽 8개월을 앞둔 2007년 12월 세계양궁연맹이 베이싱 올림픽 경기방식을 발표했다. 당시 바뀐 4가지 방식은 2004년 아테네 올림픽 직후 대한양궁협회가 예측했던 내용과 동일했다. 서 전무는 "외국 선수들은 불과 8개월 동안 바뀐 경기방식에 적응하기 위해 구슬땀을 흘려야 하지만, 우리는 4년 전부터 새로운 경기 방식을 준비해왔다. 리더에게 통찰력과 예측력이 중요한 이유가 여기에 있다"고 말한다.

특히 서 전무는 이렇듯 치밀한 준비와 예측도 실전 상황에서는 통하지 않을 때가 많다며 더 많은 노력이 필요하다고 강조한다. 대표적 예가 2008년 베이징 올림픽 여자 단식 결승전이다. 박성현 선수와 중국 장쥐안쥐안 선수가 맞붙은 결승전 당시 중국 관중은 우리 선수가 활을 쏠 때마다 호루라기를 불고, 카메라 셔터를 눌러대는 비신사적인 행위를 거듭했다.

스포츠 정신에 크게 어긋나는 행동이지만 서 전무는 이것까지 예측하지 못한 게 지도자 인생에서 두고두고 아쉬운 점으로 남는다고 밝혔다. 소음 훈련을 수없이 거듭해왔지만 발사 순간에 일어나는 소음 문제에 좀 더 적극적으로 대처했더라면 박성현 선수가 불과 1점 차이로 중국 선수에게 패하는 일은 없었을 것이라고 자책하는 서 전무의 모습이야말로 그가 어떻게 한국 양궁을 세계 최고로 올려놓았는지 알 수 있게 만드는 대목이다.

서 전무는 "흔히 일본을 가리켜 디테일(detail)에 강한 나라라고 하지만 양궁에서만큼은 '한국 양궁이 세계 최강의 디테일'을 갖추고 있다. 다른 나라는 상상도 못하는 미세한 부분까지 파고드는 게 한국 양궁의 장점인데 이 '한국 양궁=디테일'의 공식이 베이징에서 무너져 한이 맺혔다.

앞으로 두 번 다시 이런 실수는 없어야 할 것"이라고 강조한다.

발상을 전환하면 못 오를 산이 없다

해발 8,848미터로 세계에서 가장 높은 산인 에베레스트를 인류 최초
로 등정한 사람은 뉴질랜드의 에드먼드 힐러리 경(卿)이다. 그는 1953년
정상 정복에 성공했다. 한국인 최초로 등정에 성공한 사람은 고상돈 씨
로 힐러리 경이 성공한 뒤 24년 만인 1977년 세계에서 58번째로 정상
정복에 성공했다. 24년 동안 58번째라면 1년에 약 2명꼴로 에베레스트
등정에 성공했다는 뜻이다.

하지만 세계산악연맹은 2005년부터 정상 정복자의 숫자를 세지 않고
있다. 한 해에도 수백 명이 넘는 사람이 정상을 밟는 바람에 집계 자체
가 무의미하다는 이유다. 과거 24년간 1년에 2명꼴에 불과하던 정상 정
복자가 왜 이렇게 늘어났을까? 최첨단의 혁신 장비가 끊임없이 쏟아져
나온 덕도 있지만 발상의 전환이 가장 큰 이유로 꼽힌다.

즉 힐러리 경이나 고상돈 씨가 에베레스트 등정을 시도하던 시절에는
누구나 예외 없이 해발 2,000미터 고지에 베이스캠프를 꾸렸다. 거기서
부터 정상까지 무려 7,000미터에 가까운 먼 거리를 엄청난 고난을 극복
해가며 등정을 시도했다. 그러나 지금은 아무도 그렇게 하지 않는다. 해
발 6,700미터 지점에 베이스캠프를 만들고 모든 장비를 그곳에 갖다놓
은 뒤 정상 정복을 시도한다. 즉 마지막 2,000미터만 올라갔다 오면 끝
나기 때문에 그 어렵다는 에베레스트 등정을 수많은 사람이 싱공할 수

있다.

서 전무는 지도자라면 산악인들이 실시한 이 발상의 전환을 통해, 미래를 예측하고 새로운 훈련 방식을 수립해야 한다고 강조한다. 그가 최초로 스포츠심리학을 적용하고, 공동묘지 산행, 유격훈련, 번지점프 등 아무도 생각하지 못했던 훈련방법을 끊임없이 시도하는 이유도 여기에 있다. 그는 "아무리 새로운 훈련방식을 개발해 극비리에 시행한다 해도 외국 지도자들이 수단방법을 가리지 않고 알아내 바로 따라 한다. 결국 5개월쯤 지나면 다른 나라가 한국보다 더 나은 방법으로 훈련을 하고 있다. 따라서 그 5개월간 한국 대표팀은 전과 다른 새로운 훈련 방식을 개발해내야 한다. 그러지 못하면 정상에 서길 포기해야 한다"고 강조한다.

서 전무는 발상의 전환을 이뤄내면 양궁이 비인기 종목이라는 고정관념도 탈피할 수 있다고 강조한다. 그는 양궁이 비인기 종목인 이유에는 양궁 경기장이 시내에서 멀리 떨어진 외곽에 있어, 관중이 양궁에 쉽게 접근할 수 없다는 점을 무시할 수 없다고 지적한다. 양궁장을 하나 만들려면 최소 2만 평(약 6만 6,000제곱미터) 정도의 공터가 필요하기 때문이다. 대부분의 양궁장이 수도권이 아닌 지방에 있다는 점도 이와 무관치 않다.

하지만 서 전무는 대중의 관심이 부족하다고 원망하기 전에 발상의 전환을 통해 지방이 아닌 시내에서 양궁 경기를 치러야 한다고 줄곧 주장해왔다. 그가 몇 년간 줄기차게 주장한 끝에 2008년 7월 베이징 올림픽을 2주 앞두고 서울올림픽공원 평화의 문 앞에서는 사상 최초로 양궁 경기가 치러졌다. 시내 한복판에서 경기가 열린 덕분에 많은 관중이 모였고, 이들은 선수들이 활을 쏠 때마다 탄성을 지르며 환호를 아끼지 않았다. 선수들 역시 시끄러운 분위기 속에서 경기를 치렀기에 굳이 소음 대비 훈련을 할 필요도 없었다.

일각에서는 양궁 대표팀의 훈련이 이벤트에 치우친 것 아니냐고 비판하기도 한다. 하지만 서 전무는 마지막 한 발에 메달이 왔다 갔다 하는 양궁의 특성상 결정적 순간에 실수를 줄이고, 선수 기량의 120퍼센트를 발휘하게 만들어주는 창의적 훈련, 그런 발상의 전환을 끊임없이 시도하지 않았다면 한국 양궁의 신화는 없었을 것이라고 강조한다. 그가 현 상황에 안주하지 않고 항상 의문을 제기하면서 발상의 전환을 시도하는 지도자가 진정한 리더라고 말하는 이유다.

"지금은 하버드에 있어야 할 때다.
아직 하버드대 농구팀을
내가 원하는 수준으로 만들지 못했다."

토미 아마커 하버드대 농구팀 감독

1965년 6월 미국 버지니아 출생. 2012년 3월 만년 하위 팀이던 하버드 대학교 농구팀을
지난 66년간 한 번도 이루지 못하던 미국 대학농구(NCAA) 챔피언십 토너먼트에 진출하게 만들었다.
원칙주의와 고강도 훈련으로 꼴찌 팀의 체질을 싹 바꿔놓았다.
2012년 미국 프로농구(NBA)에 황색 돌풍을 일으킨 대만계 미국인 제레미 린이 소질을
계발할 수 있도록 도움을 준 지도자로도 유명하다.

고정관념의 틀을 깨라

　하버드 대학교와 꼴찌라는 단어만큼 어울리지 않는 조합이 있을까. 그
도 그럴 것이 누가 뭐래도 하버드 대학교는 명실상부한 세계 최고의 대
학이기 때문이다. 하지만 스포츠 세계에서는 다르다. 스탠퍼드 대학교,
듀크 대학교 등 미국 내 다른 명문대와 달리 하버드 대학교에는 스포츠
장학금이 없다. 당연히 스포츠팀 선수들의 기량도 다른 대학에 비해 한
참 떨어진다. 일부 운동 유망주가 바늘귀보다 좁은 입학 관문을 뚫고 하
버드 대학교에 들어가더라도 하버드 대학교의 까다로운 학사 과정을 밟
아가며 엘리트 운동선수 생활을 이어가기도 쉽지 않다.

　이런 이유로 하버드 대학교는 오랫동안 미국 대학농구(NCAA, National
Collegiate Athletic Association)에서 꼴지 팀이라는 오명 속에 살아야 했다.
하지만 올해 3월 세계 농구계를 깜작 놀라게 하는 소식이 전해졌다. 하
버드 대학교가 1946년 이후 무려 66년 만에 '3월의 광란'으로 불리는 미
국 대학농구 'NCAA 챔피언십'에 진출하는 쾌거를 이뤄냈기 때문이나.

NCAA에는 65개 팀이 출전할 수 있다. 얼핏 보면 대단치 않아 보이는 성과지만 다른 대학의 농구 선수들이 사실상 프로 입단을 앞둔 선수들로 이뤄져 있다는 점을 감안할 때 엄청난 성과가 아닐 수 없다. 아마추어가 프로팀과 겨루는 무대에 진출했기 때문이다. 골프로 얘기하면 프로 테스트를 통과하지도 못한 아마추어 골프가 PGA 투어 대회에서 톱10의 성적을 낸 것과 마찬가지다.

이 뿐만이 아니다. 하버드 대학교는 올해 미국 동부지역의 8개 명문대학을 지칭하는 '아이비리그' 농구팀 대전에서 지난해 공동 우승에 이어 올해는 단독으로 우승을 차지하며 2연패까지 달성했다. 하버드 대학교가 남자농구에서 우승을 차지한 것은 이번이 처음이다. 그동안 하버드의 34개 운동종목 중 유일하게 남자농구팀만 아이비리그 우승을 차지하지 못했다.

운동선수 장학금제도가 없어 사실상 아마추어 팀이나 다름없는 하버드 대학교가 이런 기적을 일으킨 이유는 무엇일까. 바로 '하버드 대학교의 공부벌레'들을 이끌고 선수들을 독려한 명장이자 하버드 대학교 최초의 흑인 감독인 토미 아마커가 있었기 때문이다. 미국 백인 상류사회의 정신적 본산이자 보수적인 문화로 유명한 아이비리그에서 흑인 감독인 그가 일궈낸 성공 비결을 분석해보자.

하버드에서 새로운 도전을 시작하다

토미 아마커는 1965년 미국의 행정수도 워싱턴 DC와 가까운 버지니아 주의 폴스 처치에서 태어났다. 지역 고등학교의 영어 교사였던 그의 어머니는 어렸을 때부터 농구에 두각을 나타냈던 아들의 재능을 눈여겨보고 그를 물심양면으로 지원했다.

1984년 아마커는 농구 명문으로 유명한 듀크 대학교에 입학했다. 하지만 그가 2학년이 될 때까지 듀크 대학교 농구팀의 성적은 많은 팬들의 기대에 부합하지 못했다. NCAA 챔피언십 우승을 바라보는 팀이 2년 연속 16강 진출에 실패했기 때문이다. 팀 성적이 나빠도 포인트가드로 활동했던 아마커의 능력은 탁월했다. 결국 그는 1986년 세계선수권대회에서 미국팀 선수로 뽑혔고 당당한 주전으로 활동하며 미국 농구팀의 세계선수권대회 우승을 이끌었다.

아마커는 1988년 대학 졸업 후 프로 진출 대신 곧바로 지도자 생활을 택했다. 그는 모교인 듀크 대학교에서 자신을 키운 은사 마이크 슈셉스키 듀크 대학교 감독 밑에서 코치를 맡기로 했다. 슈셉스키 감독은 1980년부터 무려 32년간 듀크 대학교 감독으로 재임하며 듀크 대학교를 미국 대학 농구의 최고봉으로 올려놓은 인물이다.

슈셉스키 밑에서 차근차근 지도자 수업을 받은 그는 1997년 뉴저지주 시튼홀 대학교의 감독으로 본격적인 지도자 생활을 시작했다. 시튼홀에서 우수한 성적을 낸 아마커는 2001년 농구 명문인 미시간 대학교 감독으로 뽑혀 미국 농구계의 명장으로 도약할 채비를 갖췄다. 하지만 성적 부진으로 2007년 경질되는 아픔을 겪었다. 이런 그에게 새로운 도전을 제의한 곳이 바로 하버드 대학교였다.

아마커가 처음 하버드 대학교로 가겠다고 했을 때 주위 사람들이 모두 말렸다. 앞서 언급한 대로 듀크 대학교나 미시간 대학교와 달리 하버드 대학교 농구팀은 아마추어 수준에 불과하다는 평이 지배적이었기 때문이다. 그의 친구들은 "하버드 대학교에도 농구팀이 있느냐"고 물을 정도였다.

실상은 더 나빴다. 아마커가 하버드 대학교에 부임했을 때 선수들의 실력은 들쭉날쭉했고 고참 선수들은 사실상 태업에 가까운 불성실한 훈련 태도를 보였다. 상황이 이렇다 보니 실력 있는 유망주가 들어온다 해도 주전으로 뽑히기도 어려웠다. 아마커는 오직 실력으로만 선수를 기용하는 원칙주의가 필요함을 절실하게 느꼈다. 그는 농구팀의 대대적 쇄신을 위해 고학년 대신 저학년 중심으로 팀을 꾸리기 시작했다. 고학년 선수들의 반발이 심했지만 개의치 않았다.

'하버드 대학교 학생들은 농구를 못한다'는 편견을 깨기 위해 유례없이 강도 높은 훈련 프로그램도 실행했다. 훈련시간을 2배로 늘려 선수들의 입에서 저절로 단내가 나오도록 했다. 가능성 있는 선수들을 찾아나서는 일도 게을리 하지 않았다. 스포츠 장학금이 없는 하버드 대학교의 현실하에서 그가 홀로 유망주를 발굴하기 위해 몸을 사리지 않다 보니 문제까지 발생했다. 아마커는 2008년 NCAA의 선수 스카우트 관련 룰 위반으로 구설수에 휘말렸다가 무혐의 처분을 받는 곤욕도 치렀다.

부임 초 학업 부담을 느끼며 반발했던 선수들도 '공부와 농구라는 두 마리 토끼를 모두 잡을 수 있다'며 독려하는 아마커 감독의 말에 자신감을 얻으며 달라지기 시작했다.

꼴지 팀의 반란이 일어나다

변화의 결과물은 곧 나타났다. 아마커가 부임하기 직전인 2006년 하버드 대학교는 NCAA에서 아이비리그 8개 대학 농구팀 중 6위를 차지했다. 부임한 첫해인 2007년에는 2006년보다 성적이 더 떨어져 7위를 차지했다. 하지만 2007년 첫해에도 하버드 대학교 농구팀은 강팀을 연파하며 가능성을 선보였다. 아마커는 하버드 대학교 감독 부임 후 8번째 경기에서 자신이 6년간 몸담았던 미국 대학농구계의 강팀 미시간 대학교를 격파하며 가능성을 입증했다.

고된 훈련과 공정한 선수선발이 더해지자 하버드 대학교 농구팀의 성공 속도는 더 빨라졌다. 2008년에 14승 14패로 첫 5할 승부를 달성한 뒤, 2009년에는 13승 3패로 무려 아이비리그 3위팀에 올랐다. 당시 하버드 농구팀에서 '공격의 핵'으로 활동했던 선수가 최근 NBA의 슈퍼스타로 등장한 포인트가드 제레미 린이다. 린은 아마커 감독에 대해 "아마커 감독은 진정한 리더"라며 "하버드 대학교에서는 모든 선수들이 감독을 믿고 따랐다"고 평가한 바 있다.

2011년에는 이 여세를 몰아 프린스턴 대학교와 아이비리그 대전 공동 우승까지 차지했다. 당시 NCAA 챔피언십 진출권을 놓고 벌인 단판 승부에서 비록 아깝게 프린스턴 대학교에 패했지만 하버드 대학교 팀 창단 이후 최초의 우승컵을 안았다는 점에서 지도자 아마커의 진가가 드러나기 시작했다.

결국 그는 2012년 꿈에 그리던 하버드 대학교 팀의 아이비리그 대전 단독 우승 및 NCAA 챔피언십 진출까지 이뤄냈다. 히비드 대학교의 선전은 스타 선수들에게 의존하지 않고 땀으로 우승을 일궈냈다는 점에서 더 값지다. 하버드 대학교 농구팀 운동선수들은 공부를 병행해야 한다. 게다가 일정 수준 이상의 학점을 이수하지 못하면 선수 자격을 박탈당하기 때문에 '세계 최고 공부벌레'들인 하버드 대학교 동급생들과의 학업 경쟁에서도 살아남아야 한다.

올해 초 하버드 대학교가 NCAA 챔피언십 진출을 확정짓던 날 하버드 대학교 농구팀 주장인 올리버 맥날리가 '미국의 외교정책'에 관한 보고서를 쓰느라 밤을 새워야 했다는 보도가 나왔을 정도다.

제레미 린의 프로 입문을 지원하다

2011~2012년 시즌 NBA에 한 아시아계 선수가 혜성같이 등장했다. 바로 하버드 대학교 출신의 대만계 미국인 제레미 린이다. 2011~2012년 시즌 뉴욕 닉스에서 포인트가드로 활동한 후 최근 휴스턴 로키츠로 이적한 린은 시즌 중반 주전 선수의 대체 선수로 출전했다가 폭발적인 득점 능력과 다채로운 개인기를 선보이며 일약 린 신드롬을 일으켰다. 하버드 대학교의 공부벌레가 일약 NBA의 슈퍼스타로 등장한 셈이다.

린이 가세하기 전 올해 뉴욕 닉스의 성적은 8승 15패로 매우 부진했다. 연봉 1,800만 달러 이상을 받는 두 명의 슈퍼스타 카멜로 앤서니, 아마리 스타더마이어를 확보하고도 거두지 못했던 성적이다. 하지만 2월 초 린이 가세한 후 뉴욕 닉스는 8승 2패의 성적을 거뒀다. 린은 주전으로 출장한 경기에서 평균 20점이 넘는 득점을 올리고, 10점에 가까운 어시스트를 기록하며 폭발적인 인기를 누리기 시작했다. 그의 인기가 워낙 대단했기에 린의 이름 린(Lin)+광기(Insanity)가 붙은 '린새니티(Linsanity)', 린과 신데렐라(Cinderella)의 합성어 '린데렐라(Linderella)'라는 조어까지 등장했다.

그렇다면 이렇게 잘하는 선수인 린이 왜 2011~2012년 시즌 개막이 아닌 20경기를 치른 뒤에야 등장할 수 있었을까. 아시아계 선수에 대한 뿌리 깊은 편견 때문이다. 즉 '아시아계 선수가 농구를 잘해봐야 얼마나 하겠어'라는 선입관이 프로팀 지도자로 하여금 린의 잠재된 능력을 무시하게 만들었다.

이 린의 성공을 뒷받침한 사람이 바로 아마커 감독이다. 프로팀의 관점에서 보면 하버드 대학교 농구팀 선수들은 아마추어나 다름없다. 당연히 하버드 출신으로 NBA에 진출한 선수도 극히 드물다. 하버드 대학교는 무려 5명의 미국 대통령을 배출했지만 NBA 선수는 린을 포함해도 고작 4명만 배출했을 뿐이다. 게다가 린 이전에 NBA에 진출한 마지막 선수는 무려 60년 전인 1954년에 졸업한 에드 스미스였다.

이런 분위기 탓에 린 역시 2010년 여름 하버드 대학교를 졸업했을 때 NBA 프로팀의 지명을 받지 못했다. 이에 아마커 감독은 캘리포니아 주 오클랜드에 위치한 프로팀 골든스테이트 워리어스팀 코치진에게 린을 적극 추천했다. 오클랜드가 린의 고향인 팔로알토의 바로 옆에 위치한 도시이므로 관중들의 많은 호응을 이끌어낼 수 있으며 그 누구보다 성실한 선수라는 점을 강조했다. 비록 린이 골든스테이트 워리어스에서는 별다른 성적을 내지 못하고 뉴욕 닉스로 옮긴 후에 대박을 터트리긴 했지만 아마커 감독의 강력 추천이 없었다면 프로팀에 입단하지도 못했을 것이다.

고정관념을 깨고 조직원을 평가해야 보석을 발굴할 수 있다

"비바람이 거센 밤에 당신이 마차를 몰고 길을 지나가고 있다. 세 사람이 비를 맞으며 길가에 서 있는 세 사람은 당신이 그들을 하루속히 마차에 태워주기를 기다리고 있다. 한 사람은 목숨이 위중한 노인, 다른 한 사람은 당신의 생명을 구해준 적이 있는 은인, 마지막 한 사람은 꿈에 그리던 아름다운 여인이다. 마차에 단 한 명만 태울 수 있다면 당신은 누구를 태우겠는가? 그 이유는 무엇인가?"

중국의 천하통일을 이뤄낸 조조가 천하의 인재를 선발할 때 중국 전역의 인재들에게 던진 질문이다. 대다수의 사람들은 한 가지 답만 했다. 노인을 고른 사람들은 "그대로 두면 노인이 세상을 떠날지도 모른다. 때문에 반드시 귀중한 생명을 구해야 한다"고 주장하고, 생명의 은인을 택한 지원자는 "은인에게 보답할 기회를 놓친다면 사람의 도리가 아니다"라고 말하는 식이었다. 아름다운 여인을 태우겠다는 사람은 "이번 기회를 놓치면 저렇게 아름다운 여자를 다시 만난다는 보장이 없기 때문"이라고 주장했다.

조조가 이들의 대답에 모두 실망하고 있을 때 볼품없이 생긴 한 남자가 나타났다. 그는 이렇게 답했다. "생명의 은인으로 하여금 마차를 몰게 해 어서 노인을 의사에게 데려가도록 하겠습니다. 저는 꿈에 그리던 아름다운 여인과 여기 남아 마차가 돌아오기를 가다리겠습니다." 조조는 그제야 탄복하며 "나보다 더 똑똑한 참모를 만났다"고 기뻐한다. 이 젊은이가 바로 조조가 가장 아낀 일급참모 곽가(郭嘉)다. 이후 곽가는 조조의 곁에서 그의 수족으로 활동하며 천하통일의 기틀을 닦는 데 결정적인 역할을 한다.

이 일화는 리더가 고정관념의 틀에서 벗어나는 것이 얼마나 중요한지를 잘 보여준다. 우리가 살면서 부딪히는 많은 문제들은 흑백논리나 양자택일의 방식으로는 해결하기 힘든 문제가 대부분이다. 정해진 틀 속에서 경직된 사고만 하다 보면 결코 남들을 뛰어넘는 성과를 낼 수 없다. 남들이 모두 '누구를 마차에 태울 것인가'를 고민할 때 청년 곽가는 '자신이 차에서 내린다'는 새롭고 신선한 발상으로 고정관념의 틀을 깼다.

만약 아마커 감독이 다른 지도자와 마찬가지로 아시아계 선수라는 고정관념의 틀에 갇혀 린을 평가했다면 어땠을까. 그랬다면 올해 초 전 세계를 강타했던 린 돌풍이나 꼴지 하버드팀의 기적은 존재할 수 없었을지 모른다. 리더가 고정관념의 틀에서 벗어나야 하는 이유다.

'공부하는 운동선수'의 롤 모델을 제시하다

대학팀 운동선수에게 학업에 소홀하지 말라고 강조하는 것은 미국식 대학 교육만이 가진 장점이다. 운동 특기생에게 스포츠 장학금을 주지 않는 하버드에서는 더욱 그렇다. 하지만 장학금을 주는 상당수 다른 대학에서는 사정이 다르다. 특히 프로팀 입단이 예정됐거나 치열한 스카우트 경쟁의 표적이 된 선수들은 사실상 대학 때부터 프로선수리고 해도 과언이 아니다.

아마커 감독은 스포츠 장학금을 주는 듀크 대학교를 나왔지만 학생 때부터 공부에 남다른 열의를 보였다. 듀크 대학교 경제학과를 우수한 성적으로 졸업했고, 듀크 대학교 코치로 활동할 때는 세계적인 명문 비즈니스스쿨인 듀크 대학교 후쿠아 스쿨에서 경영학 석사(MBA) 수업을 열심히 들었다.

하버드 대학교 감독으로 부임한 후에는 1달에 1번씩 하버드 대학교 법대 교수나 유명 기업인들과 사회 현상에 관한 토론을 벌이는 모임에 열심히 참가했다. 이런 아마커 감독이기에 올해 초 그의 휘하에서 하버드 대학교 농구팀의 우승을 이끈 주장 올리버 맥날리가 '시합 때도 리포트를 쓰느라 바빴다'고 말하는 게 너무나도 자연스럽다.

아마커 감독이 갈고닦은 '공부하는 운동선수'의 길은 '한국에서는 왜 제레미 린 같은 선수가 나오지 않느냐'는 의문에 대해 중요한 시사점을 준다. 제레미 린의 키는 불과 191센티미터. 요즘에는 어지간한 한국 농구 선수들의 키가 이보다 더 크다. 키가 무려 221센티미터의 하승진 선수도 압도적인 신장을 갖췄음에도 불구하고 NBA 도전에 실패하고 한국으로 돌아왔다.

왜 한국계 제레미 린은 없는 것일까. 답은 간단하다. 우리나라 운동 선수들은 어려서부터 오직 운동에만 사로잡혀 산다. 농구 선수는 농구장에서나 존재감이 있을 뿐, 코트 밖을 나오면 무엇을 해야 하는지도 모르고 실제 할 수 있는 것도 없다. 게다가 항상 맞고 혼나면서 운동을 하다 보니 주눅만 들어 있고 여유나 융통성도 없다. 설상가상으로 부상이라도 당해서 선수 생명이 갑자기 끝나면 그 다음부터 살 길조차 막막하다.

다른 선수들보다 체격 면에서 월등히 뛰어나지 않은 린이 돌풍을 일으킨 이유는 그가 영리한 플레이를 하기 때문이다. 한국 프로농구 울산모비스의 유재학 감독은 한 언론 인터뷰에서 "자기 혼자 공을 끄는 데만 급급한 흑인 선수들과는 달리 린은 공을 빼줄 줄도, 다른 선수들에게 넘길 줄도 안다. 영리한 플레이가 매우 인상 깊었다"고 평가한 바 있다. 말 그대로 뛰어난 두뇌와 오랫동안의 학습 및 고등교육이 뒷받침된 결과다.

린이 성공한 또 다른 이유는 그가 아시아계임에도 불구하고 백인 상류사회로부터 강한 동질감을 얻어냈기 때문이다. 뉴욕 닉스의 가장 열광적인 팬들은 월스트리트를 점령하고 있는 아이비리그 출신 백인 엘리트들이다. 이들은 하버드 대학교를 나온 린에게 강한 동질감을 느끼고 그의 일거수일투족에 관심을 보이며 각종 기념품을 사들였다.

각각 감독과 선수로서 대성공을 이뤄낸 아마커와 린의 사례는 공부하는 운동선수가 왜 필요한지, 이들이 왜 다른 일반 감독이나 선수보다 더 우수한 성과를 내는지를 잘 보여준다.

리더는 돈보다 사명감을 더 중시해야 한다

아마커가 더 돋보이는 점은 2011년 프린스턴 대학교와 아이비리그 대전 공동우승을 차지한 이후 다른 농구 명문대학들로부터 줄기차게 스카우트 제의를 받았지만 하버드대에 잔류했다는 사실이다. 당시 플로리다 주에 있는 마이애미 대학교가 하버드 대학교보다 훨씬 높은 연봉을 제시하며 적극적으로 구애했다.

하지만 아마커 감독은 "지금은 하버드에 있어야 할 때다. 아직 하버드대 농구팀을 내가 원하는 수준으로 만들지 못했다"라며 돈에 연연하지 않는 모습을 보였다.

아마커의 이런 모습은 그의 은사(恩師)이자 미국 농구계의 살아 있는 전설인 마이크 슈셉스키 듀크 대학교 감독으로부터 배운 것이다. 1980년부터 듀크 대학교 감독을 맡고 있는 슈셉스키는 듀크 대학교 농구팀을 이끌고 무려 세 차례나 NCAA 챔피언십 우승을 차지했을 뿐 아니라 2008년 베이징 올림픽에서는 미국 국가대표팀을 맡아 올림픽 금메달까지 땄다.

'출전만 해도 우승'이라던 2004년 아테네 올림픽에서 미국 남자농구팀은 충격의 동메달에 그쳤다. 자존심이 상할 대로 상한 미국은 세계 최강의 명예를 회복하기 위해 베이징 올림픽에서 마이크 슈셉스키를 대표팀 감독으로 선임했고, 결국 금메달을 목에 걸었다.

금메달을 따고 나서 감독 슈셉스키의 몸값은 더욱 치솟았다. 특히 프로농구의 명문 LA 레이커스로부터 무려 460억 원의 연봉을 제시받기도 했다. 하지만 슈셉스키 감독은 이를 단칼에 거절했다. "25년 동안 사랑하고 인생을 같이한 학교를 떠날 수 없다. 듀크 대학교 감독직은 값을 매길 수 없는 자리"라는 이유에서다. 이에 열성 팬들은 슈셉스키(Mike krzyzewski) 감독에게 그의 성을 뜻하는 영어 대문자 K를 사용해 '코치 K(Coach K)'라는 애칭을 선사했다. 듀크대 역시 교내 실내 체육관의 이름을 '코치 K 체육관'이라고 붙였다. 그 스승에 그 제자라는 말은 슈셉스키 감독과 아마커 감독을 두고 쓰는 게 아닐까.

건곤일척 모든 것을 걸어라

1판 1쇄 인쇄 2013년 1월 20일 | 1판 1쇄 발행 2013년 2월 1일

지은이 하정민 | **발행인** 김재호 | **출판편집인 · 출판국장** 권순택 | **출판팀장** 이기숙

편집 정홍재 | **아트디렉터** 윤상석 | **교정** 최향금 | **마케팅** 이정훈 · 정택구 · 박수진

펴낸곳 동아일보사 | **등록** 1968.11.9(1-75) | **주소** 서울시 서대문구 충정로3가 139번지(120-715)
마케팅 02-361-1030~3 | **팩스** 02-361-1041 | **편집** 02-361-1035
홈페이지 http://books.donga.com | **인쇄** 삼영인쇄사

ISBN 978-89-7090-917-2 03320 | **값** 13,800원